Christian Brückner | Thomas Weibel

Die erbrechtlichen Klagen

Die erbrechtlichen Klagen

von

Christian Brückner

Dr. iur., em. Professor der Universität Basel
Advokat und Notar, LL.M.

und

Thomas Weibel

Dr. iur., Advokat, LL.M.

3., vollständig überarbeitete Auflage

Schulthess § 2012

Zitiervorschlag: BRÜCKNER/WEIBEL, Erbrechtliche Klagen

Bibliografische Information der Deutschen Nationalbibliothek
Die Deutsche Nationalbibliothek verzeichnet diese Publikation in der Deutschen Nationalbibliografie; detaillierte bibliografische Daten sind im Internet über http://dnb.d-nb.de abrufbar.

ISBN 978-3-7255-6665-5

www.schulthess.com

Vorwort

Die vorliegende Arbeit ist die vollständig überarbeitete und ergänzte dritte Auflage des 1999 in erster und 2006 in zweiter Auflage erschienenen Werks. Die Verfasser danken Herrn lic. iur. Patrick Gerster und Frau lic. iur. Sabrina Stoll, Advokatin, für ihre tatkräftige Unterstützung bei der Nachführung auf den Stand vom 31. Dezember 2011.

Basel, September 2012 — Christian Brückner und Thomas Weibel

Inhaltsübersicht

Inhaltsverzeichnis

Literaturverzeichnis

ABT DANIEL / WEIBEL THOMAS, Praxiskommentar Erbrecht, 2. A., Basel 2011, zitiert: PraxKomm-AUTOR/IN [2011]

DRUEY JEAN-NICOLAS, Grundriss des Erbrechts, 5. A., Bern 2002, zitiert: DRUEY [2002]

EITEL PAUL, Berner Kommentar, Kommentar zum Schweizerischen Privatrecht, Band III: Das Erbrecht, 2. Abteilung: Der Erbgang, 3. Teilband: Die Ausgleichung (Art. 626–632 ZGB), Bern 2004, zitiert: BK-EITEL [2004]

ESCHER ARNOLD, Zürcher Kommentar, Kommentar zum Schweizerischen Zivilgesetzbuch, III. Band: Erbrecht, 1. Abteilung: Die Erben (Art. 457–536 ZGB), 3. A., Zürich 1959, und 2. Abteilung: Der Erbgang (Art. 537–640 ZGB), 3. A., Zürich 1960, zitiert: ZK-ESCHER [1959 bzw. 1960]

HONSELL HEINRICH / VOGT NEDIM PETER / GEISER THOMAS (Hrsg.), Zivilgesetzbuch II, Art. 457–977 ZGB, Art. 1–61 SchlT ZGB, Basler Kommentar, 4. A., Basel 2011, zitiert: BSK ZGB II-AUTOR/IN [2011]

JOST ARTHUR, Der Erbteilungsprozess im schweizerischen Recht, Bern 1960, zitiert: JOST [1960]

HANS RAINER KÜNZLE, Berner Kommentar, Kommentar zum schweizerischen Privatrecht, Band III: Das Erbrecht, 1. Abteilung: Die Erben, 2. Teilband: Die Verfügungen von Todes wegen, 2. Teil: Die Willensvollstrecker (Art. 517–518 ZGB), Bern 2011, zitiert: BK-KÜNZLE [2011]

PIOTET PAUL, Schweizerisches Privatrecht, Das Erbrecht, Band IV/1, Basel 1978, und Band IV/2, Basel 1981, zitiert: PIOTET, SPR IV/1 [1978] bzw. IV/2 [1981]

SEEBERGER LIONEL HARALD, Die richterliche Erbteilung, Freiburger Diss., Zürich 1993, zitiert: SEEBERGER [1993]

SPÜHLER KARL / TENCHIO LUCA / INFANGER DOMINIK (Hrsg.), Schweizerische Zivilprozessordnung, Basler Kommentar, Basel 2010, zitiert: BSK ZPO-AUTOR/IN [2010]

SUTTER-SOMM THOMAS / HASENBÖHLER FRANZ / LEUENBERGER CHRISTOPH (Hrsg.), Kommentar zur Schweizerischen Zivilprozessordnung, Zürich/Basel/ Genf 2010, zitiert: AUTOR/IN, in: Sutter-Somm/Hasenböhler/Leuenberger [2010]

TUOR PETER, Berner Kommentar, Kommentar zum Schweizerischen Privatrecht, Band III: Das Erbrecht, 1. Abteilung: Die Erben (Art. 457–536 ZGB), Bern 1952 (Nachdruck 1973), zitiert: BK-TUOR [1952]

Tuor Peter / Picenoni Vito, Berner Kommentar, Kommentar zum Schweizerischen Privatrecht, Band III: Das Erbrecht, 2. Abteilung: Der Erbgang (Art. 537–640 ZGB), Bern 1957–1964 (Nachdruck 1984), zitiert: BK-Tuor/Picenoni [1957/1964]

Tuor Peter / Schnyder Bernhard / Schmid Jörg / Rumo-Jungo Alexandra, Das Schweizerische Zivilgesetzbuch, 13. A., Zürich 2009, zitiert: Tuor/Schnyder/Schmid/Rumo-Jungo [2009]

Weimar Peter, Berner Kommentar, Kommentar zum Schweizerischen Privatrecht, Band III: Das Erbrecht, 1. Abteilung: Die Erben, 1. Teilband: Die gesetzlichen Erben, Die Verfügungsfähigkeit (Art.457–516 ZGB), Bern 2009, zitiert: BK-Weimar [2009]

1. Einleitung

1.1 Gegenstand der Darstellung

In der vorliegenden Darstellung wird eine Reihe erbrechtlicher Fragen aus der Optik der Prozesssituation beleuchtet. Den Hauptteil machen jene zivilprozessualen Rechtsbehelfe aus, die am *forum hereditatis,* d.h. am letzten Wohnsitz des Erblassers, anzubringen sind[1]. 1

Im Sinne einer knappen Wegleitung für die Praxis werden die einzelnen Rechtsbehelfe nach einheitlichem Muster vorgestellt. Die Formulierungsvorschläge für die Rechtsbegehren entsprechen der Basler Praxis (Sätze im Konjunktiv der indirekten Rede: «*Es sei der Beklagte … zu verurteilen*»). Die Rechtsbegehren zu den Kostenfolgen werden jeweils nicht dargestellt; enthalten sind hingegen Ausführungen zum massgeblichen Streitwert. 2

Das bäuerliche Erbrecht wird nicht behandelt. Ebenso würde die umfassende Behandlung der internationalprivatrechtlichen Aspekte – z.B. Belegenheit der Erbschaft in mehreren Staaten, ausländische Nationalität oder letztes Domizil des Erblassers oder einzelner Erben im Ausland – den Rahmen der vorliegenden Darstellung sprengen; sie werden im Sinne eines Überblicks unter Rz. 326 ff. kurz zusammengefasst. 3

1.2 Überblick über die wichtigsten Streitkonstellationen

Wer ist Erbe? 4

→ Ungültigkeitsklage (Art. 519 ZGB, vgl. hinten Rz. 10 ff.) (evtl.: Klagen um die Auslegung des Testaments oder um Berichtigung von Zivilstandsregistrierungen, d.h. Feststellung einer auf Verwandtschaft gegründeten Erbenqualität; die zuletzt genannten Situationen werden nicht behandelt).

Was gehört zur Erbschaft? 5

(Behändigen der Erbschaftsaktiven von Dritten) → Erbschaftsklage (Art. 598 ZGB; vgl. hinten Rz. 111 ff.).

1 Art. 28 ZPO (vormals Art. 18 GestG).

6 *Wie viel hat jeder Pflichtteilserbe mindestens zugute?*

→ Herabsetzungsklage (Art. 522 ZGB; vgl. hinten Rz. 60 ff.) bzw. Anfechtungsklage bei erbvertragswidrigen Verfügungen (Art. 494 Abs. 3 ZGB; vgl. hinten Rz. 99a).

7 *Teilung der Erbschaft: Wer erhält was?*

→ Erbteilungsklage (Art. 604 Abs. 1 ZGB; vgl. hinten Rz. 167 ff.), evtl. verbunden mit Ausgleichungsbegehren; ausnahmsweise selbständige Ausgleichungsklage (Art. 626 ZGB; vgl. hinten Rz. 142 ff.).

8 *Welche Verwaltungshandlungen sind während der Dauer der Erbengemeinschaft vorzunehmen?*

(Vorgehen bei Handlungsunfähigkeit der Erbengemeinschaft wegen Dissenses über die vorzunehmenden Verwaltungshandlungen) → Begehren an die zuständige Behörde um Einsetzung eines Erbenvertreters gemäss Art. 602 Abs. 3 ZGB (vgl. hinten Rz. 287 ff.).

2. Ungültigkeitsklage (= Anfechtung des Testaments oder Erbvertrags, Art. 519 ZGB)

Vorbemerkung

Die Ungültigkeitsklage dient der Beanstandung von inhaltlichen und formellen Mängeln einer Verfügung von Todes wegen[2]. Sie führt bei Gutheissung zu einem Gestaltungsurteil. Will der Kläger zugleich die Verurteilung der Beklagten zur Herausgabe des Nachlasses erlangen, so muss er separat oder im gleichen Verfahren (mit Klagenhäufung)[3] Erbschaftsklage erheben[4]. 9

Liegt der Inhaltsmangel der Verfügung (allein) in einer Pflichtteilsverletzung, so ist nicht Ungültigkeits-, sondern Herabsetzungsklage anzuheben[5]. 10

Gerichtsstand

Am letzten Wohnsitz des Erblassers (Art. 28 Abs. 1 ZPO)[6]. Die Bestimmung ist nicht zwingender Natur, so dass die Parteien gemäss Art. 17 ZPO – bzw. im Rahmen eines Ehe- und/oder Erbvertrags – einen von Art. 28 Abs. 1 ZPO abweichenden Gerichtsstand vereinbaren können. Ausgeschlossen (bzw. ohne Einlassung für die Erben nicht verbindlich) ist hingegen die einseitige Anordnung eines anderen Gerichtsstands durch den Erblasser in der Form einer letztwilligen Verfügung. Die örtliche Zuständigkeit kann auch durch Einlassung begründet werden. Schliesslich besteht die Möglichkeit, eine Schiedsvereinbarung zu treffen. Nach überwiegender Lehre kann das Schiedsgericht aber auch durch einseitige Anordnung des Erblassers bestellt werden[7]. Reicht der Erblasser selber zu seinen Lebzeiten Klage auf Ungültigerklärung eines Erb- 11

---

2 Art. 519 Abs. 1, 520 und 520a bzw. Art. 467–469 und 498 ff. ZGB; zu den Klagegründen vgl. BSK ZGB II-Forni/Piatti [2011], Art. 519/520 N 16 ff.; vgl. auch Zivilgericht Basel-Stadt, 24.10.2001, P 1996/572, bzw. die Anmerkungen dazu von Daniel Abt, in: AJP 2002, S. 718; BGE 124 III 5. Vgl. auch Simone Steiner, Urteilsfähigkeit bei letztwilligen Verfügungen aus Sicht der Urkundsperson, Anwaltsrevue 2009 S. 237 ff., sowie die Besprechungen der Entscheide BGer 5A_748/2008 und 5A/12/2009 von Stephanie Hrubesch-Millauer, in: AJP 2009, S. 1137 ff. bzw. AJP 2010, S. 241 ff., sowie von Ayesha Curmally, in: ius.focus 2010 Nr. 58.

3 Vgl. hinten Rz. 111 und 134.

4 BGE 91 II 327 ff.; PraxKomm-Abt [2011], Art. 519 N 52 und 70; ZK-Escher [1960], Art. 519 N 8 und Vorbemerkungen zu Art. 598 N 15; BSK ZGB II-Forni/Piatti [2011], Art. 519/520 N 30.

5 Hinten Rz. 60 ff.; vgl. Art. 516 ZGB.

6 Vgl. PraxKomm-Abt [2011], Art. 519 N 53; Zürcher, in: Sutter-Somm/Hasenböhler/Leuenberger [2010], Art. 28 N 4 und 9; Thomas Sutter-Somm, Die Bedeutung der neuen Schweizerischen Zivilprozessordnung für erbrechtliche Prozesse – eine verfahrensrechtliche Übersicht, in: successio 2010, S. 165 ff., S. 173. Zur Frage, ob der Übertritt in ein Alters- und Pflegeheim einen neuen Wohnsitz begründet, vgl. BGer 5E_1/2011 vom 24.10.2011, E. 3.4 f.; PraxKomm-Schweizer [2011], Anhang ZPO N 5.

7 Statt vieler PraxKomm-Schweizer [2011], Anhang ZPO N 10 f.,17 ff., 26 ff. und 29 ff., m.w.H.; Zürcher, in: Sutter-Somm/Hasenböhler/Leuenberger [2010], Art. 28 N 23 ff.

vertrags ein (vgl. dazu hinten Rz. 14), so liegt der Gerichtsstand am Wohnsitz des Beklagten[8].

Aktivlegitimation

12 Die Aktivlegitimation steht jedem zu, der «als Erbe oder Bedachter» ein (erbrechtliches) *Interesse* an der Ungültigerklärung hat, und zwar jede dieser Personen einzeln. Die *gesetzlichen Erben* nach Art. 457 ff. ZGB[9] haben die Aktivlegitimation, wenn sie vom Intestatrecht für den Fall der Ungültigkeit des Testaments als Nachfolger berufen sind. Die gerichtliche Ungültigerklärung wirkt trotz der Gestaltungswirkung des Urteils nur *inter partes,* d.h. zugunsten der Kläger, wogegen das Testament gegenüber jenen Erben, die nicht geklagt haben, weiterhin seine Gültigkeit behält[10]. Deshalb besteht zwischen verschiedenen potentiellen Ungültigkeitsklägern auch keine notwendige Streitgenossenschaft[11]. Aktivlegitimiert sind auch die als Erben oder Vermächtnisnehmer *Bedachten aus früheren Testamenten,* wenn ihnen bei Aufhebung des aktuellen Testaments ein Vorteil zukäme[12], sowie der in einer früheren Verfügung eingesetzte, in der angefochtenen Verfügung jedoch übergangene *Willensvollstrecker*[13].

13 Nicht aktivlegitimiert sind hingegen die *Gläubiger* der interessierten Erben, da eine analoge Anwendung von Art. 524 ZGB auf die Ungültigkeitsklage nicht in Betracht kommt[14]. Auch der Erbe, der seinen Erbteil gemäss Art. 635 Abs. 1 ZGB mit dinglicher Wirkung an einen Miterben abgetreten hat, ist nicht (mehr) zur Ungültigkeitsklage legitimiert[15].

---

8 Art. 10 ZPO; vgl. BSK ZGB II-Forni/Piatti [2011], Art. 519/520 N 8, m.w.H.

9 Dazu gehören seit Inkrafttreten des Partnerschaftsgesetzes am 1. Januar 2007 auch der eingetragene Partner bzw. die eingetragene Partnerin. Deren erbrechtliche Stellung entspricht derjenigen des überlebenden Ehegatten.

10 Vgl. BGE 81 II 33, 36; ZK-Escher [1959], Art. 519 N 6; BSK ZGB II-Forni/Piatti [2011], Art. 519/520 N 30, m.w.H.; Vito Picenoni, Die Verjährung der Testamentsungültigkeits- und Herabsetzungsklage, in: SJZ 1967, S. 101 ff., 107; Daniel Abt, Die Ungültigkeitsklage im Schweizerischen Erbrecht, Diss. Basel 2002, S. 57 ff.; Piotet, SPR IV/1 [1978], S. 274 f.; BK-Tuor [1952], Vorbemerkungen zu Art. 519/521 N 6b; Tuor/Schnyder/Schmid/Rumo-Jungo [2009], § 67 Rz. 13.

11 Kantonsgericht Wallis, 1.7.1992 i.S. Steiner/Praz, RVJ 1992, S. 320 ff., E. 3.a.

12 Vgl. BGer 5C.163/2003 vom 18.9.2003 = Pra 2004, Nr. 98; Druey [2002], § 12 Rz. 48.

13 Abt [2002], a.a.O. [Fn. 10], S. 59 f.; BSK ZGB II-Forni/Piatti [2011], Art. 519/520 N 25; BSK ZGB II-Karrer/Vogt/Leu [2011], Art. 518 N 81; BK-Künzle [2011], Art. 517–518 N 482; vgl. auch BGE 85 II 601; Thomas Sutter-Somm/Marco Chevalier, Die prozessualen Befugnisse des Willensvollstreckers, in: successio 2007, S. 20 ff., 22.

14 Abt [2002], a.a.O. [Fn. 10], S. 58; BSK ZGB II-Forni/Piatti [2011], Art. 519/520 N 25.

15 BSK ZGB II-Forni/Piatti [2011], Art. 519/520 N 25, unter Hinweis auf einen unveröffentlichten BGer vom 8.11.2001.

Bei *Erbverträgen,* die anders als Testamente nicht vom Erblasser einseitig widerrufen werden können[16], sollte – entgegen der wohl h.L., gemäss der die Ungültigkeitsklage in jedem Fall erst *nach* dem Tod des Erblassers angehoben werden kann[17] – nach der hier vertretenen Auffassung auch die Aktivlegitimation des Erblassers zur Anhebung einer (bereits lebzeitigen) Ungültigkeitsklage bejaht werden. Der Erblasser kann ein legitimes Interesse daran haben, mittels eines gerichtlichen Urteils Gewissheit über die Aufhebung des Erbvertrags zu erlangen, die ihm die formlose Mitteilung gemäss Art. 31 OR nicht zu Lebzeiten verschaffen kann, erst recht nicht ein Widerruf, da dieser gemäss Art. 469 Abs. 2 ZGB nur bei letztwilligen Verfügungen möglich ist[18]. Gesteht man dem Erblasser zu, dass er zu Lebzeiten den Erbvertrag gerichtlich anfechten kann, so muss man dieses Recht konsequenterweise auch seinen Vertragspartnern zugestehen[19]. 14

Passivlegitimation

Die Klage auf Ungültigerklärung des Testaments muss sich gegen jene Personen richten, die aus der angefochtenen Verfügung zum Nachteil des Klägers erbrechtliche Vorteile ziehen, also an ihrer Aufrechterhaltung interessiert sind[20]. Die Kläger müssen nur dann sämtliche Miterben als Beklagte ins Verfahren einbeziehen, wenn der Gegenstand der angefochtenen Verfügung eine unteilbare Einheit bildet[21]. Klagen die Kläger nur gegen einen Teil der Bedachten, so entfaltet das Urteil wiederum *nur im Verhältnis zwischen den Prozessparteien* seine Wirkung[22]. Passivlegitimiert ist auch der Willensvollstrecker, sofern mit der Ungültigkeitsklage (auch) seine Einsetzung in Frage gestellt wird[23]. 15

---

16 Ausser in den Fällen von Art. 513 Abs. 2 und 3 ZGB. Dazu BSK ZGB II-Breitschmid [2011], Art. 513 N 7 ff.

17 Vgl. PraxKomm-Schröder [2011], Art. 469 N 33 ff., m.w.H.; Abt [2002], a.a.O. [Fn. 10], S. 48, m.w.H.

18 Gl.M. Piotet, SPR IV/1 [1978], S. 279 ff. Vgl. Druey [2002], § 10 Rz. 48, m.w.H. **A.M.** Stephanie Hrubesch-Millauer, Der Erbvertrag: Bindung und Sicherung des (letzten) Willens des Erblassers, Zürich/St. Gallen 2008, Rz. 832 ff. und 838 ff., die auf Art. 31 OR verweist.

19 Gl.M. Piotet, SPR IV/1 [1978], S. 281 f. Vgl. BGE 53 II 101, E. 1, wo die Frage nach der Möglichkeit einer Anfechtung des Erbvertrags zu Lebzeiten des Erblassers offengelassen, aber festgehalten wurde, dass jedenfalls die Verwirkungsfristen nach Art. 521 ZGB nicht vor dem Tod des Erblassers zu laufen beginnen.

20 BGE 96 II 79, 100; Kantonsgericht Wallis, 4.11.2004, RVJ 2005, S. 146.

21 Kantonsgericht Wallis, 1.7.1992 i.S. Steiner/Praz, RVJ 1992, S. 320 ff., E. 3.b; BGE 89 II 429; BGE 97 II 201, 205, E. 3; Abt [2002], a.a.O. [Fn. 10], S. 61.

22 Vgl. die Hinweise vorn Fn. 10. In sachlicher Hinsicht ist auch blosse Teilungültigkeit denkbar. Bei Verfügungsunfähigkeit und Formmangel wird allerdings i.d.R. die ganze Verfügung von Todes wegen wegfallen. Vgl. PraxKomm-Abt [2011], Art. 519 N 75 ff.

23 BGE 103 II 84, 85; BGE 85 II 597, 601; BSK ZGB II-Forni/Piatti [2011], Art. 519/520 N 28; BSK ZGB II-Karrer/Vogt/Leu [2011], Art. 518 N 81; BK-Künzle [2011], Art. 517–518 N 482.

16 Bei Auflagen ist die Anfechtung nur möglich, wenn mindestens *eine* Gegenpartei bestimmbar ist, die zur Stellung eines Begehrens nach Art. 482 Abs. 1 ZGB aktivlegitimiert wäre, d.h. ein *persönliches, direktes und aktuelles Interesse* an der Vollziehung der Auflage[24] oder der Errichtung der Stiftung hat[25], und deren Verzichtserklärung für den auflagenbelasteten Erben befreiende Wirkung hätte. Denn zweckmässigerweise wird einer solchen Partei zunächst eine Frist gesetzt, ihr Desinteresse oder den Verzicht auf allfällige Rechte zu erklären, bevor geklagt wird.

16a Gegenüber Personen, die keine hinlängliche nahe Beziehung zur Sache haben, kann weder eine ausserprozessuale Einigung noch ein Urteil befreiende Wirkung für den Belasteten entfalten; das angerufene Gericht dürfte auf die Klage richtigerweise gar nicht eintreten. Fehlt es an einer solchen Gegenpartei, so müssen Erben und Willensvollstrecker die Anordnung gegebenenfalls in eigener Kompetenz ignorieren[26].

16b Wollen Erben oder Willensvollstrecker von der Errichtung und Handelsregisteranmeldung letztwillig verfügter Stiftungen Umgang nehmen, so ist die staatliche Stiftungsaufsicht weder zuständig, einen Dispens zu erteilen, noch ist sie für eine Anfechtungsklage passivlegitimiert: Ihre Aufsichtskompetenz greift erst Platz, nachdem die Stiftung im Handelsregister eingetragen ist.

Befristung

17 Die Befristung der Ungültigkeitsklage ist in Art. 521 ZGB geregelt. Bei den Fristen in Art. 521 ZGB handelt es sich entgegen dem Wortlaut des Gesetzes nicht um Verjährungs-, sondern um von Amtes wegen zu beachtende Verwirkungsfristen. Art. 135 OR und Art. 137 f. OR sind somit auf die Fristen gemäss Art. 521 ZGB nicht, Art. 63 ZPO[27] ist nur analog anwendbar[28]. Ein «Verjäh-

---

Vgl. auch Sutter-Somm/Chevalier [2007], a.a.O. [Fn. 21], S. 22 f.

24 Vgl. dazu hinten Rz. 280.

25 Diese Voraussetzungen werden postuliert in Analogie zu den Voraussetzungen der Aktivlegitimation zur Stiftungsbeschwerde gemäss dem Leitsatz in TA NE 10.12.1987, RJN 1987, S. 45–49.

26 Gl.M. PraxKomm-Abt [2011], Art. 519 N 65 ff. – Allemal könnte dann, wenn sich ein beliebiger Beklagter auf den Streit nicht einlässt, kein Urteil mit *res iudicata*-Wirkung ergehen.

27 Art. 63 ZPO ist mit Inkrafttreten der Schweizerischen Zivilprozessordnung an die Stelle von Art. 139 OR getreten. Vgl. dazu auch hinten Rz. 18a und 18b sowie BSK ZPO-Infanger [2010], Art. 63 N 5. Infanger bedauert (zu Recht) die Streichung von Art. 139 OR unter Hinweis darauf, dass Art. 139 OR – im Gegensatz zu Art. 63 ZPO – auch für im Ausland eingereichte Klagen gegolten habe.

28 BGE 86 II 340, 344 ff.; BGE 98 II 176, 179 ff.; BGE 102 II 193, 196; Druey [2002], § 12 Rz. 52; BSK ZGB II-Forni/Piatti [2011], Art. 521 N 1 f.; Piotet, SPR IV/1 [1978], S. 276 f.; Tuor/Schnyder/Schmid/Rumo-Jungo [2009], § 67 Rz. 12; PraxKomm-Abt [2011], Art. 521 N 2 f.; **a.M.** Abt [2002], a.a.O. [Fn. 10], S. 45 ff.; ZK-Escher [1959], Art. 521 N 1; BK-Tuor [1952],

rungsverzicht» oder eine einvernehmliche Fristverlängerung ist ausgeschlossen; nur – aber immerhin – die (auch vor- bzw. ausserprozessual mögliche) Anerkennung der Ungültigkeit durch den Beklagten entbindet den Kläger von der Anhebung einer Klage innert Frist:

- Die einjährige relative Frist beginnt mit (wirklicher und zuverlässiger) Kenntnis der Verfügung und des Ungültigkeitsgrunds, frühestens jedoch mit Eröffnung des Erbgangs[29]. Ein blosser Verdacht genügt nicht, ebensowenig der Umstand, dass der Kläger den Ungültigkeitsgrund früher hätte erkennen müssen[30].
- Die zehnjährige absolute Frist beginnt i.d.R. mit Eröffnung der Verfügung, bei Erbverträgen mit Eröffnung des Erbgangs[31].
- Aus der unterschiedlichen Anknüpfung der Fristen ergibt sich, dass die beiden Fristen unabhängig voneinander zu laufen beginnen, so dass die eine ablaufen kann, bevor die andere überhaupt zu laufen begonnen hat[32].
- Bei Bösgläubigkeit des Bedachten gilt die 30jährige Frist; sie beginnt im gleichen Zeitpunkt wie die zehnjährige[33].
- Die Erhebung einer Einsprache gegen die Ausstellung einer Erbenbescheinigung zugunsten des Bedachten gemäss Art. 559 Abs. 1 ZGB entbindet nicht von der Klageeinreichung innert der Verwirkungsfrist; insbesondere findet auch keine Umkehrung der Parteirollen statt[34]. Es ist nach wie vor der gesetzliche Erbe, der die Ungültigkeitsklage gegen den eingesetzten Erben anstrengen muss. Mit der Einsprache wird lediglich bewirkt, dass keine Erbenbescheinigung ausgestellt und die Erbschaft nicht vorzeitig an die eingesetzten Erben ausgeliefert wird[35].
- Da die Ungültigkeitsklage sich stets gegen Verfügungen von Todes wegen richtet, kann sie nur ausnahmsweise zu Lebzeiten des Erblassers angehoben werden[36].

Einredeweise kann die Ungültigkeit einer Verfügung jederzeit geltend gemacht 18
werden (Art. 521 Abs. 3 ZGB). Das hilft allerdings nur den «besitzenden» Er-

---

Art. 521 N 1. Vgl. auch BGE 129 III 580 = ZBGR 2004, S. 350, Anmerkungen dazu von JEAN NICOLAS DRUEY, in: AJP 2004, S. 328 ff.

29 BGE 53 II 101, E. 1: Dies gilt selbst dann, wenn man (dem Erblasser und) den Vertragspartnern des Erblassers das Recht zugestehen würde, einen Erbvertrag bereits zu Lebzeiten des Erblassers anzufechten (vgl. vorn Rz. 14).

30 Vgl. BGE 91 II 327, 333; BGE 113 II 270, 274; BSK ZGB II-FORNI/PIATTI [2011], Art. 521 N 2; BK-TUOR [1952], Art. 521 N 4; TUOR/SCHNYDER/SCHMID/RUMO-JUNGO [2009], § 69 Rz. 3.

31 BGE 53 II 101, E. 1; BSK ZGB II-FORNI/PIATTI [2011], Art. 521 N 2.

32 BSK ZGB II-FORNI/PIATTI [2011], Art. 521 N 2.

33 Die Bösgläubigkeit muss allerdings vor Ablauf der einjährigen und der zehnjährigen Verwirkungsfrist eintreten. Die dreissigjährige Frist gilt zudem nur für die Ungültigkeitsgründe der Verfügungsunfähigkeit des Erblassers, der Rechtswidrigkeit und der Unsittlichkeit der Verfügung, nicht jedoch bei Willens- und Formmängeln: ZK-ESCHER [1959], Art. 521 N 9; BSK ZGB II-FORNI/PIATTI [2011], Art. 521 N 3; BK-TUOR [1952], Art. 521 N 10 und 12.

34 BGE 128 III 318, E. 2.2.1.

35 Vgl. PraxKomm-EMMEL [2011], Art. 559 N 9 ff., insbesondere N 12.

36 Vgl. vorn Rz. 11 und 14. Vgl. ferner ANDREA KAISER, Pflichtteilsverzicht mit Abfindungsvereinbarung, in: AJP 2002, S. 12, 22.

ben[37], wobei nach der Rechtsprechung «Mitbesitz» genügen soll[38]. Das Kriterium des «Besitzes» (bzw. «Mitbesitzes») ist unglücklich und wirft unnötige Fragen auf, etwa dann, wenn ein Willensvollstrecker eingesetzt ist[39]. Richtigerweise ist deshalb nicht darauf abzustellen, ob die gesetzlichen Erben die Erbschaft *besitzen*, sondern ob ihre *Erbenstellung unangefochten feststeht oder nicht*[40]. Befindet sich die Erbschaft demgegenüber im Besitz des gewillkürten Erben, so muss der gesetzliche Erbe – innert der Verwirkungsfrist – auf Ungültigkeit klagen[41].

Verfahren

18a Erbrechtliche Streitigkeiten fallen – je nach Streitwert – in den Anwendungsbereich des vereinfachten (Art. 243 ff. ZPO) oder des ordentlichen Verfahrens (Art. 219 ff. ZPO). Gemäss Art. 62 ZPO begründet bereits die Einreichung eines Schlichtungsgesuchs nach Art. 197 ff. ZPO Rechtshängigkeit und wirkt damit fristwahrend. Die Klage muss sodann innert dreier Monate nach Ausstellung der Klagebewilligung beim Gericht eingereicht werden (Art. 209 Abs. 3 ZPO), damit die Rechtshängigkeit erhalten bleibt (was für die Wahrung von Verwirkungsfristen wie jener nach Art. 521 ZGB von entscheidender Bedeutung ist).

---

37 Im Fall der amtlichen Erbschaftsverwaltung sind die von der Nachfolge ausgeschlossenen gesetzlichen Erben weder Besitzer gemäss Art. 560 Abs. 2 ZGB noch vorläufige Besitzer. Ob ihnen in diesem Fall die Ungültigkeitseinrede zusteht, ist umstritten: Ablehnend äussert sich Piotet, SPR IV/2 [1981], S. 740; für einen generellen Ausschluss der Einrede bei amtlicher Erbschaftsverwaltung Obergericht Zürich, ZBGR 1964, S. 197, 203 f.; für die Zulässigkeit der Einrede in allen Fällen amtlicher Erbschaftsverwaltung demgegenüber ZK-Escher [1959], Art. 521 N 11; BSK ZGB II-Forni/Piatti [2011], Art. 521 N 4; Picenoni [1967], a.a.O. [Fn. 10], S. 101, 104 f. Jedenfalls zulässig sein dürfte die Ungültigkeitseinrede auch bei amtlicher Erbschaftsverwaltung dann, wenn Erben bereits vor dem Erbgang Vermögenswerte des Erblassers in unmittelbarem Besitz hatten und (ausschliesslich) auf Herausgabe derselben beklagt werden: vgl. Andreas Flückiger, Der Umgang des Willensvollstreckers mit anfechtbaren, nichtigen und unklaren Verfügungen von Todes wegen, in: Hans Rainer Künzle (Hrsg.), Willensvollstreckung – Aktuelle Rechtsprobleme, Referate des Weiterbildungsseminars der Universität St. Gallen vom 30. September 2003, Zürich 2004, S. 81 ff.

38 BGE 120 II 417, E. 2. Nicht massgeblich für die Geltendmachung der Einrede ist, ob der Einredende Kläger oder Beklagter ist. Nicht ausreichend ist die Einrede dann, wenn der streitige Anspruch den Anteil des Prozessgegners am Nachlass übersteigt, so dass auf sein persönliches Vermögen gegriffen werden müsste (vgl. dazu PraxKomm-Hrubesch-Millauer [2011], Art. 533 N 9b, m.w.H.).

39 Vgl. dazu PraxKomm-Christ/Eichner [2011], Art. 517 N 22: Der Willensvollstrecker wird mit seinem Amtsantritt zum ausschliesslichen Besitzer der Erbschaft. Vgl. immerhin Thomas Weibel/Patrick Gerster, Schweizerische Zivilprozessordnung und Erbrecht – prozessuale Chancen und Alltagsfallen, in: successio 2012, S. 33 ff., 42 f.: Der Willensvollstrecker besitzt nicht für sich selber oder für einzelne Erben, sondern für alle Erben gemeinsam, so dass diese zumindest als mittelbare Mitbesitzer anzusehen wären.

40 Weibel/Gerster [2012], a.a.O. [Fn. 39], S. 10 f., m.w.H.

41 Vgl. zum Ganzen PraxKomm-Abt [2011], Art. 521 N 22.

Sofern der Sachverhalt liquid und die Rechtslage klar ist, steht – unabhängig vom Streitwert – alternativ auch das Verfahren des Rechtsschutzes in klaren Fällen offen (Art. 257 ZPO)[42]. Das Verfahren ist summarisch (mit entsprechender Beweismittelbeschränkung auf liquide Beweismittel); das vorgängige Schlichtungsverfahren entfällt (Art. 198 lit. a ZPO). Liegen die Voraussetzungen für die Gutheissung des Gesuchs um Rechtsschutz in klaren Fällen nicht vor, so fällt das Gericht einen Nichteintretensentscheid (Art. 257 Abs. 3 ZPO)[43], und der Kläger wird auf das vereinfachte bzw. ordentliche Verfahren verwiesen. Ungeklärt und durch das Bundesgericht noch nicht entschieden ist dabei, ob in diesem Fall bei Wahrung der Nachfrist von Art. 63 ZPO die Rechtshängigkeit perpetuiert wird oder dahinfällt, mithin ob ein Anwendungsfall der Wahl der falschen Verfahrensart gemäss Art. 63 Abs. 2 ZPO vorliegt oder nicht[44]. Dieser Punkt ist mit Blick auf den Verwirkungscharakter der Fristen von Art. 521 ZGB unbedingt im Auge zu behalten. 18b

Streitwert

Als massgeblicher Streitwert ist der potenzielle Prozessgewinn des Klägers im Fall seines Obsiegens zu betrachten[45]. Dessen Umfang ist einerseits anhand eines Vergleichs der angefochtenen Verfügung mit der im Fall der Ungültigerklärung zur Anwendung kommenden früheren Verfügung oder Intestaterbfolge, anderseits anhand des Kreises der Verfahrensbeteiligten zu ermitteln. 19

42 Offensichtlichkeit der Sach- und Rechtslage ist gerade bei Fragen der Ungültigkeit ohne weiteres denkbar (z.B.: maschinengeschriebenes Testament, testierunfähiger Erblasser etc.): vgl. Weibel/Gerster [2012], a.a.O. [Fn. 39], S. 38.

43 Sutter-Somm [2010], a.a.O. [Fn. 6], S. 169.

44 Für die – nach der hier vertretenen Auffassung zutreffende – Perpetuierung der Rechtshängigkeit: BSK ZPO-Infanger [2010], Art. 63 N 16 f.; 39, m.w.H.; Weibel/Gerster [2012], a.a.O. [Fn. 39], S. 39, m.w.H.; für das Entfallen der Rechtshängigkeit: Sutter-Somm/Hedinger, in: Sutter-Somm/Hasenböhler/Leuenberger [2010], Art. 63 N 8; Sutter-Somm [2010], a.a.O. [Fn. 6], S. 170 f.

45 Vgl. Andreas Baumann, Über die Bemessung des Streitwertes, insbesondere bei Teilungsklagen, in: successio 2009, S. 281 ff., 288; Kantonsgericht Wallis, 4.11.2004, RVJ 2005, S. 146.

20 *Rechtsbegehren*

*«1. Die letztwillige Verfügung (*oder: *der Erbvertrag) des/der …* [Name, Todesdatum und letzter Wohnsitz des Erblassers] *vom …* [Spezifikation der angefochtenen Verfügung durch Abschlussort und Datum] *sei ungültig zu erklären.*

2. **Variante 1 (gesetzlicher Erbe):** *Es sei festzustellen, dass der Kläger als gesetzlicher Erbe zu einem Viertel am Nachlass beteiligt ist;*
Variante 2 (eingesetzter Erbe): *Es sei festzustellen, dass der Kläger aufgrund der früheren letztwilligen Verfügung vom …* [Spezifikation der angefochtenen Verfügung durch Abschlussort und Datum] *als eingesetzter Erbe zu einem Drittel am Nachlass beteiligt ist.»*

Erläuterung

21 Das Hauptbegehren ist als Gestaltungsbegehren, nicht als Feststellungsbegehren zu formulieren; denn das Urteil hat die angefochtene Verfügung *ex tunc* aufzuheben, nicht bloss ihre Rechtswidrigkeit festzustellen.

22 Der angerufene Ungültigkeits*grund* («infolge Formmangels», «wegen Urteilsunfähigkeit der Erblasserin im Zeitpunkt der Testamentserrichtung» etc.) ist nicht im Rechtsbegehren, sondern in der Klagebegründung zu nennen.

23 Das hier vorgeschlagene Rechtsbegehren Nr. 2 (Feststellungsbegehren betreffend die aus der Ungültigkeit zugunsten des Klägers und zulasten der Beklagten fliessenden Rechtsfolgen) ist sinnvoll, wenn diese Rechtsfolgen von den Beklagten möglicherweise bestritten werden könnten, ansonsten überflüssig, aber unschädlich. Wer ein überflüssiges Feststellungsbegehren stellt, das in einem gleichzeitig gestellten Leistungs- oder Gestaltungsbegehren aufgeht, hat sich nicht «überklagt» und braucht auch keine Kostenfolgen zu gewärtigen.

24 Eine Klage auf blosse Teilungültigerklärung ist möglich[46], etwa wenn nur eine bestimmte Anordnung im Testament wegen Willensmangels des Erblassers oder wegen Verletzung materiellen Rechts angefochten wird[47].

24a Die Erhebung der Ungültigkeitsklage stellt nach der hier vertretenen Auffassung keine Einmischungshandlung dar, welche zur Verwirkung der Ausschlagungsverfügung führen würde[48]. Es dürfte sich aber empfehlen, dass der Kläger in seiner Ungültigkeitsklage ausdrücklich klarstellt, er erhebe die Klage rein

46 BGE 119 II 208, E. 3.bb.
47 BSK ZGB II-Forni/Piatti [2011], Art. 519/520 N 29.
48 Vgl. zum Ganzen PraxKomm-Häuptli [2011], Art. 571 N 5, m.w.H. Vgl. auch BGE 133 III 1 (Beantragung einer Erbenbescheinigung stellt nicht ohne weiteres eine Einmischungshandlung dar) sowie die Urteilsbesprechung von Tamara Völk, in: successio 2007, S. 130 ff.

vorsorglich zur Wahrung der Klagefrist und behalte sich einen Entscheid über die Annahme oder Ausschlagung der Erbschaft vor.

Anhang: Nichtigkeitsklage

Im Gegensatz zur Ungültigkeitsklage ist die **Klage auf Feststellung der Nichtigkeit einer letztwilligen Verfügung** eine Feststellungsklage mit Wirkung gegen jedermann, unabhängig davon, ob sämtliche Bedachten als Beklagte genannt werden. Nichtig sind insbesondere gefälschte (von Dritten hergestellte) Testamente, ferner dem Erblasser unter Zwang oder Drohung abgerungene sowie sinnlose (unverständliche) Testamente, aus denen der erblasserische Wille gar nicht ersichtlich ist[49]. Ob jeder – grundsätzlich mit der Ungültigkeitsklage geltend zu machende – Mangel in Extremfällen zur Nichtigkeit führt, oder ob die Nichtigkeitsgründe eine eigene Kategorie bilden, ist umstritten[50]. Da Nichtigkeitsgründe von den mit dem Nachlass befassten Behörden von Amtes wegen zu berücksichtigen sind[51], ist nicht erforderlich, dass der Kläger sämtliche aus dem nichtigen Testament begünstigten Personen als passive Streitgenossen ins Recht fasst. 25

Die Nichtigkeitsklage ist unverjährbar, d.h. sie untersteht nicht der Verwirkungsfrist des Art. 521 ZGB[52]. Da die Nichtigkeitsklage unbefristet möglich ist und Nichtigkeitsgründe einredeweise jederzeit geltend gemacht werden können, besteht kein Interesse, eine solche Klage anzuheben, solange niemand auftritt, der aus der nichtigen Verfügung Ansprüche ableitet. Falls aber primär auf Feststellung der Nichtigkeit, eventualiter auf Ungültigerklärung der Verfügung geklagt wird, wie dies in der Lehre zum Teil empfohlen wird, ist die Frist von Art. 521 ZGB vorsorglich gleichwohl zu beachten[53]. 25a

---

49 Zum Sonderfall der Nichtigkeit zufolge Erbunwürdigkeit vgl. BGE 132 III 315 sowie die Anmerkungen dazu von Daniel Abt, «Falle, die für jeden prima-vista-Betrachter stinken»: Bundesgericht, quo vadis?, in: successio 2010, S. 195 ff., 201 ff., m.w.H.

50 BGE 129 III 580 = ZBGR 2004, S. 350, Anmerkungen dazu von Druey [2004], a.a.O. [Fn. 28], S. 328; vgl. BSK ZGB II-Forni/Piatti [2011], Art. 519/520 N 4 f.; Druey [2002], § 12 Rz. 59 ff.; Paul Eitel, Erbrecht 2003–2005, Rechtsprechung, Gesetzgebung, Literatur, in: Stephan Wolf (Hrsg.), Ausgewählte Aspekte der Erbteilung, Bern 2005, S. 121 ff., 125; Flückiger [2004], a.a.O. [Fn. 37], S. 80 f. Ablehnend PraxKomm-Abt [2011], Art. 519 N 4 ff., m.H. auf Fälle, in denen in Rechtsprechung und Doktrin Nichtigkeit der Verfügung angenommen bzw. zumindest thematisiert wurde.

51 Vgl. exemplarisch Appellationsgericht Basel-Stadt, BE 2009.236, 25.2.2010. – Nach der bundesgerichtlichen Rechtsprechung muss immerhin eine Verfügung zugunsten eines Erbunwürdigen trotz ihrer Nichtigkeit noch mit der Ungültigkeitsklage beseitigt werden. Vgl. die Urteilsbesprechungen von Daniel Abt, in: AJP 2006 S. 1139 ff. und AJP 2006 S. 238 ff.

52 Druey [2002], § 12 Rz. 52; BSK ZGB II-Forni/Piatti [2011], Art. 519/520 N 5; Flückiger [2004], a.a.O. [Fn. 37], S. 81; BGE 90 II 476, 480.

53 Vgl. PraxKomm-Abt [2011], Art. 519 N 13.

3. Durchsetzung von Informationsansprüchen

3.1 Einleitung

Wie ist vorzugehen, wenn ein Erbe oder wenn sämtliche Erben nach dem Ableben des ehemals wohlsituierten Erblassers vor einem wertlosen oder gar inexistenten Nachlass stehen? Wie ist vorzugehen, wenn in solchen Fällen der Verdacht aufkommt, der Erblasser habe heimliche Leistungen an bestimmte Personen, Sekten, Institutionen gemacht oder sei von solchen Dritten widerrechtlich beeinflusst und ausgeplündert worden – wenn aber die Spuren mittlerweile verwischt und die Beweismittel beseitigt worden sind? 26

Für die Ermittlung der Fakten sind die Mittel des Zivilprozesses ungeeignet. Vielmehr braucht es persönlichen Einsatz, Beizug von Privatdetektiven bzw. Wirtschaftsermittlern, eventuell Einschaltung der Strafverfolgungsbehörden, sofern Straftatbestände glaubhaft gemacht werden können. Nur wenn konkrete Verdachtsmomente gegenüber benennbaren, vor verlässlichen Gerichten einklagbaren Personen vorliegen, kommt die prozessuale Durchsetzung von Informationsansprüchen überhaupt in Frage. Die nachfolgende Darstellung bezieht sich auf diesen (günstigen) Fall, d.h. auf den Fall, in dem konkrete Verdachtsmomente gegenüber bekannten Personen und Institutionen bereits vorliegen und mit den zivilprozessualen Beweismitteln zumindest glaubhaft gemacht werden können. 27

3.2 Auskunftsklage gegen Miterben und Empfänger lebzeitiger Zuwendungen

Vorbemerkung

Das Gesetz statuiert die Informationsansprüche der **Erben untereinander** lediglich in lückenhafter Weise[54]: Gemäss Art. 607 Abs. 3 und Art. 610 Abs. 2 ZGB haben alle Erben sich untereinander unaufgefordert gegenseitig alles mitzuteilen, was für die Teilung der Erbschaft von Belang sein könnte. Hier geht es um die Grundsätze der Gleichberechtigung der Erben (Art. 610 Abs. 1 ZGB) und der fairen Abwicklung des Nachlasses[55]. 28

54 Andreas Schröder, Informationspflichten im Erbrecht, Diss. Basel 2000, S. 126 ff. und 146 ff. Vgl. auch BGer 5C.14/2003 vom 3.7.2003.

55 BSK ZGB II-Schaufelberger/Lüscher [2011], Art. 610 N 17; PraxKomm-Weibel [2011], Vorbem. zu Art. 607 ff. N 15 ff., m.w.H.

29 Die Erben müssen einander gegenseitig, aber auch dem Willensvollstrecker und den Inventurbehörden[56], alles mitteilen, das «bei einer objektiven Betrachtung möglicherweise geeignet erscheint, die Teilung in irgendeiner Weise zu beeinflussen. Dazu gehören ungeachtet der güterrechtlichen Verhältnisse auch lebzeitig vorgenommene Zuwendungen des Erblassers»[57]. Die Erben sollen sich beispielsweise «über Schenkungen des Erblassers zu Lebzeiten, Vorbezüge auf ihren Erbanteil[58], Darlehen, sonstige Vereinbarungen mit dem Erblasser etc. gegenseitig Auskunft geben, und es sind auch die entsprechenden Unterlagen offenzulegen, z.B. Steuerunterlagen, wie Schenkungssteuerverfügungen, Steuererklärungen oder Bankbelege und schriftliche Vereinbarungen»[59]. Verletzung der Auskunftspflicht kann den betreffenden Erben nach Art. 41 ff. OR haftpflichtig machen oder sogar als Betrug[60] oder falsche Beweisaussage der Partei im Zivilprozess[61] strafbar sein[62]. Die Erben können sich – jedenfalls bei in guten Treuen erfolgten Auskunftsbegehren – ihrer gegenseitigen Auskunftspflicht nicht mit dem Hinweis entschlagen, dass die Banken regelmässig Auskunft erteilen (vgl. dazu hinten Rz. 41 ff.)[63]. Auch ist ein – ausdrücklicher oder stillschweigender – erblasserischer Dispens von der Auskunftspflicht ausgeschlossen[64]. Die Verheimlichung von Erbschaftssachen führt zur Verwirkung der Ausschlagungsbefugnis; die Beseitigung einer Verfügung von Todes wegen kann die Erbunwürdigkeit zur Folge haben[65].

30 Als «Verhältnis zum Erblasser» (Art. 610 Abs. 2 ZGB) gilt jede Vermögensverschiebung zwischen Erblasser und Erben, wobei lebzeitige Zuwendungen

56 Vgl. BGer 5P.104/1992 vom 14.8.1992; PraxKomm-Weibel [2011], Vorbem. zu Art. 607 ff. N 20 ff. und 25 ff., m.w.H.

57 BGE 127 III 396 [«Fontana»] = ZBGR 2002, S. 170, besprochen von Jean Nicolas Druey, in: AJP 2002, S. 210; vgl. auch BGE 90 II 372 f. bzw. Art. 553 und 581 ZGB; BGE 118 II 269, E. 4.b.bb; BSK ZGB II-Karrer/Vogt/Leu [2011], Art. 518 N 18; Tuor/Schnyder/Schmid/Rumo-Jungo [2009], § 71 Rz. 34 und § 82 Rz. 2; ausführlich Schröder [2000], a.a.O. [Fn. 54], S. 42 ff.

58 Illustrativ z.B. BGer 5P.200/2005, E. 4.

59 BSK ZGB II-Schaufelberger/Lüscher [2011], Art. 610 N 18. Offenzulegen sind daneben auch güterrechtliche Vorgänge: vgl. Andreas Schröder, Erbrechtliche Informationsansprüche oder: die Geister, die ich rief…, in: successio 2011, S. 189 ff.

60 Art. 146 StGB.

61 Art. 306 StPO.

62 BSK ZGB II-Schaufelberger/Lüscher [2011], Art. 607 N 12; PraxKomm-Weibel [2011], Vorbem. zu Art. 607 ff. N 36 ff., m.w.H. Vgl. auch Druey [2002], § 16 Rz. 76; ZK-Escher [1960], Art. 607 N 12.

63 BGer 5C.242/2003 vom 21.4.2004; BGer 5P.347/2004 vom 11.1.2005; BGE 127 III 401, E. 3; vgl. Hans-Rainer Künzle, Der Willensvollstrecker und das Bank- und Postgeheimnis, in: Rainer J. Schweizer/Herbert Burkert/Urs Gasser (Hrsg.), Festschrift für Jean Nicolas Druey, Zürich 2002, S. 209 ff., 210; PraxKomm-Weibel [2011], Vorbem. zu Art. 607 ff. N 35, m.w.H.

64 BK-Tuor/Picenoni [1957/1964], Art. 607 N 9.

65 Vgl. PraxKomm-Weibel [2011], Vorbem. zu Art. 607 ff. N 39.

miterfasst sind. Diese müssen mitgeteilt werden, wenn sie objektiv geeignet erscheinen, die Teilung zu beeinflussen. Im Streitfall entscheidet darüber das Gericht. Es hat die Auskunftspflicht schon dort zu bejahen, wo solche Vorgänge stattgefunden haben, die unter irgendeinem Titel bei der Erbteilung in Berücksichtigung fallen könnten, und wo das Wissen darum zur Gewährleistung der Gleichberechtigung der Erben in der Teilung notwendig scheint. Wie der zur Auskunftserteilung angehaltene Erbe das gezeigte Verhältnis zum Erblasser selber qualifiziert, kann im Verfahren um die Auskunftserteilung keine Rolle spielen. Gegenstand des Verfahrens bildet zudem nicht die Frage, ob die fragliche Tatsache die Teilung effektiv beeinflusst – was ohnehin erst nach Auskunftserteilung beurteilt werden könnte –, sondern ob dies allenfalls möglich wäre[66].

Von Belang für die Erben, aber auch für den Willensvollstrecker und die Inventurbehörden, sind daneben jedoch namentlich auch auf Anfrage hin zu erteilende **Auskünfte von Dritten,** die – wie der Kläger zumindest plausibel zu machen hat[67] – Empfänger lebzeitiger Zuwendungen des Erblassers geworden sind[68]. 31

Gerichtsstand

Für Auskunftsbegehren gegenüber Mitgliedern der Erbengemeinschaft sind die Gerichte am *forum hereditatis* (Art. 28 Abs. 1 ZPO) zuständig. Gegenüber Bedachten, die nicht zur Erbengemeinschaft gehören, ist grundsätzlich an deren Wohnsitz bzw. Sitz vorzugehen (Art. 10 ZPO). 32

Bei internationalen Verhältnissen richtet sich die Zuständigkeit für Auskunftsklagen der Erben, die sich auf Erbrecht stützen, nach dem IPRG. Die Auskunftsrechte unterliegen dabei dem Erbstatut[69]. Vgl. hinten Rz. 326 ff. 32a

66 PraxKomm-Weibel [2011], Vorbem. zu Art. 607 ff. N 32 ff.; Peter Breitschmid, HSG-Weiterbildungsstufe vom 4.10.1994; vgl. auch Adriano Oswald, Die Auskunftspflicht im Erbgang, Diss. Zürich 1976, S. 14 ff.; zur spezifischen Informationsnot im Erbrecht vgl. im übrigen Jean Nicolas Druey, Information als Gegenstand des Rechts, Zürich/Baden-Baden 1995, S. 336.

67 Vgl. Schröder [2000], a.a.O. [Fn. 54], S. 51 f.

68 In Analogie zu Art. 607 Abs. 3 und 610 Abs. 2 ZGB: vgl. Schröder [2000], a.a.O. [Fn. 54], S. 151 ff.; BGE 132 III 677, E. 4.2.4; BGer 5C.262/2005 und 5C.262/2005, E. 4.2.2; PraxKomm-Weibel [2011], Vorbem. zu Art. 607 ff. N 30 ff., m.w.H.; Weibel/Heckendorn [2009], a.a.O. [Fn. 91], S. 225 f.

69 Vgl. dazu auch hinten Rz. 327.

Aktivlegitimation

33 Jeder gesetzliche oder eingesetzte (oder auch virtuelle[70]) Erbe selbständig[71], ferner der Willensvollstrecker und der Erbenvertreter gemäss Art. 602 Abs. 3 ZGB sowie die Teilungsbehörde gemäss Art. 607 Abs. 2 ZGB[72]. Nicht aktivlegitimiert sind demgegenüber blosse Vermächtnisnehmer[73].

Passivlegitimation

34 Jeder gesetzliche oder eingesetzte Erbe sowie jeder lebzeitig Bedachte, der nicht zur Erbengemeinschaft gehört, einzeln. Die mit dem Nachlass und der Teilung befassten Behörden sind ebenfalls passivlegitimiert und zur Erteilung von Informationen verpflichtet, soweit nicht – ausnahmsweise – ein schützenswertes, auch postum zu respektierendes Geheimhaltungsinteresse des Erblassers vorliegt[74].

Befristung

35 Die Auskunftsklage gegen Miterben ist mindestens während der ganzen Dauer der Erbengemeinschaft möglich[75]. Sie ist jedoch auch nach Vollzug der Erbteilung weiterhin möglich[76], wobei der Kläger zur Plausibilisierung seines Informationsanspruchs immerhin wird glaubhaft machen müssen, dass ihm neue Verdachtsmomente zugekommen sind; bei längerem Zuwarten trotz Bestehens neuer Verdachtsmomente liegt möglicherweise ein rechtsmissbräuchliches Ver-

70 Der Informationsanspruch entfällt allerdings dann, wenn der virtuelle Erbe seinem Erbanspruch nicht innert eines Jahres, nachdem er von der Verletzung seiner Rechte Kenntnis erhalten hat, klageweise Nachachtung verschafft. Vgl. dazu PraxKomm-Weibel [2011], Vorbem. zu Art. 607 ff. N 22.

71 BGE 89 II 87, 93, E. 6; Obergericht Zürich, 10.12.1964, SJZ 1965, S. 354 ff., 355; PraxKomm-Weibel [2011], Vorbem. zu Art. 607 ff. N 20 ff., m.w.H.

72 ZK-Escher [1960], Art. 607 N 9 und Art. 610 N 4; BK-Tuor/Schnyder [1957/1964], Art. 610 N 5; Oswald [1976], a.a.O. [Fn. 66], S. 54; Flückiger [2004], a.a.O. [Fn. 37], S. 95. Vgl. auch BGer 5A_620/2007 sowie die Besprechung von Ayesha Curmally, in: ius.focus 2010 Nr. 113 (Erbschaftsliquidator).

73 Vgl. Druey [2002], § 11 Rz. 22; PraxKomm-Weibel [2011], Vorbem. zu Art. 607 ff. N 24, m.w.H.

74 Vgl. PraxKomm-Weibel [2011], Vorbem. zu Art. 607 ff. N 29. Nach Ansicht des Bundesgerichts darf der Willensvollstrecker, der vor dem Tod des Erblassers dessen Anwalt war, keine Informationen offenlegen, solange er nicht vom Anwaltsgeheimnis entbunden wurde (BGE 135 III 597). Kritisch dazu Hans Rainer Künzle, Aktuelle Praxis zur Willensvollstreckung (2010–2011), in: successio 2011, S. 270 ff., 274, m.H. auf die Praxis des Kantons Basel-Stadt, der in der Ernennung des Anwalts zum Willensvollstrecker eine stillschweigende Zustimmung des Erblassers zur Auskunftserteilung sieht.

75 Vgl. Schröder [2000], a.a.O. [Fn. 54], S. 56 f., m.w.H.

76 Vgl. BK-Tuor/Schnyder [1957/1964], Art. 610 N 5: «Sie besteht **schon vor** der Teilung» [Hervorhebung eingefügt].

halten des Klägers oder ein konkludenter Verzicht auf die Auskunftserteilung vor[77].

36 Die Auskunftsklage gegen lebzeitig Bedachte, die nicht zur Erbengemeinschaft gehören, muss jedenfalls so lange als zulässig gelten, als ein allfälliger Herausgabeanspruch noch nicht verjährt oder verwirkt ist[78]. Ob ein Herausgabeanspruch noch nicht verjährt oder verwirkt ist, lässt sich freilich oft erst aufgrund der zu erteilenden Auskünfte entscheiden; die Auskunftsklage ist daher – offensichtliche Fälle von Rechtsmissbrauch vorbehalten – grosszügig zuzulassen. Auch hier schliesst jedenfalls der Vollzug der Erbteilung die Auskunftsklage nicht von vornherein aus[79].

Verfahren

36a Die Auskunftserteilung ist ein Hauptsacheanspruch, der in aller Regel die – erhöhten – Anforderungen an eine vorsorgliche Leistungsmassnahme nicht erfüllen dürfte[80]. Aufgrund der liquiden Rechtslage, die den Informationsansprüchen zugrunde liegt, dürften hingegen regelmässig die Voraussetzungen für ein Vorgehen im Verfahren des Rechtsschutzes in klaren Fällen (und damit ebenfalls im summarischen Verfahren) vorliegen[81]. Die Voraussetzung der liquiden Sachlage ist erfüllt, sobald alle Erben bekannt sind und zumindest Anhaltspunkte bestehen, dass der Erblasser Zuwendungen getätigt hat, welche die Erbteilung beeinflussen könnten[82]. Andererseits darf nicht übersehen werden, dass – trotz Anwendbarkeit des summarischen Verfahrens – lediglich eine Beweismittel-, nicht aber eine Beweisstrengebeschränkung gilt: Blosses Glaubhaftmachen genügt nicht, sondern es ist der volle Beweis zu erbringen.

77 Vgl. zum Ganzen PraxKomm-Weibel [2011], Vorbem. zu Art. 607 ff. N 42, m.w.H.

78 Von Bedeutung sind in diesem Zusammenhang vor allem die Befristungen der Herabsetzungsklage (vgl. hinten Rz. 77 ff.) und der Erbschaftsklage (vgl. hinten Rz. 126 ff.).

79 Vgl. dazu insbesondere hinten Rz. 78.

80 Vgl. BGer 5A_638/2009 vom 13.9.2010, E. 1.2.

81 Gl.M. Breitschmid/ Matt [2010], a.a.O. [Fn. 104], S. 91. Vgl. auch PraxKomm-Weibel [2011], Vorbem. zu Art. 607 ff. N 43. Weibel/Gerster [2012], a.a.O. [Fn. 44], S. 37 f.

82 Vgl. Weibel/Gerster [2012], a.a.O. [Fn. 39], S. 37 f. In einem unveröffentlichten Entscheid des Kreisgerichts See-Gaster vom 26.10.2010 wurde – noch unter der kantonalen Zivilprozessordnung – das Begehren des Klägers um raschen Rechtsschutz im Zusammenhang mit einem erbrechtlichen Auskunftsbegehren jedenfalls gutgeheissen.

Streitwert

37 Dem Informationsgesuch der Erben kommt in aller Regel vermögensrechtlicher Charakter zu[83]. Der Informationsanspruch ist dabei lediglich präparatorischer Natur; er schafft mit anderen Worten die Voraussetzungen beispielsweise für eine Ausgleichungs- oder Herabsetzungsklage[84]. In Analogie zur deutschen Gerichtspraxis sowie zur bundesgerichtlichen Rechtsprechung im Zusammenhang mit der aktienrechtlichen Sonderprüfung ist von einem Bruchteil des vermögenswerten Interesses des Klägers als Streitwert auszugehen[85]; eine genaue Bezifferung des Streitwerts wird meist nicht möglich sein[86]. Nach Art. 85 ZPO muss immerhin ein – freilich lediglich für das betreffende Verfahren massgeblicher, für die Geltendmachung späterer Ausgleichungs- oder Herabsetzungsansprüche jedoch unmassgeblicher – Mindeststreitwert angegeben werden.

38 *Rechtsbegehren*

«Es sei der Beklagte unter Androhung der Bestrafung gemäss Art. 292 StGB und Art. 343 ZPO mit Busse im Widerhandlungsfall zu verurteilen, dem Kläger über sein Verhältnis zum Erblasser, insbesondere über die von diesem in den Jahren 2010 und 2012 erhaltenen Schenkungen, allfällige weitere Schenkungen, Vorbezüge und Darlehen sowie über sonstige Vereinbarungen mit dem Erblasser, umfassend Auskunft zu erteilen und die entsprechenden Unterlagen offenzulegen.»

Erläuterung

39 Auskunftsbegehren haben in dem Sinne präparatorischen Charakter, dass sie oft erst die Voraussetzungen etwa für eine Erbschafts-, Ausgleichungs- oder Herabsetzungsklage schaffen. Der Anspruch auf Auskunftserteilung ist in diesem Sinne Hilfsanspruch; sofern die Tatsache eines lebzeitigen Vorgangs hin-

83 Vgl. nur BGer 5A_638/2009 vom 13.9.2010, E. 1.1, m.w.H.; noch offen gelassen in BGE 90 II 365, 369. Vgl. auch Gian Sandro Genna, Bundesgerichtliche Widersprüchlichkeiten zum Informationsanspruch im Erbrecht?, in: successio 2011, S. 203 ff., 205.

84 Zu den prozessualen Aspekten des präparatorischen Anspruchs vgl. Schröder [2000], a.a.O. [Fn. 54], S. 229 ff.

85 Schröder [2000], a.a.O. [Fn. 54], S. 217 f., m.w.H.; PraxKomm-Häuptli [2011], Art. 560 N 26. **A.M.** Genna [2011], a.a.O. [Fn. 83], S. 205, der vorschlägt, dass der Streitwert bei 10% des geschätzten «Auskunftsvermögens» entspreche.

86 Vgl. zum Ganzen PraxKomm-Weibel [2011], Vorbem. zu Art. 607 ff. N 43. Nach Ansicht von Genna [2011], a.a.O. [Fn. 83], 205, wäre es jedenfalls willkürlich, als Streitwert den Gesamtwert des Nachlasses anzunehmen. Vgl. dazu auch BGE 135 III 578, E. 6. Vgl. ferner BGE 127 III 396, E. 1.b.cc, wo das Bundesgericht noch unter Geltung von Art. 46 OG die Bedeutung des Streitwerterfordernisses für das mit einer Teilungsklage verbundene Auskunftsbegehren relativierte.

reichend klar ist, während die Höhe oder die genauen Umstände einer Verfügung der Klärung durch die begehrte Auskunftserteilung bedürfen, kann der Auskunftsanspruch gegebenenfalls auch direkt als erster Teil einer Stufenklage (Art. 85 Abs. 2 ZPO)[87] geltend gemacht werden. Dabei wird das Rechtsbegehren auf Informationserteilung mit einem – einstweilen noch unbezifferten – Rechtsbegehren auf Leistung desjenigen Betrags verbunden, der sich erst auf der Grundlage der verlangten Information ergibt[88]. Das Gericht wird zunächst nur den Informationsanspruch beurteilen und darüber einen Teilentscheid fällen[89].

40 Das Auskunftsbegehren eines Erben wird nicht bereits dadurch erfüllt oder gegenstandslos, dass die beklagte Partei sagt, sie wisse nichts oder sie wisse, dass sie selber nichts erhalten habe und keine weiteren Nachlassaktiven vorhanden seien. Nur wenn das Gericht der festen Überzeugung ist, der Auskunftsbeklagte habe wahrheitsgemäss alles gesagt, was er weiss und wissen kann, kann es gegebenenfalls das Rechtsschutzinteresse des Klägers verneinen. Das Gericht weiss nie, ob der Auskunftsbeklagte alles gesagt und wahrheitsgemäss Auskunft erteilt hat. Das ist nicht der Gegenstand des Urteils. Das Gericht hat lediglich die Auskunftspflicht als solche festzuhalten und den Beklagten unter Strafandrohung zur Auskunftserteilung zu verpflichten. Wenn der Auskunftsbeklagte im Laufe des Schriftenwechsels einige Informationen gibt und beifügt, mehr wisse er nicht, dann ist damit der Auskunftsanspruch des Klägers nicht erfüllt und also nicht durch Erfüllung untergegangen. Der Kläger hat Anspruch darauf, dass das Gericht die Auskunftspflicht unter Strafandrohung in seinem Urteil festhält. Wenn der Beklagte nach Ergehen dieses Urteils seine Aussage bestätigt, er wisse nichts weiter, muss sich der Kläger bis zur Auffindung allfälliger neuer Beweismittel damit abfinden. Da das Gericht Hemmungen haben dürfte, gegen unbescholtene Personen Strafdrohungen auszusprechen, ist der Kläger gut beraten, sein Auskunftsbegehren mit Indizien zu unterlegen, wonach der Beklagte in der Vergangenheit bereits Unwahrheiten gesagt hat, unvollständig Auskunft gegeben hat und deshalb auch bisher vermutlich nicht volle und wahrheitsgemässe Auskunft erteilt hat.

40a Auskunftsbegehren werden nicht bereits deshalb gegenstandslos, weil eine Information auch bei einem anderen Auskunftsverpflichteten – wie z.B. einer

87 Vgl. PraxKomm-Weibel [2011], Vorbem. zu Art. 607 ff. N 46; Zur Stufenklage vgl. Pascal Leumann Liebster, Die Stufenklage im schweizerischen Zivilprozessrecht, Diss. Basel 2005.

88 Dabei empfiehlt es sich, ausdrücklich zu beantragen, die Behandlung der Leistungsklage bis zur Informationserteilung zu sistieren und dem Kläger alsdann Frist anzusetzen, um seine Leistungsklage zu spezifizieren.

89 Vgl. BSK ZPO-Oberhammer, Art. 85 N 12 ff.

Bank – einverlangt werden könnte[90]. Der Auskunftsberechtigte hat ein Wahlrecht zwischen mehreren Informationsverpflichteten.

3.3 Auskunfts- und Akteneditionsbegehren gegen ehemalige Vertragspartner des Erblassers, insbesondere Banken

Vorbemerkung

41 Von zentraler Bedeutung für die Wahrnehmung erbrechtlicher Ansprüche können daneben aber auch **Auskünfte von Dritten** sein, die **mit dem Erblasser in einer vertraglichen Beziehung standen,** sind doch die Erben aufgrund der Universalsukzession zu Rechtsnachfolgern des Erblassers geworden[91]. Das Bankkundengeheimnis[92] verhindert die Auskunftserteilung an die Erben nicht, sind diese doch aufgrund der Universalsukzession selber Geheimnisherren geworden[93].

42 Am häufigsten wollen Erben **Bankauskünfte,** namentlich beim Verdacht auf Pflichtteilsverletzungen[94]. Banken erteilen routinemässig Auskunft über den Depot- und Kontenstand sowie die Marchzinsen per Todestag, und zwar an jeden Erben einzeln und (konkurrierend) auch an den Willensvollstrecker[95], nicht jedoch an Vermächtnisnehmer[96]. Hat der Erblasser keinen Geheimhaltungswillen erkennen lassen, und geht es auch nicht um höchstpersönliche Daten des

90 BGer 5C.247/2003; vgl. Weibel/Heckendorn [2009], a.a.O. [Fn. 91], S. 225.

91 Vgl. PraxKomm-Häuptli [2011], Art. 560 N 13 ff., m.w.H.; Künzle [2002], a.a.O. [Fn. 63], S. 213 ff.; Schröder [2011], a.a.O. [Fn. 59], S. 193; Peter Breitschmid/Isabel Matt, Informationsansprüche der Erben und ihre Durchsetzung, in: successio 2010, S. 85 ff., 95; Jean Nicolas Druey, Das Informationsrecht des Erben – die Kunst, Einfaches kompliziert zu machen, in: successio 2011, S. 183 ff., 186; Thomas Weibel/Lukas Heckendorn, Erbteilung – praktische Probleme und aktuelle Entwicklungen, in: successio 2009, S. 218 ff., 224 ff.

92 Art. 47 BankG.

93 Oswald [1976], a.a.O. [Fn. 66], S. 55 f., m.w.H.; gl.M. Schröder [2011], a.a.O. [Fn. 59], S. 194. Vgl. auch BGE 133 III 664, E. 2.6. Vgl. ferner die Urteilsbesprechungen von Andreas Schröder, in: successio 2008, S. 225 ff., Paul Eitel, in: Aktuelle Anwaltspraxis 2009, S. 180 ff., und Weibel/Heckendorn [2009], a.a.O. [Fn. 91], S. 226 f.

94 Vgl. hinten Rz. 60 ff.

95 Sowie an den Erbschaftsverwalter und -liquidator: Daniel Bodmer/Beat Kleiner/Benno Lutz (Hrsg.), Kommentar zum Schweizerischen Bankengesetz, Zürich 2009, Art. 47 N 40 ff. und 53 ff.; vgl. bereits BGE 89 II 87, 93, E. 6.

96 Zirkular Nr. 7195 der Schweizerischen Bankiervereinigung vom 10.9.2002; Bodmer/Kleiner/Lutz (Hrsg.) [2009], a.a.O. [Fn. 95], Art. 47 N 60.

Erblassers[97], so geben die Banken in der Regel weitere Auskünfte, bis zehn Jahre in die Vergangenheit zurück. Aufgrund der Rechtsprechung und Lehre werden nunmehr jedem Erben unabhängig von seiner Pflichtteilsberechtigung auf ausdrückliches Begehren hin Auskünfte über *Transaktionen zu Lebzeiten des Erblassers* und nicht bloss über den *Vermögensstand am Todestag* erteilt[98]. Dies schliesst auch Bartransaktionen mit ein[99]. Die vertragliche Auskunftsschuld der Banken umfasst auch Informationen, die dem Erblasser bereits erteilt worden sind[100]. Nicht erfasst sind hingegen Informationen über Vermögenswerte, an denen der Erblasser lediglich wirtschaftlich berechtigt war[101].

Aufgrund der Postgesetzgebung gelten für die Postfinance dieselben Auskunftspflichten wie für die Banken[102]. 43

Gerichtsstand

Am Sitz der Bank oder der beklagten Bankniederlassung (Art. 12 ZPO) bzw. am vertraglich – auch in Allgemeinen Vertragsbedingungen – vereinbarten Forum (Art. 17 ZPO). 44

Aufgrund der vertraglichen (und nicht erbrechtlichen) Natur der Auskunftsansprüche sind bei Vorliegen eines internationalen Sachverhalts die Bestimmungen des LugÜ anwendbar. Die Informationsrechte sind gemäss Art. 2 Ziff. 1 LugÜ am Wohnsitz oder Sitz des Beklagten geltend zu machen[103] und 44a

97 Vgl. dazu hinten Rz. 56 ff. Vgl. auch Druey [2002], § 13 Rz. 16; Bodmer/Kleiner/Lutz (Hrsg.) [2009], a.a.O. [Fn. 95], Art. 47 N 41 f.

98 Vgl. Schröder [2011], a.a.O. [Fn. 59], S. 192; BGer 5P.104/1992 vom 14.8.1992; Zirkular Nr. 7195 der Schweizerischen Bankiervereinigung vom 10.9.2002; Bodmer/Kleiner/Lutz (Hrsg.) [2009], a.a.O. [Fn. 95], Art. 47 N 40 ff.; BSK ZGB II-Karrer/Vogt/Leu [2011], Art. 518 N 18; Dieter Zobl, Probleme im Spannungsfeld von Bank-, Erb- und Schuldrecht, in: AJP 2001, S. 1007 ff., 1016 ff.; vgl. bereits Oswald [1976], a.a.O. [Fn. 66], S. 52 ff. und 63 f., m.w.H.; zur früheren – überholten – Praxis, wonach lediglich Pflichtteilserben Anspruch auf Auskünfte zu lebzeitigen Vorgängen hatten, vgl. Pierre-André Béguin, Secret bancaire et successions, in: Paolo Bernasconi (Hrsg.), Les nouveaux défis au secret bancaire suisse, Bellinzona/Lausanne 1996, S. 30; Künzle [2002], a.a.O. [Fn. 63], S. 216.

99 BGer 5C.8/2007.

100 PraxKomm-Häuptli [2011], Art. 560 N 18, m.w.H.; Bodmer/Kleiner/Lutz (Hrsg.) [2009], a.a.O. [Fn. 95], Art. 47 N 46. Zum Ganzen Schröder [2011], a.a.O. [Fn. 59], m.w.H.

101 BGE 136 III 461, E. 2; vgl. PraxKomm-Häuptli [2011], Art. 560 N 18; Bodmer/Kleiner/Lutz (Hrsg.) [2009], a.a.O. [Fn. 95], Art. 47 N 40.

102 Vgl. auch Künzle [2002], a.a.O. [Fn. 63], S. 216 ff., m.w.H.

103 Vgl. BGE 135 III 185, E. 3.4, wonach Ansprüche eines Erben gegenüber einem Dritten in den Anwendungsbereich des LugÜ fallen, wenn sich der geltend gemachte Anspruch bereits im Vermögen des Erblassers befand, mithin nur die Aktivlegitimation des Erben auf einem erbrechtlichen Titel beruht.

unterstehen dem Vertragsstatut (vgl. Art. 116 ff. IPRG)[104]. In den Allgemeinen Vertragsbedingungen der Banken findet sich regelmässig eine Rechtswahl auf schweizerisches Recht. – Ausführlicher zum internationalen Privatrecht hinten Rz. 326 ff.

Aktivlegitimation

45 Jeder gesetzliche oder eingesetzte Erbe selbständig[105], ferner der Willensvollstrecker und der Erbenvertreter gemäss Art. 602 Abs. 3 ZGB. Als *prima facie*-Legitimation dient den Erben dabei die Erbenbescheinigung, die ihnen gestützt auf Art. 559 Abs. 1 ZGB ausgestellt wird. Bei dieser handelt es sich aber mangels einer vorgängigen Auseinandersetzung um die materielle Rechtslage stets nur um einen provisorischen Legitimationsausweis ohne materiellrechtliche Bedeutung für die Erbenstellung der darin erwähnten Personen[106]. Die Erbenbescheinigung ist aus diesem Grund nicht unter allen Umständen ausreichend und jedenfalls nicht notwendig für den Nachweis der Aktivlegitimation[107]. Andernfalls könnte ein zu Unrecht enterbter Erbe keine Auskunftsansprüche geltend machen, obwohl vielleicht erst die erteilte Auskunft Aufschluss über die Gültigkeit der Enterbung – oder die Sinnhaftigkeit einer Ungültigkeits- oder Herabsetzungsklage – gibt. Den Erben muss daher auch der anderweitige Beweis ihrer Legitimation zur Einholung von Auskünften offenstehen.

46 Auch provisorische Erben – also solche Erben, die über eine allfällige Ausschlagung noch nicht entschieden haben – sind zur Einholung von Auskünften aktivlegitimiert, da die Auskünfte geeignet sind, ihnen Entscheidgrundlagen zu liefern[108]. Provisorischen Erben ist jedoch wegen der Gefahr der Einmischung zu empfehlen, sich von der Behörde ausdrücklich einstweilen bloss zur Geltendmachung von Auskunftsansprüchen ermächtigen zu lassen[109].

---

104 Zum Ganzen vgl. Genna [2011], a.a.O. [Fn. 83], S. 205 f.; Schröder [2011], a.a.O. [Fn. 59], S. 193; Breitschmid/Matt, a.a.O. [Fn. 91], 92 f. Vgl. auch Rz. 326 ff.

105 BGE 89 II 87, 93, E. 6; Obergericht Zürich, 10.12.1964, SJZ 1965, S. 354 ff., 355; PraxKomm-Häuptli [2011], Art. 560 N 24.

106 Vgl. PraxKomm-Emmel [2011], Art. 559 N 2, m.w.H.; BSK ZGB II-Karrer/Vogt/Leu [2011], Art. 559 N 2 f.; Tuor/Schnyder/Schmid/Rumo-Jungo [2009], § 75 Rz. 17 f., m.w.H.; vgl. auch BGE 128 III 318 = ZBGR 2003, S. 117 = Pra 2002, Nr. 189. – Illustrativ auch OGer UR, UR100032, 15. September 2010: Wer sich eine unvollständige Erbenbescheinigung ausstellen lässt, erschleicht sich – wegen ihres provisorischen Charakters – keine falsche Beurkundung. Und: Wegen ihres provisorischen Charakters ist die Erbbescheinigung nicht zur Täuschung über die wahren Erbenverhältnisse geeignet und bestimmt.

107 Vgl. BGer 5A_764/2010 vom 10.3.2011, E. 3.3.1.

108 Obergericht Zürich, 10.12.1991, ZR 1992, Nr. 64, E. IV.3.a.; vgl. PraxKomm-Häuptli [2011], Art. 560 N 24; Künzle [2002], a.a.O. [Fn. 63], S. 210.

109 PraxKomm-Häuptli [2011], Art. 560 N 24.

Virtuelle Erben[110] haben Anspruch auf eine spezielle Bescheinigung über ihren Status, denn sie sind gegenüber Dritten mit den gleichen Einschränkungen wie gegenüber den Miterben auskunftsberechtigt und damit aktivlegitimiert[111]. 46a

Nicht aktivlegitimiert sind Vermächtnisnehmer[112]. 47

Passivlegitimation

Der betreffende Vertragspartner (meist eine Bank). 48

Befristung

Die vertragliche Auskunftsschuld und damit auch der Anspruch auf Aktenedition *verjährt* gemäss Art. 127 OR grundsätzlich mit Ablauf von zehn Jahren ab Beendigung des Vertragsverhältnisses[113]. Da die Erben als Universalsukzessoren in die Rechtsstellung des Erblassers eintreten, beendigt der Tod des Erblassers ein noch laufendes Vertragsverhältnis nicht. Gegenüber Editionspflichtigen, deren Vertragsverhältnis mit dem Erblasser bereits vor dessen Tod beendigt war, läuft die Verjährung des Editionsanspruchs des Erblassers unbeeinflusst von dessen Tod mit gleicher Dauer weiter, nunmehr zulasten der Erben[114]. Da die Verjährung der vertraglichen Auskunftsschuld nicht durch Schuldbetreibung unterbrochen werden kann, ist nur eine Verjährungsverzichtserklärung oder die Klageanhebung geeignet, die Frist zu unterbrechen. 49

Eine *zusätzliche Limitierung* ergibt sich aus der zeitlichen Beschränkung der Pflicht des Auskunftsverpflichteten, die Geschäftsbücher und Buchungsbelege aufzubewahren. Akten, die nach Ablauf der zehnjährigen gesetzlichen Aufbewahrungsdauer gemäss Art. 962 OR rechtmässig beseitigt worden sind, fallen im Auskunftsverfahren ausser Betracht. Andererseits begründet die Zustellung einer Auskunftsklage ohne Weiteres die Pflicht der Akteninhaberin, alle in der betreffenden Sache noch vorhandenen Akten ungeachtet des Zeitpunkts ihrer Entstehung bis zur rechtskräftigen Erledigung des Auskunftsverfahrens zu sichern und dem Auskunftsberechtigten im Umfang eines für ihn günstigen Ur- 50

110 Zur bloss virtuellen Erbenstellung vgl. hinten Rz. 206.

111 PraxKomm-Häuptli [2011], Art. 560 N 24, m.w.H.

112 Vgl. Druey [2002], § 11 Rz. 22.

113 Vgl. Walter Fellmann, Berner Kommentar, Kommentar zum Schweizerischen Privatrecht, Band IV: Obligationenrecht, 2. Abteilung: Die einzelnen Vertragsverhältnisse, 4. Teilband: Der einfache Auftrag (Art. 394–406 OR), Bern 1992, Art. 400 N 99 und N 103 ff.; Zobl [2001], a.a.O. [Fn. 98], S. 1017.

114 Vgl. Thomas Weibel, Das Ende der Solidarhaftung der Erben, Diss. Basel/Genf/München 2002, S. 13 ff. und 189 f.

teils oder Vergleichs zur Verfügung zu halten[115]. Die private Abmahnung, alte Akten nicht zu vernichten, ist nicht nur wirkungslos, sondern kann gar kontraproduktiv sein, indem sie den Auskunftspflichtigen veranlassen kann, alle Akten zu beseitigen, für welche keine Aufbewahrungspflicht gemäss Art. 962 OR (mehr) besteht. Erst die Klageanhebung begründet die Pflicht des Beklagten, vorhandene Akten aus der allgemeinen betrieblichen Entsorgungsroutine herauszunehmen und zu sichern[116]. Vorbehalten bleibt der Rechtsmissbrauch, worunter namentlich jede gegenüber der ordentlichen Entsorgungsroutine beschleunigte Entsorgung von Akten fallen dürfte.

51 Gerade der Zugriff auf alte Aktenjahrgänge ist oft aufwendig und entsprechend kostspielig. Das Editionsbegehren setzt daher voraus, dass der Kläger die dem Beklagten entstehenden Kosten bevorschusst[117].

Verfahren

51a Wie vorn (Rz. 36a).

Streitwert

52 Wie vorn (Rz. 37).

---

115 In einem Urteil des Kantonsgerichts Tessin vom 24. Juli 1992 wurde festgehalten, dass die beklagte Bank *ab Klageeinleitung* verpflichtet ist, die Dokumente der vergangenen zehn Jahre weiterhin aufzubewahren und während der ganzen Prozessdauer intakt zu erhalten; sie *darf im Fall einer mehrjährigen Prozessdauer trotz Art. 962 OR nicht entsprechend dem Voranschreiten der Verjährungsfrist die alten Jahrgänge vernichten.* Die Klägerin – eine Tochter des Erblassers – hatte nachweisen können, dass der Vater für sich, seine drei Töchter und seine Mätresse bei der Bank im Jahre 1978 fünf Konten eröffnet und auf jedes Konto CHF 300 000 einbezahlt hatte. Diese Konten lauteten zwar insgesamt auf den Namen des Vaters, ihre Einrichtung war den Töchtern aber als Vorkehr für den Todesfall erläutert worden. Nach dem Ableben des Vaters im Jahre 1986 zeigte sich, dass bei der betreffenden Bank nur noch unbedeutende Vermögenswerte vorhanden waren. Die Klägerin klagte am 9. Oktober 1987 gegen die Bank auf Auskunftserteilung. Mit Klagebeantwortung vom 5. Oktober 1990 (!) erklärte die Bank, sie habe gestützt auf Art. 962 OR alle Dokumentation vernichtet, die vor dem 5. Oktober 1980 ergangen sei (die fraglichen Konten waren vermutlich gerade zwischen 1978 und 1980 abgeräumt worden). Das Kantonsgericht hiess die Klage für den Zeitraum ab 9. Oktober 1977 gut; es brachte zum Ausdruck, dass es der Behauptung der angeblich erfolgten Aktenvernichtung keinen Glauben schenkte und dass eine solche Vernichtung jedenfalls rechtswidrig gewesen wäre.

116 Vgl. auch PraxKomm-Häuptli [2011], Art. 560 N 17.

117 Vgl. hinten Rz. 54.

Rechtsbegehren 53

Variante 1 (Editionsbegehren): *«Es sei die Beklagte unter Androhung der Bestrafung ihrer verantwortlichen Organe gemäss Art. 292 StGB und 343 ZPO mit Busse im Widerhandlungsfall zur Edition folgender Akten im Original, in Fotokopie oder als Computer-Ausdruck unter Bestätigung der Vollständigkeit und der Unverändertheit des Inhalts zu verurteilen …»*

Variante 2 (Begehren um Akteneinsicht): *«Es sei die Beklagte unter Androhung der Bestrafung ihrer verantwortlichen Organe gemäss Art. 292 StGB und 343 ZPO mit Busse im Widerhandlungsfall zu verurteilen, dem Kläger oder einer vom Kläger bevollmächtigten Person binnen 30 Tagen seit Rechtskraft des Urteils Einsicht in die Bewegungen sämtlicher Konten und Depots bei der Niederlassung N zu gewähren, die auf den Namen des Erblassers E, allein oder zusammen mit anderen Personen, lauteten, und zwar für den Zeitraum der zehn vor Klageanhebung liegenden Jahre und darüber hinaus jener früheren Geschäftsjahre, aus denen die Beklagte noch Unterlagen besitzt, ferner dem Kläger auf dessen Begehren gegen Erstattung der Kosten Kopien der betreffenden Unterlagen auszuhändigen.»* 54

Erläuterung

Der Informationsanspruch umfasst sowohl den Anspruch auf **Aktenedition** als auch denjenigen auf **anderweitige Auskunftserteilung,** insbesondere Akteneinsicht, soweit die Edition nicht möglich oder nicht tunlich ist[118]. 55

Hat der Kläger konkrete Anhaltspunkte für die Behauptung, ein Miterbe habe Leistungen vom Erblasser erhalten, so kann er gegebenenfalls auch auf eine vorgängige selbständige Klage gegen die Bank auf Auskunft bzw. Aktenedition verzichten und stattdessen im Erbteilungs- oder Ausgleichungsprozess die Anordnung einer Aktenedition seitens von Banken durch das Gericht beantragen. 56

Hat der Erblasser die Bank von ihrer Auskunftsschuld befreit, indem er nach Beendigung der Kontobeziehung für den Erhalt aller nötigen Auskünfte Quittung erteilt und auf weitere Auskünfte verzichtet hat, oder indem er in einer *compte-joint*-Beziehung eine Regelung getroffen hat, wonach alle Vertragsrechte dem überlebenden Kontoinhaber zufallen, unter Ausschluss der Erben 57

118 Vgl. Jean Nicolas Druey, Der Anspruch des Erben auf Information, in: BJM 1988, S. 113 ff.; Claude Wetzel, Interessenkonflikte des Willensvollstreckers, unter besonderer Berücksichtigung seines Anspruchs auf Erbschaftsverwaltung gemäss Art. 554 Abs. 2 ZGB, Diss. Zürich 1985, Rz. 243 ff.

(Erbenausschlussklausel), so haben die Erben dennoch einen Auskunftsanspruch gegenüber der Bank für alle Vorgänge bis zehn Jahre vor dem Todestag[119]. Diesen Anspruch kann ihnen der Erblasser nicht entziehen[120]. Allerdings müssen Auskunftsbegehren, die durch keine konkreten Verdachtsgründe substantiiert sind, in der Regel an der Schranke des Rechtsmissbrauchs scheitern.

58 Hat der Erblasser – beispielsweise durch die lebzeitige Vernichtung von (Bank-) Akten oder in anderer Weise – erkennbar signalisiert, dass er bestimmte Vorgänge nicht im Kreise seiner Familie publik werden lassen wollte, so müssen sich die Erben gegebenenfalls mit der treuhänderischen Verifikation zufrieden geben, dass ihre Rechte, namentlich ihre Pflichtteilsrechte, nicht tangiert sind. So kann die Bank die Auskunft verweigern, «wenn sie überwiegenden, höchstpersönlichen Interessen des Erblassers entgegenst[ü]nde oder das Auskunftsbegehren missbräuchlich erscheint, sofern diese beiden Kriterien für die Bank erkennbar sind»[121]. Analog zu dem im Medizinalbereich eingeschalteten Vertrauensarzt[122] ist in solchen Fällen ein Sonderprüfer einzusetzen, der die in Händen der Bank vorhandenen Belege prüft und den Erben unter Wahrung der Diskretionsbedürfnisse Dritter Bericht erstattet. In diesem Sinne wird in der Lehre gefordert, es sei eine *Abwägung zwischen Geheimhaltungsinteresse des Erblassers und Informationsbedürfnis der Erben* notwendig[123]. Die Praxis geht freilich in der Regel über Umstände, die einen Geheimhaltungswillen des Erblassers nahelegen, meist diskussionslos hinweg[124].

59 In **analoger Weise** wie gegen Banken ist vorzugehen gegen **andere Dritte,** die mit dem Erblasser in einer vertraglichen Beziehung standen, wie beispielsweise Spitäler und Ärzte (Einsicht in die Krankengeschichte des Erblassers) oder Notare und Rechtsanwälte (Einsicht in die Nachlassplanung und Testamentsberatung)[125]. Auch hier kann unter Umständen trotz Universalsukzession das Geheimhaltungsinteresse des Erblassers in Verbindung mit dem Berufsgeheimnis des Auskunftsverpflichteten dem Informationsanspruch der Erben vorgehen:

---

119 Obergericht Zürich, 28.2.2001, ZR 2002, Nr. 26; Appellationsgericht Basel-Stadt, 26.3.2004, BJM 2006, S. 100 ff., E. 6; Zobl [2001], a.a.O. [Fn. 98], S. 1018; PraxKomm-Häuptli [2011], Art. 560 N 19, m.w.H. Vgl. auch Bodmer/Kleiner/Lutz (Hrsg.) [2009], a.a.O. [Fn. 95], Art. 47 N 50.

120 Zobl [2001], a.a.O. [Fn. 98], S. 1018. Vgl. auch Bodmer/Kleiner/Lutz (Hrsg.) [2009], a.a.O. [Fn. 95], Art. 47 N 50.

121 Zirkular Nr. 7195 der Schweizerischen Bankiervereinigung vom 10.9.2002; BGE 133 III 664; Anmerkungen dazu von Andreas Schröder, in: successio 2008, S. 228 f.

122 Vgl. dazu hinten Rz. 59.

123 Maurice Aubert/Bernard Haissly/Jeanne Terracina, Responsabilité des banques suisses à l'égard des héritiers, in: SJZ 1996 S. 140.

124 PraxKomm-Häuptli [2011], Art. 560 N 21, m.w.H.

125 Beachte aber die z.T. kürzere Verjährungsfrist von Art. 128 OR.

- Aus dem **Medizinalbereich** sind vier Fälle aus neuerer Zeit publiziert, nämlich ein Bundesgerichtsentscheid aus dem Jahr 1989, wo die Alleinerbin die Urteilsunfähigkeit der Erblasserin gestützt auf deren Krankengeschichte in einem staatlichen Spital in Genf hätte beweisen wollen, um ein durch die Erblasserin kurz vor ihrem Tod abgeschlossenes Rechtsgeschäft rückgängig zu machen; das auf dem verwaltungsgerichtlichen Weg gestellte Gesuch wurde abgewiesen, weil sich die Gesuchstellerin ungeschickterweise auf ein «ererbtes» Akteneinsichtsrecht der Erblasserin (anstatt zulässigerweise auf ein *eigenes Rechtsschutzinteresse*) berufen hatte[126]. – In einem Urteil des Obergerichts Schaffhausen wurde demgegenüber das eigene Rechtsschutzinteresse einer anderen Gesuchstellerin bejaht, die einen Kunstfehler des Spitals anlässlich der ärztlichen Behandlung der Erblasserin vermutete; die Akteneinsicht wurde allerdings einem Vertrauensarzt gewährt, nicht der Gesuchstellerin persönlich, ebenfalls in einem verwaltungsrechtlichen Verfahren und ebenfalls unter Betonung, dass sich die Gesuchstellerin nicht auf «geerbte» Patientenrechte der Erblasserin berufen könne, da die Patientenrechte höchstpersönlicher Natur sind und nicht auf die Erben übergehen[127]. In einem Entscheid vom 26. April 1995 ist das Bundesgericht diesem Lösungsansatz gefolgt, und in einem Entscheid aus dem Jahr 2002 hat auch der aargauische Regierungsrat diese Praxis übernommen[128].
- **Rechtsanwälte und Notare** müssen neugierigen Erben grundsätzlich keinen Einblick in ihre juristischen Beratungsdossiers gewähren[129]. Hingegen sind sie aus ihrer Eigenschaft als Verwalter erblasserischen Vermögens[130] gegenüber den Erben

126 BGer vom 3.11.1989, RDAF 1990, S. 45 ff.

127 Obergericht Schaffhausen, 22.12.1989, ZBl 1990, S. 364 ff.

128 BGer vom 26.4.1995 = Pra 1996, Nr. 94 = plädoyer 1995, S. 70; Regierungsrat AG, 20.11.2002, AGVE 2002, Nr. 158. Ausführlich zum Anspruch der Erben auf Einsicht in die Krankengeschichte des Erblassers SCHRÖDER [2000], a.a.O. [Fn. 54], S. 155 ff.; vgl. ferner auch PraxKomm-HÄUPTLI [2011], Art. 560 N 23, m.w.H.

129 Eine Entbindung vom Berufsgeheimnis durch die Aufsichtsbehörde aufgrund einer Interessenabwägung bleibt vorbehalten: vgl. Aufsichtsbehörde über die Advokaten Basel-Stadt, 8.9.2000, BJM 2002, S. 278 ff. Vgl. auch OSWALD [1976], a.a.O. [Fn. 66], S. 42 ff. Vgl. neuerdings BGE 135 III 597 = Pra 2010, Nr. 52, wonach der Anwalt auch gegenüber den Erben *verpflichtet* ist, sich auf das Anwaltsgeheimnis zu berufen, ansonsten er sich einer Berufsgeheimnisverletzung schuldig macht. Überdies ist der Anwalt auch gestützt auf Art. 13 BGFA verpflichtet, das Berufsgeheimnis gegenüber Dritten (und damit auch gegenüber den Erben des Klienten) ohne zeitliche Begrenzung zu wahren, zumal diese den auftragsrechtlichen Bestimmungen vorgeht. Anmerkungen dazu von ANDREA DORJEE-GOOD, in: successio 2010, S. 299 ff., 305. Vgl. demgegenüber SCHRÖDER [2000], a.a.O. [Fn. 54], S. 176 f., der – vorbehältlich eines Überwiegens des Geheimhaltungsinteresses – von einem umfassenden Eintritt der Erben in das Recht zur Entbindung von der Schweigepflicht ausgeht; ähnlich KÜNZLE [2002], a.a.O. [Fn. 63], S. 214, unter Verweis auf BGer 5P.104/1992 vom 14.8.1992.

130 Abgestellt wird auf den Zusammenhang zwischen Berufstätigkeit und Geheimnis bzw. auf ein «Überwiegen des kaufmännischen Elements» oder das «Handeln als Geschäftsmann» (Art. 13 Abs. 1 Satz 1 BGFA); DORJEE-GOOD [2010], a.a.O. [Fn. 129].

rechenschafts- und auskunftspflichtig[131]. Wenn etwa Geschäftskonten von verstorbenen Anwälten in Gemeinschaftskanzleien betroffen sind, so ist aufgrund des Berufsgeheimnisses wiederum ein Sonderprüfer einzusetzen, der die vorhandenen Belege prüft und den Erben des Anwalts unter Wahrung der Diskretionsbedürfnisse Dritter Bericht erstattet. In gleicher Weise können die Erben eines verstorbenen Berufsgeheimnisträgers von dessen Partnern nicht verlangen, das Guthaben des Erblassers per Todestag durch eigene Einsichtnahme in die Kanzleibuchhaltung zu verifizieren (und dabei Klientennamen zu erfahren). – Wird der Rechtsberater des Erblassers später als dessen Willensvollstrecker tätig, so schuldet er den Erben Auskünfte aufgrund seiner gesamten erworbenen Kenntnisse über die Vermögensverhältnisse des Erblassers. Hingegen hat er Informationen über den persönlichen Bereich des Erblassers geheimzuhalten[132].

- Die Geheimnisherrschaft bezüglich des **Steuergeheimnisses** ist vererblich. Die kantonale Praxis räumt das Akteneinsichtsrecht jedem Erben einzeln ein[133].

131 PraxKomm-Häuptli [2011], Art. 560 N 22. Vgl. bereits Oswald [1976], a.a.O. [Fn. 66], S. 67 ff.

132 Vgl. Künzle [2002], a.a.O. [Fn. 63], S. 210 ff.; Jean-Claude Wenger, Der Anwalt als Willensvollstrecker, in: Das Anwaltsgeheimnis, Zürich 1997, S. 68 ff.; Flückiger [2004], a.a.O. [Fn. 37], S. 95 f.; vgl. auch BGE 82 II 559.

133 PraxKomm-Häuptli [2011], Art. 560 N 23a, m.w.H.

4. Herabsetzungsklage

4.1 Einleitung

Die Herabsetzungsklage gemäss Art. 522 ff. ZGB verschafft dem Pflichtteilsrecht (Art. 471 ZGB) und damit den Beschränkungen der Verfügungsfreiheit des Erblassers Nachachtung. Ihr Ziel ist die Wiederherstellung des Pflichtteils, wobei es genügt, wenn der betreffende Erbe seinen Pflichtteil dem Wert nach erhält. Er hat mithin keinen Anspruch auf Erbenstellung. Dem Pflichtteilsanspruch kann auch durch die Ausrichtung eines Vermächtnisses im Umfang des Pflichtteils Genüge getan werden. Will der Kläger, der nicht Besitzer der Erbschaft ist, zugleich die Verurteilung des beklagten Nichterben auf Herausgabe des Nachlasses erlangen, so muss er primär Erbschaftsklage erheben, wobei ein ausdrückliches Herabsetzungsbegehren nicht erforderlich ist[134]. 60

In folgenden Fällen finden die Bestimmungen zur Herabsetzungsklage analog Anwendung: 60a

- bei der Klage auf Anfechtung einer Enterbung (Art. 477 ff. ZGB);
- bei der Klage auf Anfechtung von Verfügungen von Todes wegen oder Schenkungen, die nicht mit den Verpflichtungen des Erblassers aus dem Erbvertrag vereinbar sind (Art. 494 Abs. 3 ZGB, vgl. dazu hinten Rz. 99a ff.);
- bei der Klage auf Herabsetzung eines Vermächtnisses bzw. eines Untervermächtnisses (Art. 486 Abs. 1 i.V.m. Art. 525 Abs. 2 ZGB);
- bei der Klage auf Herabsetzung der Gegenleistung unter Lebenden beim sogenannten positiven entgeltlichen Erbvertrag (Art. 528 Abs. 2 ZGB);
- bei der Klage auf Aufhebung einer den Pflichtteil belastenden Nacherbeneinsetzung (Art. 531 ZGB); sowie
- bei der Klage auf Durchsetzung des güterrechtlichen Pflichtteilsschutzes der Nachkommen (Art. 216 Abs. 2 und Art. 241 Abs. 3 ZGB)[135].

Zur Berechnung der Pflichtteile sind die zur Herabsetzungs-Berechnungsmasse gehörigen Aktiven und Passiven per Todestag zu bewerten, wie wenn Herabsetzung und Erbteilung an diesem Tag schlagartig gerechnet und vollzogen worden wären (**«Todestagsprinzip»**)[136]. 61

---

134 BGE 67 II 207, 214; BSK ZGB II-Forni/Piatti [2011], Vor Art. 522–533 N 12.

135 Vgl. PraxKomm-Hrubesch-Millauer [2011], Vorbem. zu Art. 522 ff. N 18. Vgl. ferner hinten Rz. 74.

136 Vgl. Art. 474 Abs. 1, 537 Abs. 2 und 630 ZGB; BGE 108 II 99; BGE 110 II 228, 231 f.; PraxKomm-Hrubesch-Millauer [2011], Art. 522 N 1; Druey [2002], § 6 Rz. 85 und § 7 Rz. 6; BK-Eitel [2004], Art. 629 N 17; ZK-Escher [1959], Art. 474 N 3; BSK ZGB II-Forni/Piatti [2011], Vor Art. 522–533 N 10 und Art. 630 N 1 ff.; Piotet, SPR IV/1 [1978], S. 458; Kaspar Schiller, Wertveränderungen im Nachlass, Diss. Zürich 1972, S. 40; Stéphane Spahr, Valeur et valorisme en matière de liquidations successorales, Diss. Freiburg 1994, S. 233, 236 f., 249, 312 und 369 f.; BSK ZGB II-Staehelin [2011], Art. 474 N 14 sowie Art. 475 N 6 f. und 10; Daniel

62 Die (als rechnerische Grösse zu verstehende) Herabsetzungs-Berechnungsmasse umfasst nach beinahe einhelliger Lehre und Rechtsprechung **aktivenseitig:**

- Die **Nachlassaktiven** i.e.S., d.h. sämtliche vererbbaren Vermögensobjekte wie z.B. bewegliche und unbewegliche Sachen, Wertpapiere, Forderungen sowie den Saldo der güterrechtlichen Auseinandersetzung[137].
- **Lebzeitige Zuwendungen,** die *der Ausgleichung unterliegen* (vgl. dazu Rz. 145 ff.)[138].
- **Lebzeitige Zuwendungen,** soweit sie *nicht der Ausgleichung unterliegen bzw. zur Ausgleichung gelangen*[139], sei es, weil der Zuwendungsempfänger nicht Erbe wird (etwa zufolge Enterbung oder Ausschlagung) und zugleich kein Dritter an seine Stelle tritt, auf den die Ausgleichungspflicht übergehen würde (vgl. Art. 627 ZGB), sei es, weil er zwar Erbe wird, jedoch aufgrund der gesetzlichen Bestimmungen oder erblasserischer Anordnung die Zuwendung nicht auszugleichen braucht[140]. Nach Art. 527 ZGB ebenfalls hinzuzurechnen sind Erbabfindungen und Auskaufsbeträge[141], frei widerrufbare Schenkungen bzw. Schenkungen, die der Erblasser während der letzten fünf Jahre vorgenommen hat, mit Ausnahme der üblichen

STECK, Wertveränderungen im Nachlass und Pflichtteilsrecht nach dem schweizerischen ZGB, Diss. Zürich 1972, S. 128 ff.; BK-WEIMAR [2009], Art. 474 N 3; kritisch gegenüber der Anwendung des Todestagsprinzips auf lebzeitige Zuwendungen ROLAND GASS, Noch einmal: Unterliegen Schenkungen der Ausgleichung und der Herabsetzung nach Art. 527 Ziff. 1 ZGB?, in: BJM 2001, S. 235 ff., 240.

137 Dazu PraxKomm-NERTZ [2011], Art. 474 N 27 ff.

138 Die Ausgleichung geht der Herabsetzung vor und schliesst sie aus: vgl. hinten Rz. 84. Findet eine Ausgleichung statt, so entfällt die Herabsetzung, «denn wenn der volle Vorteil, den der Ausgleichungspflichtige erhalten hat, durch Ausgleichung in die Erbmasse zurückkehrt, kann natürlich durch die betreffende Zuwendung der Pflichtteil der Miterben nicht verletzt sein» (ZK-ESCHER [1959], Einleitung zu Art. 522 ff. N 17). Vgl. auch Fn. 139. **A.M.** GASTON KUPPER, Ausgleichung und Herabsetzung im ZGB, in: SJZ 1951, S. 340 f., gemäss dem die der Ausgleichung unterworfenen lebzeitigen Zuwendungen gar nicht zur Herabsetzungs-Berechnungsmasse zu zählen seien. LUC VOLLERY, Les relations entre rapports et réunions en droit successoral, Diss. Freiburg 1994, S. 348 ff. und 366 ff., gemäss dem sie nur dann in die Herabsetzungs-Berechnungsmasse einzubeziehen seien, wenn sie aufgrund von Art. 527 Ziff. 3 oder 4 ZGB die Voraussetzungen der Hinzurechnung erfüllen.

139 BGE 45 II 7, 13 f.; BGE 76 II 188, 192 f.; BSK ZGB II-FORNI/PIATTI [2011], Art. 522 N 1 f.; BSK-STAEHELIN [2011], Art. 475 N 4; BK-EITEL [2004], Art. 628 N 12; DRUEY [2002], § 6 Rz. 74 ff. Vgl. ausführlich PAUL EITEL, Die erbrechtliche Berücksichtigung lebzeitiger Zuwendungen im Spannungsfeld zwischen Ausgleichung und Herabsetzung, ZBJV 2006 S. 457 ff.

140 BGE 126 III 171, E. 3.a; BGer 5A_587/2010, E. 2; PraxKomm-HRUBESCH-MILLAUER [2011], Art. 527 N 10 ff.; BGE 126 III 171 = ZBJV 2001, S. 421. Nach wie vor umstritten ist, ob ein allfälliger Ausgleichungsdispens des Erblassers auch im Rahmen der Herabsetzung beachtlich ist (sog. «subjektive Theorie») oder nicht (sog. «objektive Theorie»). Vgl. dazu TUOR/SCHNYDER/SCHMID/RUMO-JUNGO [2009], § 68 Rz. 21 ff., insbesondere Rz. 24; ALEXANDRA RUMO-JUNGO, Tafeln und Fälle zum Erbrecht, 3. A., Zürich/Basel/Genf 2010, S. 28 f., Fn. 1 und 2, m.w.H.

141 Ausführlich dazu KAISER [2002], a.a.O. [Fn. 36], S. 18 ff.

Gelegenheitsgeschenke[142], Umgehungsgeschäfte[143], ferner auch lebzeitige Zuwendungen, die aufgrund der Zustimmung des überlebenden Ehegatten nicht gemäss Art. 208 Abs. 1 Ziff. 1 ZGB im Rahmen der güterrechtlichen Hinzurechnung berücksichtigt werden[144]. Die Anordnung der Unverzinslichkeit des einem Erben gewährten Darlehens durch den Erblasser stellt hingegen für sich genommen keine der Herabsetzung unterliegende Zuwendung (im Sinne von Art. 527 Abs. 1 ZGB) dar[145].

- Den **Rückkaufswert** der vom Erblasser zugunsten Dritter begründeten **Versicherungsansprüche** (Art. 529 ZGB). Leistungen der zweiten Säule, und zwar sowohl aus dem obligatorischen als auch aus dem überobligatorischen Bereich, fallen jedoch (selbst in der Form als Freizügigkeitsleistungen) nicht in den Nachlass und unterliegen auch nicht der Herabsetzung[146].

Passivenseitig sind nebst den Nachlasspassiven i.e.S., also den Erblasserschulden, auch die Erbgangsschulden wie beispielsweise die Willensvollstreckerkosten einzurechnen (so die h.L.), auch wenn sie faktisch erst nach dem Todestag beglichen werden[147]. Vermächtnisschulden dürfen hingegen bei der Ermittlung der Herabsetzungs-Berechnungsmasse nicht passiviert werden. Was Gegenstand eines Vermächtnisses ist, gehört als Aktivum zur Herabsetzungs-Berechnungsmasse[148]. 63

142 Bei gemischten Schenkungen ist Art. 527 Ziff. 3 ZGB nur bezüglich des unentgeltlichen Teils anwendbar.

143 Darunter fällt auch die Entäusserung von Vermögenswerten durch ehevertraglichen Verzicht auf Vorschlagsbeteiligung zu einem Zeitpunkt, in dem der Verzichtende weiss, dass er pflichtteilsberechtigte Nachkommen hat. Dazu BGE 128 III 314, E. 4.

144 BGE 127 III 396, E. 2.

145 BGE 136 III 305, E. 3.

146 BGE 129 III 305. Vgl. auch BSK ZGB II-Forni/Piatti [2011], Art. 626 N 13, m.w.H. Ausführlich zum Thema Werner Zumbrunn, Private Lebensversicherungen in der Erbteilungspraxis, AJP 2006, S. 1207 ff.

147 Vgl. Obergericht Zürich, 25.3.2003, ZR 2004, Nr. 34, E. IV.1.c; BGE 45 II 7, 12 ff.; BGE 76 II 188, 191 ff.; BGE 127 III 399, E. 2.a; BGE 128 III 314, E. 4 = ZBGR 2003, S. 110; Jurij Benn, Rechtsgeschäftliche Gestaltung der erbrechtlichen Ausgleichung, Diss. Zürich 2000, S. 48; Roger Brändli, Vorschlagszuweisung an den vorversterbenden Ehegatten und die Frage der erbrechtlichen Herabsetzung, in: AJP 2003, S. 335 ff., 338 f.; Paul Eitel, Die Berücksichtigung lebzeitiger Zuwendungen im Erbrecht – Objekte und Subjekte von Ausgleichung und Herabsetzung, Bern 1998, § 34 Rz. 75; BSK ZGB II-Forni/Piatti [2011], Art. 527 N 4; Piotet, SPR IV/1 [1978], S. 439 ff.; BSK ZGB II-Staehelin [2011], Art. 474 N 1 ff. sowie Art. 475 N 1 und N 4; Tuor/Schnyder/Schmid/Rumo-Jungo [2009], § 68 Rz. 20; BK-Weimar [2009], Art. 474 N 1, N 4 und N 35 f. sowie Art. 475 N 2. – Eine Auflistung der Erbgangsschulden findet sich bei Thomas Weibel, Die Haftung der Erben, in: Stephan Wolf (Hrsg.), Ausgewählte Aspekte der Erbteilung, Bern 2005, S. 51 ff., 63.

148 Zu den Aktiven und Passiven insgesamt vgl. die Zusammenstellung bei PraxKomm-Nertz [2011], Art. 474 N 12 ff.

64 Die Summe dieser Werte ergibt die sog. **«Herabsetzungs-Berechnungsmasse»**, auch **«Pflichtteilsberechnungsmasse»** genannt. Anhand dieser – nach rein objektiven Massstäben und damit unabhängig von allfälligen Wünschen oder Angaben des Erblassers zu ermittelnden[149] – rechnerischen Grösse, die vom Wert des am Todestag und später vorhandenen Nachlasses, d.h. der wertmässig laufend schwankenden Teilungsmasse, in der Regel abweicht, beantwortet sich die Frage, ob und in welchem Umfang der Herabsetzungsgläubiger von den Beklagten die Herabsetzung beanspruchen kann. Das **Todestagsprinzip** ordnet Chancen und Risiken von Wertveränderungen nach dem Todestag den jeweiligen Beklagten zu: Der Kläger soll aus der Verzögerung der Nachlassabwicklung keinen Nutzen, aber auch keinen Schaden haben[150]. – Die *Erbteilung* erfolgt demgegenüber zu den (Verkehrs-)Werten per *Teilungstag;* das in Art. 617 ZGB für Grundstücke formulierte Prinzip gilt allgemein[151].

65 Die Berechnung erfolgt in zwei Schritten. Zunächst wird unter Einbezug sämtlicher Empfänger herabsetzbarer Zuwendungen der *Pflichtteil des Klägers* festgestellt, ferner die *Quote,* um welche sämtliche herabsetzbaren Zuwendungen reduziert werden müssten, um seinen Pflichtteil aufzufüllen. Im zweiten Schritt wird diese Quote auf jene Parteien angewendet, die als Herabsetzungsbeklagte tatsächlich ins Recht gefasst sind. Fasst der Kläger nicht alle ins Recht, so hat er sich den entsprechenden Ausfall selber zuzuschreiben[152].

66 Besteht die herabzusetzende Zuwendung in einer **quotenmässigen Erbeinsetzung,** so wird die Erbquote um die Herabsetzungsquote herabgesetzt. Der ein-

149 Die Autoren der vorliegenden Darstellung folgen der objektiven Theorie. Vgl. dazu auch Christian Brückner, Zur Herabsetzung lebzeitiger Zuwendungen, in: successio 2008, S. 194 ff., 195 f.

150 Vgl. PraxKomm-Hrubesch-Millauer [2011], Art. 522 N 1; BSK ZGB II-Staehelin [2011], Art. 475 N 7; Tuor/Schnyder/Schmid/Rumo-Jungo [2009], § 68 Rz. 31. Bei der Ausgleichung wird grundsätzlich ebenfalls auf den Wert zum Zeitpunkt des Erbgangs abgestellt (Art. 630 ZGB).

151 Obergericht Zürich, 25.3.2003, ZR 2004, Nr. 34, E. IV.2.c; vgl. PraxKomm-Weibel [2011], Art. 617 N 1 f., m.w.H.; Jost [1960], S. 99; BK-Eitel [2004], Art. 629 N 17; BSK ZGB II-Schaufelberger/Lüscher [2011], Art. 610 N 10; BK-Tuor/Picenoni [1959/1964], Art. 617 N 11; Tuor/Schnyder/Schmid/Rumo-Jungo [2009], § 82 Rz. 13. Für ein Beispiel (Umgang mit wertvermehrenden Investitionen in eine Nachlasssache [Liegenschaft] durch einzelne Erben) vgl. BGer 5A_141/2007, E. 4, sowie die Urteilsbesprechung von Weibel/Heckendorn [2009], a.a.O. [Fn. 91], S. 228.

152 Vgl. Piotet, SPR IV/1 [1978], S. 460 f.; Spahr [1994], a.a.O. [Fn. 136], S. 233, 236 f., 249, 312 f., 367 und 369 f.; Steck [1972], a.a.O. [Fn. 136], S. 128 ff.; BK-Weimar [2009], Vorbemerkungen vor Art. 470 N 25 ff. – Vgl. ferner hinten Rz. 70.

gesetzte Erbe nimmt mit dieser herabgesetzten Erbquote an den Wertveränderungen des Nachlasses zwischen Tod und Teilung teil[153].

Wenn die herabzusetzende Zuwendung in einem **Vermächtnis** besteht, sind zwei verschiedene Fälle denkbar, der zweite davon mit einem Wahlrecht des Bedachten und damit zwei Unterkonstellationen: 67

- Kann die Sache *geteilt werden,* so kommt der über die Herabsetzungsquote hinausgehende Teil des Vermächtnisses dem Vermächtnisnehmer zu[154].
- Kann die Sache *nicht geteilt werden,* wofür der Bedachte beweispflichtig ist[155], so stellt ihm Art. 526 ZGB – vorbehältlich einer bereits durch den Erblasser vorgenommenen und diesfalls verbindlichen Anordnung[156] – frei, entweder die Sache zu beanspruchen und dem Nachlass die Herabsetzungsquote zu vergüten oder stattdessen auf die Sache zu verzichten und bloss den verfügbaren Betrag zu beanspruchen. Für die Berechnung der Herabsetzungsquote bzw. des verfügbaren Betrags ist nach h.L. auf den *Zeitpunkt des Herabsetzungsurteils* abzustellen[157]. Nach einer neueren – nach der hier vertretenen Auffassung zutreffenden – Minderheitsmeinung soll demgegenüber in konsequenter Anwendung des Todestagsprinzips[158] für die Berechnung dieser beiden Grössen auf den *Zeitpunkt des Todes des Erblassers* abgestellt werden[159].

Besteht die herabzusetzende Leistung in einer **lebzeitigen Zuwendung,** so hat der Empfänger nach Auffassung des Bundesgerichts keine Wahlmöglichkeit gemäss Art. 526 ZGB. Vielmehr muss er die Herabsetzungsquote als Geldleistung an den Herabsetzungsgläubiger vergüten[160]. Die inzwischen wohl h.L. 68

153 Vgl. BGE 80 II 200, 203 ff.; BGE 103 II 88, 95; ZK-Escher [1959], Art. 474 N 4; Piotet, SPR IV/1 [1978], S. 459; Schiller [1972], a.a.O. [Fn. 136], S. 70; Spahr [1994], a.a.O. [Fn. 136], S. 303; BSK ZGB II-Staehelin [2011], Art. 474 N 15; Steck [1972], a.a.O. [Fn. 136], S. 129; BK-Weimar [2009], Vorbemerkungen vor Art. 470 N 6 und 28.

154 Vgl. ZK-Escher [1959], Art. 474 N 4; Piotet, SPR IV/1 [1978], S. 460; Schiller [1972], a.a.O. [Fn. 136], S. 81; Spahr [1994], a.a.O. [Fn. 136], S. 298 ff., 303, 312 f., 367 und 369 f.; BSK ZGB II-Staehelin [2011], Art. 474 N 16; BK-Weimar [2009], Vorbemerkungen vor Art. 470 N 25 ff.

155 BSK ZGB II-Forni/Piatti [2011], Art. 526 N 1.

156 ZK-Escher [1960], Art. 526 N 4; BSK ZGB II-Forni/Piatti [2011], Art. 526 N 4; BK-Tuor/Picenoni [1959/1964], Art. 526 N 7. Vgl. auch PraxKomm-Hrubesch-Millauer [2011], Art. 526 N 5.

157 ZK-Escher [1959], Art. 474 N 4; Piotet, SPR IV/1 [1978], S. 460; Spahr [1994], a.a.O. [Fn. 136], S. 298 ff., 304, 312 f., 367 und 369 f.; Steck [1972], a.a.O. [Fn. 136], S. 128 und 130 f.; BK-Weimar [2009], Vorbemerkungen vor Art. 470 N 25 ff.

158 Vgl. dazu vorn Rz. 60.

159 BSK ZGB II-Forni/Piatti [2011], Vor Art. 522–533 N 15; BSK ZGB II-Staehelin [2011], Art. 475 N 7; Schiller [1972], a.a.O. [Fn. 136], S. 80 f.; PraxKomm-Nertz [2011], Art. 475 N 15.

160 BGE 110 II 228, 233 f., gefolgt von BSK ZGB II-Forni/Piatti [2011], Art. 528 N 6 i.V.m. BSK ZGB II-Staehelin [2011], Art. 474 N 16. Vgl. auch PraxKomm-Hrubesch-Millauer [2011], Art. 526 N 2.

sieht das allerdings anders. Entgegen der Argumentation des Bundesgerichts hält sie die Rückerstattung *in natura* für vereinbar mit dem persönlichen Charakter der Rückerstattungsklage, ja: sie geht gar davon aus, dass bei Vorhandensein des zugewendeten Gegenstands grundsätzlich dessen Rückerstattung geschuldet wird, da kein sachlicher Grund besteht, zwischen einem ausgerichteten Vermächtnis und einer lebzeitigen Zuwendung zu unterscheiden. Die Rückerstattungspflicht des gutgläubigen Empfängers ist in quantitativer Hinsicht durch Art. 528 Abs. 1 ZGB beschränkt.

4.2 Testament oder Erbvertrag als Anfechtungsobjekt (Art. 522–526 ZGB)

Vorbemerkung

69 Art. 525 Abs. 1 ZGB verlangt – vorbehältlich eines erkennbaren abweichenden Willens des Erblassers – die proportionale Herabsetzung sämtlicher Zuwendungen von Todes wegen, bis der Pflichtteil des Klägers aufgefüllt ist. Die Herabsetzungsklage kann sich nur gegen eine *gültige* Verfügung richten, mittels deren die Verfügungsfreiheit überschritten wurde[161]. Haben zudem lebzeitige Zuwendungen zur Pflichtteilsverletzung beigetragen, so werden *in erster Linie* die *Zuwendungen von Todes* wegen, dann erst die lebzeitigen herabgesetzt[162]. Je später eine (lebzeitige) Zuwendung erfolgt ist, desto eher wird sie herabgesetzt (Art. 532 ZGB)[163]. Diese Prioritätenfolge der Herabsetzung mehrerer Zuwendungen lässt es als zweckmässig erscheinen, dass der Kläger die Klage gegen

161 BGE 119 II 208, 211: «Der Pflichtteilserbe, der sich durch eine letztwillige Verfügung benachteiligt fühlt, kann *in erster Linie* die Ungültigerklärung der Verfügung verlangen, wenn er diese für mangelhaft hält, und *subsidiär* deren Herabsetzung; dringt er mit seinem Hauptantrag durch, erlangt er nicht nur seinen Pflichtteil, sondern vielmehr seinen gesetzlichen Erbteil» (Hervorhebung eingefügt).

162 Ein massgeblicher Teil der Lehre plädiert dafür, dass in erster Linie der Intestaterwerb herabgesetzt wird, so TUOR/SCHNYDER/SCHMID/RUMO-JUNGO [2009], § 68 Rz. 45 f.; PIOTET, SPR IV/1 [1978], S. 496 ff.; vgl. auch PraxKomm-HRUBESCH-MILLAUER [2011], Vorbem. zu Art. 522 ff. N 2, m.w.H. **A.M.** BK-WEIMAR [2009], Vorbemerkungen vor Art. 470 N 13; PETER WEIMAR, Die vermeintliche Herabsetzbarkeit gesetzlicher Erbrechte, in: successio 2008, S. 9 ff. Kritisch auch FELIX KOBEL/ROLAND FANKHAUSER, Zur Herabsetzbarkeit erbrechtlichen Intestaterwerbs – ein Diskussionsbeitrag, in: successio 2007, S. 168 ff. Zur Frage, ob die ehevertragliche Änderung der Vorschlagsbeteiligung eine Zuwendung von Todes wegen oder unter Lebenden ist, vgl. PHILIP R. BORNHAUSER, Die Rechtsnatur der Vorschlagszuweisung und deren Folgen für die Erbteilung, in: successio 2011, S. 318 ff., m.H. auf die Literatur und auf BGE 137 III 113.

163 Vgl. dazu hinten Rz. 86.

sämtliche in Frage kommenden Zuwendungsempfänger richtet. Auf diese Weise hat er die beste Chance, seinen Pflichtteil vollständig aufzufüllen.

Der Kläger (= Herabsetzungsgläubiger) ist allerdings prozessual nicht verpflichtet, gegen sämtliche Zuwendungsempfänger (= Herabsetzungsschuldner) zu klagen. Er kann einzelne von ihnen unbehelligt lassen. Bloss kann er dadurch die Situation der anderen nicht erschweren. Diese müssen sich die Herabsetzung trotzdem nur in jenem Umfang gefallen lassen, wie wenn sämtliche Herabsetzungsschuldner ins Verfahren einbezogen worden wären[164]. Gegebenenfalls müssen sie sich mit einer Einrede zur Wehr setzen. Dabei ist es misslich, wenn vorfrageweise über die Herabsetzungsfähigkeit anderer lebzeitiger Zuwendungen gestritten werden muss, deren Empfänger nicht in den Prozess einbezogen sind. Der Kläger sollte deshalb stets sämtliche potenziellen Herabsetzungsschuldner gleichzeitig einklagen. Bei den nachfolgenden Formulierungsvorschlägen wird nur jene - einfachste - Variante gezeigt, bei welcher der Kläger sämtliche in Frage kommenden Herabsetzungsschuldner gleichzeitig ins Verfahren einbezieht. 70

Gerichtsstand

Am letzten Wohnsitz des Erblassers (Art. 28 Abs. 1 ZPO)[165]. 71

Aktivlegitimation

Jeder in seinem Pflichtteil verletzte (nicht gültig enterbte) Erbe einzeln (Art. 522 Abs. 1 ZGB), wobei mehrere Pflichtteilserben auch gemeinsam vorgehen können, wenn die Pflichtteile aller verletzt wurden[166]. Die Aktivlegitimation des Pflichtteilserben geht auf seine Erben über, wenn er nach Eröffnung des Erbgangs stirbt, selbst wenn die Erben selber gegenüber dem ursprünglichen Erblasser nicht pflichtteilsberechtigt gewesen wären[167]. Die Durchführung der 72

164 Vgl. auch hinten Rz. 86; zustimmend FLÜCKIGER [2004], a.a.O. [Fn. 37], S. 88 f.; vgl. ferner PIOTET, SPR IV/1 [1978], S. 488; PraxKomm-HRUBESCH-MILLAUER [2011], Art. Vorbem. zu 522 ff. N 5.

165 PraxKomm-HRUBESCH-MILLAUER [2011], Vorbem. zu Art. 522 ff. N 14; BSK ZGB II-FORNI/PIATTI [2011], Vor Art. 522–533 N 9; SUTTER-SOMM [2010], a.a.O. [Fn. 6], S. 173. Vgl. auch Rz. 11.

166 PraxKomm-HRUBESCH-MILLAUER [2011], Vorbem. zu Art. 522 ff. N 5; BSK ZGB II-FORNI/PIATTI [2011], Vor Art. 522–533 N 5.

167 BGE 108 II 288, 291; BGE 75 II 190, 192; PraxKomm-HRUBESCH-MILLAUER [2011], Vorbem. zu Art. 522 ff. N 5; BSK ZGB II-FORNI/PIATTI [2011], Vor Art. 522–533 N 5. Zum besonderen Fall der Nacherbeneinsetzung vgl. BGE 133 III 309 sowie die Urteilsbesprechung von PAUL EITEL/LILIAN SCHERRER, in: successio 2009, S. 67.

amtlichen Erbschaftsliquidation schliesst die Herabsetzungsklage nicht aus; der Herabsetzungsanspruch bleibt im Verfügungsbereich des Berechtigten[168].

73 Ausnahmsweise steht die Klage aufgrund einer Legalzession des Herabsetzungsanspruchs im Sinne eines subsidiären Klagerechts auch Nichterben zu, so der Konkursverwaltung oder den Gläubigern des Pflichtteilserben, der seine Rechte innert der ihm angesetzten Frist nicht selber geltend machen will (Art. 524 ZGB)[169]. Das Recht der Konkursverwaltung bzw. der Gläubiger geht allerdings weniger weit als dasjenige des Erben, indem nur auf Deckung ausstehender Forderungen geklagt werden kann, was unter Umständen weniger ist als der Pflichtteil[170]. Nicht aktivlegitimiert sind im übrigen die Gläubiger des Erblassers sowie diejenigen Gläubiger des Erben, die erst nach Eröffnung des Erbgangs zu Verlust gekommen sind.

74 Aktivlegitimiert sind zudem folgende Personen:

- der Bedachte, der die Herabsetzung seiner Zuwendung erleidet und die im gleichen Verhältnis zu erfolgende Herabsetzung der ihm auferlegten Vermächtnisse verlangen kann[171];
- der Erbe oder Vermächtnisnehmer, wenn die ihm auferlegten Vermächtnisse (bzw. Untervermächtnisse) den Betrag der Erbschaft (bzw. der Zuwendung) oder den verfügbaren Teil überschreiten[172]; sowie
- der virtuelle Erbe, der seine Erbenstellung mittels der Herabsetzungsklage als Gestaltungsklage erst erstreiten muss (so z.B. der Enterbte gemäss Art. 477 ff. ZGB, sofern er geltend macht, dass die Voraussetzungen der Enterbung nicht erfüllt seien)[173].

168 BGE 50 II 450, 453; BGE 52 II 199; BGE 54 II 419; BSK ZGB II-Forni/Piatti [2011], Vor Art. 522–533 N 5, m.w.H.

169 Vgl. BGE 76 II 268; PraxKomm-Hrubesch-Millauer [2011], Vorbem. zu Art. 522 ff. N 6 sowie Art. 524 N 2 und 4 f.; BSK ZGB II-Forni/Piatti [2011], Vor Art. 522–533 N 5 und 6 sowie Art. 524 N 1 ff.; Tuor/Schnyder/Schmid/Rumo-Jungo [2009], § 68 Rz. 43.

170 BGE 71 III 99, 103; zu den praktischen Schwierigkeiten in diesem Zusammenhang vgl. BSK ZGB II-Forni/Piatti [2011], Art. 524 N 4, m.w.H.

171 Art. 525 Abs. 2 ZGB; vgl. PraxKomm-Hrubesch-Millauer [2011], Vorbem. zu Art. 522 ff. N 6; BSK ZGB II-Forni/Piatti [2011], Art. 525 N 6 f.

172 Art. 486 Abs. 1 ZGB; vgl. PraxKomm-Hrubesch-Millauer [2011], Vorbem. zu Art. 522 ff. N 6; BSK ZGB II-Forni/Piatti [2011], Vor Art. 522–533 N 5 und Art. 528 N 9.

173 René Strazzer, Der virtuelle Erbe – eine Rechtsfigur mit prozessualen Tücken für den Anwalt, in: successio 2010, S. 147 ff., m.w.H.; PraxKomm-Hrubesch-Millauer [2011], Vorbem. zu Art. 522 ff. N 3, die darauf verweist, dass sich der virtuelle Erbe mangels Besitz an den Nachlasswerten nicht auf die Herabsetzungseinrede berufen kann (vgl. dazu auch vorn Rz. 18). Zu beachten gilt es ausserdem, dass der virtuelle Erbe (noch) nicht Teil der Erbengemeinschaft ist, vgl. Rumo-Jungo [2010], a.a.O. [Fn. 140], S. 212, Fn. 1. Zur Anfechtungsklage bei der Enterbung vgl. PraxKomm-Fankhauser [2011], Art. 479 N 8 und 16 f.

Der Willensvollstrecker ist zur Herabsetzungsklage weder aktiv- noch passivlegitimiert[174]. 75

Passivlegitimation

Jede übermässig begünstigte Person (Miterbe, gesetzlicher oder eingesetzter Erbe, Empfänger einer lebzeitigen Zuwendung oder Vermächtnisnehmer) einzeln[175]. Nicht: die Erbengemeinschaft oder der Willensvollstrecker[176]. Der durch Erbvertrag Bedachte, der sich eine Herabsetzung gefallen lassen muss, kann einredeweise eine entsprechende Herabsetzung der von ihm an den Erblasser gemachten Gegenleistung geltendmachen[177]. 76

Befristung

Die Befristung der Herabsetzungsklage ist in Art. 533 ZGB geregelt. Bei den Fristen in Art. 533 ZGB handelt es sich entgegen dem Gesetzeswortlaut nicht um Verjährungs-, sondern um von Amtes wegen zu beachtende Verwirkungsfristen. Art. 135 OR und Art. 137 f. OR sind auf sie somit nicht, Art. 63 ZPO nur analog anwendbar[178]. Ein «Verjährungsverzicht» oder eine einvernehmliche Fristverlängerung ist ebenfalls ausgeschlossen: 77

---

174 BGE 85 II 601; BGE 86 II 340, 342; BGE 90 II 376, 386; BGE 111 II 18 f.; BSK ZGB II-Forni/Piatti [2011], Vor Art. 522–533 N 4; PraxKomm-Hrubesch-Millauer [2011], Vorbem. zu Art. 522 ff. N 9; BSK ZGB II-Karrer/Vogt/Leu [2011], Art. 518 N 82; Tuor/Schnyder/Schmid/Rumo-Jungo [2009], § 68 Rz. 44. Differenziert Wetzel [1985], a.a.O. [Fn. 118], der die Aktivlegitimation des Willensvollstreckers bejahen will, wenn dieser in Unkenntnis von Erbschaftsschulden Vermächtnisse ausgerichtet hat. Gl.M. BK-Künzle [2011], Art. 517–518 N 473. Vgl. dazu auch Sutter-Somm/Chevalier, a.a.O. [Fn. 21], 23. BK-Künzle [2011], Art. 517–518 N 483, bejaht zudem die Passivlegitimation des Willensvollstreckers, wenn umstritten ist, ob eine Dauer-Willensvollstreckung den Pflichtteil eines Erben oder das Verbot mehrfacher Nacherbschaft verletzt.

175 Kantonsgericht Wallis, 4.11.2004, RVJ 2005, S. 146; BSK ZGB II-Forni/Piatti [2011], Vor Art. 522–533 N 7 und 8. Gegen einen Vermächtnisnehmer, der noch nicht im Besitz des Vermächtnisses ist, wird der kluge Pflichtteilsberechtigte die Klage auf Ausrichtung des Vermächtnisses abwarten und sich dann mit der Herabsetzungseinrede dagegen wehren. Vgl. PraxKomm-Hrubesch-Millauer [2011], Vorbem. zu Art. 522 ff. N 8. Auch bei Verletzung des Pflichtteils durch Begünstigung eines Dritten aus einer Versicherung ist der Begünstigte und nicht die Versicherung ins Recht zu fassen: BGE 131 III 646, E. 2.3.

176 PraxKomm-Hrubesch-Millauer [2011], Vorbem. zu Art. 522 ff. N 8 f.; BSK ZGB II-Forni/Piatti [2011], Vor Art. 522–533 N 8; vgl. vorn Rz. 75.

177 Art. 528 Abs. 2 ZGB; vgl. PraxKomm-Hrubesch-Millauer [2011], Vorbem. zu Art. 522 ff. N 6.

178 BGE 86 II 340, 344; BGE 98 II 176, 179 ff.; BGE 121 III 249, 250; Druey [2002], § 6 Rz. 90; BSK ZGB II-Forni/Piatti [2011], Art. 533 N 1; Piotet, SPR IV/1 [1978], S. 276 f. und 505 f.; Tuor/Schnyder/Schmid/Rumo-Jungo [2009], § 68 Rz. 39; **a.M.** ZK-Escher [1959], Art. 533 N 1 und 5 i.V.m. Art. 521 N 1; BK-Tuor [1952], Art. 533 N 1 i.V.m. Art. 521 N 3.

- Die einjährige relative Frist beginnt mit wirklicher und zuverlässiger Kenntnis der Eröffnung des Erbgangs, der eigenen Berufung als pflichtteilsberechtigter Erbe und der Pflichtteilsverletzung; Kennenmüssen genügt nicht[179]. Es bedarf der Kenntnis derjenigen Elemente, die den möglichen Erfolg einer Herabsetzungsklage erwarten lassen, jedoch nicht einer absoluten Gewissheit; die Kenntnis der blossen Tatsache einer Pflichtteilsverletzung genügt. Insoweit muss auch ein unbeziffertes Rechtsbegehren zulässig sein[180].
- Die zehnjährige absolute Frist beginnt bei letztwilligen Verfügungen mit deren amtlicher Eröffnung und bei Zuwendungen unter Lebenden mit dem Tod des Erblassers[181]. Bei Erbverträgen ist der Fristbeginn umstritten: Abgestellt wird entweder – nach der neueren Lehre – auf die amtliche Eröffnung[182] oder – nach der älteren – auf den Tod des Erblassers[183].
- Wird eine Verfügung von Todes wegen erst infolge Ungültigerklärung einer späteren Verfügung wirksam, so beginnt die absolute zehnjährige Frist mit der Rechtskraft des Ungültigkeitsurteils (Art. 533 Abs. 2 ZGB). Die einjährige relative Frist kann in diesem Fall ebenfalls nicht früher, jedoch – entgegen der missverständlichen Formulierung von Art. 533 Abs. 2 ZGB – durchaus erst später beginnen[184].

78 Der Umstand, dass die Teilung bereits vollzogen ist, schliesst eine Erbschafts- und Herabsetzungsklage nicht aus, es sei denn, der Kläger habe der Teilung in Kenntnis der Verletzung seiner Ansprüche zugestimmt und damit ausdrücklich oder konkludent auf deren Geltendmachung verzichtet[185]. In solchen Fällen

179 Vgl. BGE 73 II 6, 13; BSK ZGB II-Forni/Piatti [2011], Art. 533 N 2 f.; BK-Tuor [1952], Art. 533 N 5 und Art. 533 N 5 i.V.m. Art. 521 N 4.

180 Art. 85 ZPO. Vgl. BGE 121 III 249, 250 f.; PraxKomm-Hrubesch-Millauer [2011], Art. 533 N 4, m.w.H.; BSK ZGB II-Forni/Piatti [2011], Vor 522–533 N 11 und Art. 533 N 3.

181 PraxKomm-Hrubesch-Millauer [2011], Art. 533 N 6; ZK-Escher [1959], Art. 533 N 3; BSK ZGB II-Forni/Piatti [2011], Art. 533 N 2; Piotet, SPR IV/1 [1978], S. 506; BK-Tuor [1952], Art. 533 N 6.

182 PraxKomm-Hrubesch-Millauer [2011], Art. 533 N 6; BSK ZGB II-Forni/Piatti [2011], Art. 533 N 2; Piotet, SPR IV/1 [1978], S. 506, und SPR IV/2 [1981], S. 719 (für nach Bundesrecht zu eröffnende Erbverträge).

183 ZK-Escher [1959], Art. 533 N 3; BK-Tuor [1952], Art. 533 N 6; Piotet, SPR IV/1 [1978], S. 506, und SPR IV/2 [1981], S. 719 (für Erbverträge, die nicht nach Bundesrecht eröffnet werden müssen).

184 PraxKomm-Hrubesch-Millauer [2011], Art. 533 N 7; ZK-Escher [1959], Art. 533 N 4; BK-Tuor [1952], Art. 533 N 7.

185 In BGE 135 III 97 bejahte das Bundesgericht den Verzicht auf die Geltendmachung der Herabsetzungseinrede, nachdem der mit dem Rentenlegat belastete Erbe die Rente jahrelang vorbehaltlos überwiesen hatte. Ein Verzicht durch passives Verhalten ist somit zwar nicht möglich, wohl aber ein konkludenter Verzicht. Vorausgesetzt ist dabei, dass dem Erben die wesentlichen Elemente zur Begründung des Herabsetzungsanspruchs bekannt sind und er seine Erklärung der begünstigten Person gegenüber hinreichend kundtut. Vgl. auch Anmerkungen von Alexandra Rumo-Jungo, in: successio 2010, S. 40 ff., Paul Eitel, in: Aktuelle Anwaltspraxis 2009, S. 191, und Regina E. Aebi-Müller, in: ZBJV 2010, S. 368 ff., 385 ff.

muss allerdings stets mit Gestaltungs- und gegebenenfalls Leistungsklage vorgegangen werden; eine reine Feststellungsklage ist mithin ausgeschlossen[186].

Mitbesitzer[187] der Erbschaft (und nur sie) können den Herabsetzungsanspruch 79
einredeweise jederzeit geltend machen, namentlich im Rahmen der Erbteilung, selbst wenn gewisse Zuwendungen bereits zu Lebzeiten des Erblassers vollzogen wurden (Art. 533 Abs. 3 ZGB)[188]. Die Einrede steht den vom Erblasser aus der Nachfolge ausgeschlossenen gesetzlichen Erben aber erst zu, wenn sie durch Anfechtung der erbrechtlichen Verfügung ihre Erbenstellung erlangt haben[189], oder soweit sie nicht bereits vor dem Erbgang Vermögenswerte des Erblassers erhalten haben und auf Herausgabe derselben beklagt werden[190]. Ungenügend ist die blosse Einrede im übrigen in jedem Fall dann, wenn der vorhandene Nachlass zur Erfüllung des Herabsetzungsanspruchs nicht ausreichen würde, so dass auf das persönliche Vermögen des Beklagten gegriffen werden müsste[191].

Verfahren

Mit Blick auf die Komplexität der Materie dürfte die Anwendbarkeit des sum- 79a
marischen Verfahrens auf Rechtsschutz in klaren Fällen gemäss Art. 257 ZPO von vornherein ausscheiden, so dass – streitwertabhängig – entweder das vereinfachte oder das ordentliche Verfahren zur Anwendung gelangt. Gemäss Art. 62 ZPO begründet bereits die Einreichung eines Schlichtungsgesuchs nach Art. 197 ff. ZPO Rechtshängigkeit und wirkt damit fristwahrend. Die Klage muss sodann innert dreier Monate nach Ausstellung der Klagebewilligung beim Gericht eingereicht werden (Art. 209 Abs. 3 ZPO), damit die Rechtshängigkeit erhalten bleibt (was für die Wahrung von Verwirkungsfristen wie jener nach Art. 533 ZGB von entscheidender Bedeutung ist).

186 BGE 62 II 207, 214; BGE 67 II 207, 213; BSK ZGB II-Forni/Piatti [2011], Vor Art. 522–533 N 12.

187 Zum – unglücklichen – Kriterium des «Besitzes» bzw. «Mitbesitzes» vgl. bereits vorn Rz. 18, m.w.H.

188 Vgl. BGE 98 II 176, 181; BGE 120 II 417, 419; PraxKomm-Hrubesch-Millauer [2011], Art. 533 N 9 ff.; BSK ZGB II-Forni/Piatti [2011], Art. 533 N 4.

189 Zur bloss virtuellen Erbenstellung vgl. hinten Rz. 206.

190 Vgl. Flückiger [2004], a.a.O. [Fn. 37], S. 99.

191 BGE 120 II 417, E. 2 i.f.; vgl. Weibel/Gerster [2012], a.a.O. [Fn. 46], S. 42 f.

Streitwert

80 Massgeblicher Streitwert ist der potenzielle Prozessgewinn des Klägers[192], also der Wert seines Pflichtteils bzw. der Betrag, um welchen die Zuwendungen an den Beklagten im Falle der Gutheissung der Klage herabgesetzt würden.

81 *Rechtsbegehren*

Es sei angenommen, der Erblasser habe im Testament angeordnet: «Mein einziger Nachkomme X ist Erbe zu einem Viertel, mein Freund Y ist Erbe zu drei Vierteln. Die Z-Stiftung erhält ein Barlegat von CHF 100 000.» Der Nachlass habe einen Netto-Wert von CHF 1 100 000.

Würde das Testament gemäss seinem Wortlaut vollzogen, so erhielte der Pflichtteilserbe X Werte von CHF 250 000.–, Y CHF 750 000 und die Z-Stiftung CHF 100 000. Der Pflichtteil von X beläuft sich aber auf 75 % von CHF 1 100 000, d.h. auf CHF 825 000. Dieser Pflichtteilsanspruch muss aufgefüllt werden, indem die Zuwendungen an die beiden Bedachten Y und Z-Stiftung je um eine gleich grosse Quote herabgesetzt werden. Obwohl einerseits eine Erbquote und anderseits ein Legat herabzusetzen ist, ergibt sich keine grössere Schwierigkeit, weil Geldvermächtnisse auf einen bestimmten Betrag herabgesetzt werden können[193]. Die aufzufüllende Differenz hat einen Wert von CHF 575 000 (250 000 + 575 000 = 825 000), so dass der eingesetzte Erbe X und die Z-Stiftung von ihren Empfängen von total CHF 850 000 diese Differenz von CHF 575 000 herausgeben müssen und gesamthaft also nur den Restbetrag von CHF 275 000 behalten dürfen. Dieser Restbetrag macht 11/34 oder 32,35 % der ursprünglichen Zuwendungen aus. Das Rechtsbegehren könnte also lauten[194]:

«Es seien die Zuwendungen an Y und an die Z-Stiftung ***proportional so*** *herabzusetzen, dass sie zusammengenommen 25 % des Nachlasses ausmachen, nämlich der Erbteil des Y auf 22.05 % des Nachlasses oder CHF 242 647.05 und das Vermächtnis der Z-Stiftung auf CHF 32 352.95.»*

82 Schwieriger wird die Sache rechnerisch, wenn es sich um Sachlegate mit umstrittener Bewertung handelt. Solange der Wert des Nachlasses und derjenige der Legate nicht abschliessend feststehen, steht auch nicht fest, wel-

192 Kantonsgericht Wallis, 4.11.2004, RVJ 2005, S. 146.

193 Vgl. ZK-Escher [1959], Art. 474 N 4; Piotet, SPR IV/1 [1978], S. 458 f.; Spahr [1994], a.a.O. [Fn. 136], S. 304; Steck [1972], a.a.O. [Fn. 136], S. 131.

194 Weitere hilfreiche Berechnungsbeispiele findet man auch bei Rumo-Jungo [2010], a.a.O. [Fn. 140], S. 112 f.

che Herabsetzungsquote für die beiden Beklagten die richtige ist. Will man hier rechnerische Fehler im Rechtsbegehren vermeiden, so muss man dieses abstrakter formulieren und nur das Ziel, nämlich die Auffüllung des Pflichtteils auf eine bestimmte Quote des gesamten Nachlass-Wertes, verlangen, die Konkretisierung durch Bewertungen und abschliessende Berechnungen aber dem Gericht anheimstellen[195].

«1. Es seien die Zuwendungen an Y und an die Z-Stiftung proportional auf jenen Bruchteil ihres Wertes herabzusetzen, der dem Kläger seinen vollen Pflichtteil von drei Vierteln des Gesamtnachlasses verschafft.

2. Zu diesem Zweck sei der Teilungswert des Gesamtnachlasses unter Hinzurechnung der ausgleichungspflichtigen oder der Herabsetzung unterliegenden lebzeitigen Zuwendungen festzustellen, soweit erforderlich durch Einholung von Bewertungsgutachten, und es sei auf der Grundlage des so ermittelten Gesamtwertes die Verhältniszahl festzusetzen, um welche die angefochtenen Zuwendungen herabgesetzt werden müssen.»

Erläuterung

Die Herabsetzungsklage gegen letztwillig Bedachte zielt auf ein Gestaltungs- 83
urteil ab, das die Berechtigungen am Nachlass (Erbteile und Vermächtnisse) abweichend vom letzten Willen des Erblassers neu gestaltet. Diese Rechtsgestaltung, nicht eine blosse Feststellung, ist im Rechtsbegehren zu verlangen. Die Verhältniszahl, um welche Erbquoten und Vermächtnisse proportional herabzusetzen sind, sollte im Urteilsdispositiv verbindlich festgesetzt werden.

4.3 Lebzeitige Zuwendung als Anfechtungsobjekt (Art. 527–533 ZGB)

Vorbemerkung

Richtet sich der Anspruch gegen einen Miterben, so bringt der Ausgleichungs- 84
anspruch gemäss Art. 626 ZGB dem Kläger mehr, nämlich die Auffüllung sei-

195 Vgl. BGE 121 III 249.

nes vollen Erbteils[196]. Sind die Voraussetzungen des Art. 626 ZGB zweifelhaft, so empfiehlt sich die Kombination des Hauptbegehrens auf Ausgleichung mit einem Eventualbegehren auf Herabsetzung[197].

85 Bei Herabsetzungsklagen gegen lebzeitig bedachte Personen muss vorfrageweise die Herabsetzbarkeit als solche, d.h. die Frage geklärt werden, ob eine bestimmte Zuwendung unter den Katalog von Art. 527 ZGB fällt (dies dürfte in manchen Fällen umstritten sein).

86 Die Sache wird zusätzlich erschwert durch die Notwendigkeit, die einzelnen Herabsetzungsschuldner in der zeitlichen Prioritätenfolge gemäss Art. 532 ZGB zu belangen (wogegen für die Ermittlung des Umfangs der Herabsetzungs-Berechnungsmasse alle herabsetzungsfähigen, auch die frühesten lebzeitigen Zuwendungen, einzubeziehen sind). Noch komplizierter wird das Verfahren durch das dem Herabsetzungsschuldner eingeräumte Wahlrecht in Analogie zu Art. 526 ZGB: Er kann sich noch während des Prozesses darüber aussprechen, ob er *in natura* zurückleisten oder ob er Geld einwerfen will[198].

Gerichtsstand

87 Am letzten Wohnsitz des Erblassers (Art. 28 Abs. 1 ZPO)[199].

Aktivlegitimation

88 Jeder in seinem Pflichtteil verletzte Erbe einzeln[200].

196 Vgl. BGE 116 II 667, 670 f. Gemäss einer Minderheitsmeinung soll hingegen auch gegenüber ausgleichungspflichtigen Nachkommen die fünfjährige Frist gemäss Art. 527 Ziff. 3 ZGB zur Anwendung kommen, die die früher erfolgten lebzeitigen Zuwendungen aus der Herabsetzungs-, nicht jedoch aus der Ausgleichungsmasse herausfallen liesse: vgl. z.B. Beat Zoller, Schenkungen und Vorempfänge als herabsetzungspflichtige Zuwendungen, unter besonderer Berücksichtigung des Umgehungstatbestandes, Diss. Zürich 1998, S. 87 ff.

197 In diesem Sinne hat die Ausgleichung den Vorrang vor der Herabsetzung: vgl. bereits vorn Rz. 62; vgl. ferner BSK ZGB II-Forni/Piatti [2011], Vor Art. 522–533 N 12; zum Themenkreis insgesamt: Eitel [1998], a.a.O. [Fn. 147].

198 Zur Streitfrage der direkten oder bloss analogen Anwendung von Art. 526 ZGB auf lebzeitige Zuwendungen vgl. vorn Rz. 68.

199 Vgl. die Hinweise vorn Rz. 71.

200 Vgl. im einzelnen vorn Rz. 72 ff. Flückiger [2004], a.a.O. [Fn. 37], S. 88, weist darauf hin, dass sich aus sachenrechtlichen Gründen eine Ausnahme vom Grundsatz der *inter partes*-Wirkung dann aufdrängt, wenn der Gegenstand der angefochtenen Verfügung eine unteilbare Einheit bildet, über welche mehrere Betroffene beispielsweise nur gemeinsam verfügen können.

Passivlegitimation

Jeder Empfänger einer herabsetzungsfähigen Zuwendung einzeln, so auch der Vermächtnisnehmer, der sich bereits im Besitz seines Vermächtnisses befindet[201]. 89

Befristung

Wie vorn (Rz. 77 ff.). 90

Verfahren

Wie vorn (Rz. 79a). 90a

Streitwert

Wie vorn (Rz. 80). 91

Rechtsbegehren 92

Ausgegangen sei von einem einfachen Tatbestand: Ein verwitweter Vater hinterlässt einen einzigen Sohn X und einen Nachlass im Wert von CHF 100 000. Ein halbes Jahr vor seinem Tod hatte der Vater das hypothekenfreie Einfamilienhaus seiner Lebenspartnerin Y geschenkt. Das Haus hatte damals und hat heute einen Verkehrswert von CHF 1 000 000. Die Beschenkte Y muss dem Sohn X also einen Wert von CHF 725 000 restituieren (und kann einen Wert von CHF 275 000 behalten), damit der Sohn seinen Pflichtteil von CHF 825 000 (75 % der gesamten Herabsetzungs-Berechnungsmasse von CHF 1 100 000) erhält.

Ist die Bewertungsfrage nicht streitig, so kann das Rechtsbegehren folgendermassen lauten: 93

«*1. Es sei der Nachlass des am … verstorbenen V festzustellen, d.h. es sei festzustellen, dass der Nachlass die in der Klagebeilage 1 (Inventar vom …) aufgeführten Aktiven und Passiven [mit folgenden Abweichungen …] umfasst.* 94

2. Es sei festzustellen, dass der Pflichtteil des Klägers an diesem Nachlass drei Viertel beträgt.

201 Vgl. im einzelnen vorn Rz. 76; **a.M.** unter Berufung auf die Gestaltungswirkung der Herabsetzungsklage Brändli [2003], a.a.O. [Fn. 147], S. 339 f.

3. Es sei die Schenkung der Liegenschaft Grundbuch … [Ort], Sektion …, Parzelle …, vom Erblasser an die Beklagte herabzusetzen, soweit dies zur Wahrung des Pflichtteils des Klägers erforderlich ist.

4. Demgemäss sei die Beklagte zu verurteilen, nach ihrer Wahl

a) entweder die Liegenschaft Grundbuch … [Ort], Sektion …, Parzelle …, an den Kläger als Alleinerben des Erblassers zu Eigentum zu übertragen, Zug um Zug gegen Bezahlung eines vom Gericht festzusetzenden Geldbetrags durch den Kläger von maximal CHF 275 000 abzüglich erzielter oder versäumter Erträgnisse ab Klageeinleitung,

b) oder dem Kläger CHF 725 000 zuzüglich Zins zu 5 % ab Klageeinleitung[202] *zu bezahlen.*

5. Der Beklagten sei durch das Gericht eine angemessene Frist zur Ausübung der Wahl gemäss Klagebegehren 4a oder 4b anzusetzen, unter Androhung, dass bei unbenütztem Ablauf der Frist das Urteil aufgrund der Wertanrechnung gemäss Klagebegehren 4b ergeht.»

95 Muss damit gerechnet werden, dass die Beklagte den vom Kläger angenommenen Teilungs- und Anrechnungswert der geschenkten Liegenschaft bestreitet und einen niedrigeren Wert behauptet, so wäre das soeben gezeigte Rechtsbegehren untauglich. Wiederum müsste dann abstrakt geklagt und die Bewertung dem Gericht anheimgestellt werden, beispielsweise folgendermassen:

96 *«1. Es sei der Nachlass des am … verstorbenen X. festzustellen, d.h. es sei festzustellen, dass der Nachlass die in der Klagebeilage 1 (Inventar vom …) aufgeführten Aktiven und Passiven [mit folgenden Abweichungen …] umfasst.*

2. Es sei festzustellen, dass der Pflichtteil des Klägers an diesem Nachlass drei Viertel beträgt.

202 Da die Herabsetzungsklage vermögensrechtlicher Natur ist, wird der Beklagte erst durch die Klageeinleitung und nicht *ipso iure* bereits am Tode des Erblassers in Verzug gesetzt, den Pflichtteil des Klägers wiederherzustellen: BGE 115 II 211, 212 f.; vgl. auch bereits BGE 102 II 329. Daher können erst ab Klageeinleitung Verzugszinsen gefordert werden. Kann der Kläger beweisen, dass der Beklagte bösgläubig war (vgl. Art. 528 ZGB), so besteht der Zinsanspruch bereits ab dem Todestag des Erblassers: Benno Studer, Beginn, Abwicklung und Beendigung des Willensvollstreckermandates, in: Jean Nicolas Druey/Peter Breitschmid (Hrsg.), Willensvollstreckung Bern 2001, S. 71 ff., 97 f.

3. *Es sei die Schenkung der Liegenschaft Grundbuch ... [Ort], Sektion ..., Parzelle ..., vom Erblasser an die Beklagte herabzusetzen, soweit dies zur Wahrung des Pflichtteils des Klägers erforderlich ist.*
4. *Demgemäss sei die Beklagte zu verurteilen, nach ihrer Wahl*
   a) entweder die Liegenschaft Grundbuch ... [Ort], Sektion ..., Parzelle ..., an den Kläger als Alleinerben des Erblassers zu Eigentum zu übertragen, Zug um Zug gegen Bezahlung eines vom Gericht festzusetzenden Geldbetrags,
   b) oder dem Kläger einen vom Gericht festzusetzenden Geldbetrag zu bezahlen, wobei die Geldbeträge in beiden Fällen so festzusetzen sind, dass der Kläger seinen Pflichtteil von drei Vierteln der um den Wert der erwähnten Liegenschaft vermehrten Erbschaft seines Vaters ungeschmälert erhält.
5. *Zu diesem Zweck sei der Teilungswert der Erbschaft zuzüglich der der Ausgleichung und/oder Herabsetzung unterliegenden lebzeitigen Zuwendungen festzustellen, soweit erforderlich durch Einholung eines Bewertungsgutachtens für die erwähnte Liegenschaft, und es sei auf der Grundlage des so ermittelten Gesamtwerts der Umfang des klägerischen Pflichtteils von drei Vierteln und der zulässige Maximalwert der beklagtischen Begünstigung festzusetzen.*
6. *Der Beklagten sei durch das Gericht eine angemessene Frist zur Ausübung der Wahl gemäss Klagebegehren 4a oder 4b anzusetzen, unter Androhung, dass bei unbenütztem Ablauf der Frist das Urteil aufgrund der Wertanrechnung gemäss Klagebegehren 4b ergeht.»*

Erläuterung

Die Herabsetzungsklage hat gemäss bundesgerichtlicher Rechtsprechung auch 97
dann Gestaltungswirkung, wenn sie gegen Zuwendungen unter Lebenden gerichtet ist[203]. Die Herabsetzungsklage gegen lebzeitig Bedachte zielt – zusätzlich zur Gestaltungswirkung – auf ein Leistungsurteil ab, das den Beklagten zur Rückleistung einer seinerzeit gültig zu Eigentum empfangenen Sache oder zur Bezahlung von Geldersatz verpflichtet. Das Urteil verschafft dem Kläger,

203 BGE 102 II 329, 332; BGE 115 II 211, 212. Für Annahme einer Feststellungsklage demgegenüber noch BGE 84 II 685.

anders als die (vindikatorische) Erbschaftsklage[204], nicht unmittelbar das Eigentum, hat also keine dingliche, sondern lediglich obligatorische Wirkung[205].

98 Eine *reine Gestaltungsklage* ist zwar grundsätzlich zulässig, aber kaum je zweckmässig[206].

98a Die rein wertmässige Wiederherstellung der Pflichtteile auf dem Weg der Herabsetzung kann je nach den Umständen des Einzelfalls unangemessen sein. Nach der hier vertretenen Auffassung ist es möglich – und unter Umständen sinnvoll –, primär auf Rückgabe der vom Beklagten erhaltenen Sachzuwendung, eventualiter auf Verurteilung des Beklagten zu einer Geldzahlung und subeventualiter auf Verurteilung zum einen oder anderen, nach Wahl des Beklagten, zu klagen. Da diese Rechtsbegehren wertmässig auf dasselbe hinauslaufen, sollte diese Vorgehensweise jedenfalls keine nachteiligen Kostenfolgen für den Kläger zeitigen, selbst wenn das Gericht den Primär- und/oder den Eventualantrag abweisen sollte.

99 Da der Beklagte in der Regel mindestens einen Teil der empfangenen Zuwendung behalten darf und gemäss Art. 526 ZGB das Wahlrecht hat, ob er die Sache *in natura* zurückgeben oder Geldersatz leisten will, können während des Herabsetzungsprozesses keine vorsorglichen Massnahmen wie z.B. Grundbuchsperren gemäss Art. 960 Abs. 1 Ziff. 1 ZGB zur Sicherung der betreffenden Sache angeordnet werden[207].

---

204 Vgl. hinten Rz. 111 ff.

205 BGE 110 II 232; Tuor/Schnyder/Schmid/Rumo-Jungo [2009], § 68 Rz. 40 f.; abweichend ein Teil der älteren Lehre, die auch für die Herabsetzungsklage dingliche Wirkung annahm, vgl. ZK-Escher [1959], Art. 528 N 6.

206 Vgl. BGE 70 II 142, 146; BGE 78 II 352; BGE 102 II 329, 333; PraxKomm-Hrubesch-Millauer [2011], Vorbem. zu Art. 522 ff. N 10, m.w.H.; BSK ZGB II-Forni/Piatti [2011], Vor Art. 522–533 N 12.

207 Tribunale Cantonale Tessin, 30.3.1993, Rep. 1993, S. 159 f.

5. Anfechtungsklage wegen Erbvertragswidrigkeit (Art. 494 Abs. 3 ZGB)

Vorbemerkungen

Der Erbvertrag ist ein Rechtsgeschäft von Todes wegen; er entfaltet seine Wirkungen erst nach dem Tod des Erblassers. Zu seinen Lebzeiten kann der Erblasser hingegen auch nach dem Abschluss eines Erbvertrags frei über sein Vermögen verfügen; er behält mithin seine Verfügungsmacht und -freiheit über sein Vermögen (Art. 494 Abs. 2 ZGB)[208]. Verfügungen von Todes wegen oder Schenkungen des Erblassers (nicht aber andere lebzeitige Verfügungen), die mit seinen Verpflichtungen aus dem Erbvertrag[209] nicht vereinbar sind, unterliegen erst – aber immerhin – nach dem Tod des Erblassers der Anfechtung gemäss Art. 494 Abs. 3 ZGB[210]. 99a

Die Anfechtungsklage erfolgt nach h.L. analog den Bestimmungen zur Herabsetzungsklage nach Art. 522 ff. ZGB. Die Überschreitung der Verfügungsbefugnis (vgl. Art. 522 Abs. 1 ZGB) liegt in der Nichtbeachtung der (erb-)vertraglichen Bindung[211]. Auf die Anfechtung nach Art. 494 Abs. 3 ZGB kommen insbesondere die Regeln zur zeitlichen Befristung der Herabsetzungsklage (Art. 533 ZGB) sowie zur Reihenfolge der Herabsetzung (Art. 532 ZGB) zur Anwendung[212]. Die Ungültigkeitsklage kommt nur dann zum Tragen, wenn die mit dem Erbvertrag unvereinbare Verfügung von Todes wegen mangelhaft i.S.v. Art. 519 ZGB ist. 99b

---

208 Vgl. PraxKomm-Grundmann [2011], Art. 494 N 10 ff.

209 Sei es ein Vermächtnisvertrag, ein Erbeinsetzungsvertrag, ein Erbvertrag mit Gegenleistung, ein unentgeltlicher oder ein gegenseitiger Erbvertrag, so Hrubesch-Millauer [2008], a.a.O. [Fn. 19], Rz. 583. Zu den verschiedenen Arten von Erbverträgen vgl. auch die tabellarische Übersicht bei Rumo-Jungo [2010], a.a.O. [Fn. 140], S. 67 ff.; zu den Abgrenzungen zu ähnlichen Instituten PraxKomm-Grundmann [2011], Vorbem. zu Art. 494 ff. N 22 ff.

210 Dieser Schutz erscheint bei entgeltlichen Erbeinsetzungsverträgen als ungenügend, weshalb gefordert wird, dass der Begünstigte analog Art. 514 ZGB vom Vertrag zurücktreten könne. Dazu PraxKomm-Grundmann [2011], Art. 494 N 13.

211 Vgl. BGer 5A_473/2011; PraxKomm-Grundmann [2011], Art. 494 N 19 ff.; BK-Weimar [2009], Art. 494 N 13; Hrubesch-Millauer [2008], a.a.O. [Fn. 19], Rz. 584, m.w.H.; Paul Eitel/Fabienne Elmiger, Die Anfechtungsklage wegen Erbvertragswidrigkeit nach Art. 494 Abs. 3 ZGB, in: Bommer Felix/Berti Stephen V., Verfahrensrecht am Beginn einer neuen Epoche, Festgabe zum Schweizerischen Juristentag 2011 – 150 Jahre Schweizerischer Juristenverein, Luzerner Beiträge zur Rechtswissenschaft, Band 53, Zürich/Basel/Genf 2011, S. 241 ff., 244, m.w.H.; Daniel Abt, Die Anfechtungsklage bei erbvertragswidrigen Verfügungen, in: Anwaltsrevue 11–12/2011, S. 478 f. **A.M.** Rolf Raschein, Die Ungültigkeit der Verfügungen von Todes wegen, Diss. Bern 1954, S. 55, der eine Analogie zur Ungültigkeitsklage gemäss Art. 519 ff. ZGB herstellen will.

212 Vgl. PraxKomm-Grundmann [2011], Art. 494 N 18; Eitel/Elmiger [2011], a.a.O. [Fn. 211], S. 246; Abt [2011], a.a.O. [Fn. 211], S. 479.

Objekt der Anfechtungsklage

99c Nach Art. 494 Abs. 3 ZGB anfechtbar sind diejenigen Verfügungen von Todes wegen und Schenkungen (einschliesslich gemischter Schenkungen), die mit dem Erbvertrag nicht vereinbar sind. Ohne Belang sind demnach Einschränkungen, die sich aus der Fünfjahresfrist gemäss Art. 527 Ziff. 3 ZGB bzw. den Herabsetzungstatbeständen gemäss Art. 527 ZGB ergeben[213]. Dabei geht es nicht nur um Vermögensverschiebungen und Verpflichtungen, die der ursprünglichen Vereinbarung zuwiderlaufen; auch eine Modifikation der Rechtsstellung des Begünstigten (z.B. statt Erbe ist der Begünstigte neu Vermächtnisnehmer, wenn auch in gleicher Höhe) ist mit dem Erbvertrag nicht vereinbar[214]. Geschäfte ohne Schenkungselemente werden demgegenüber nicht von Art. 494 Abs. 3 ZGB erfasst[215]. Schenkungen aus der Zeit vor der Errichtung des Erbvertrags sowie übliche Gelegenheitsgeschenke bleiben ebenfalls unberührt[216].

99d Im einzelnen bedeutet dies[217]:

- Anfechtbar sind alle letztwilligen Verfügungen, soweit sie mit früher errichteten erbvertraglichen Anordnungen kollidieren.
- Enthält der Erbvertrag neben den vertraglichen Vereinbarungen auch testamentarische Klauseln, die durch eine zeitlich spätere (d.h. jüngere) Verfügung des Erblassers abgeändert wurden, so entfällt die Möglichkeit der Anfechtung des späteren Testaments (bzw. der späteren Schenkung) nach Art. 494 Abs. 3 ZGB[218].
- Durch Auslegung des Erbvertrags ist zu ermitteln, ob ältere Testamente des Erblassers durch den Erbvertrag aufgehoben werden oder neben ihm weiterhin Geltung behalten sollen[219].
- Kollidieren die Anordnungen eines früheren und eines späteren Erbvertrags miteinander, so muss der aus dem früheren Bedachte den späteren gegebenenfalls anfechten.
- Pflichtteilsrechte gehen dem Erbvertrag in jedem Fall vor.

---

213 BGE 70 II 255; ABT [2011], a.a.O. [Fn. 211], S. 479.

214 Vgl. HRUBESCH-MILLAUER [2008], a.a.O. [Fn. 19], Rz. 463 ff. Weitere Beispiele bei BK-WEIMAR [2009], Art. 494 N 14.

215 Vgl. BSK ZGB II-BREITSCHMID [2011], Art. 494 N 10 ff.

216 BK-WEIMAR [2009], Art. 494 N 18; BSK ZGB II-BREITSCHMID [2010], Art. 494 N 11.

217 Zum Ganzen BK-WEIMAR [2009], Art. 494 N 12; PraxKomm-GRUNDMANN [2011], Art. 494 N 19 ff.

218 BGE 133 III 406, E. 2.1; RUMO-JUNGO [2010], a.a.O. [Fn. 140], S. 69, Fn. 3, m.w.H.; vgl. auch STEPHANIE HRUBESCH-MILLAUER, Die (Un-)Vereinbarkeit von Schenkungen mit einem positiven Erbvertrag – Eine methodische Betrachtung, in: successio 2008, S. 205 ff., 206 f.; vgl. ferner die Urteilsbesprechungen von STEPHANIE HRUBESCH-MILLAUER, in: AJP 2007 S. 1143 ff., und von PAUL EITEL, in: successio 2008, S. 231 ff.

219 Vgl. auch HRUBESCH-MILLAUER [2008], a.a.O. [Fn. 218], S. 206 f.

Spezialfall Schenkung

Hat der Erblasser in einem Erbvertrag gemäss Art. 494 Abs. 1 ZGB gesamthaft verfügt, so gelten spätere Schenkungen des Erblassers nach der bundesgerichtlichen Rechtsprechung und einem Teil der Lehre als zulässige Verfügungen im Sinne von Art. 494 Abs. 2 ZGB, nicht als Verletzungen des Erbvertrags[220]. Das Bundesgericht hält in diesem Sinne dafür, dass lediglich Schenkungen, die gegen eine entsprechende obligatorische Zusicherung[221] verstossen, rechtsmissbräuchliche Schenkungen oder Schenkungen, die in «manifester» Schädigungsabsicht erfolgt sind, der Anfechtung unterliegen[222]. Diese Meinung differenziert – nach der hier vertretenen Auffassung zu Recht – zwischen dem absoluten Schutz der Pflichtteilsansprüche und dem nicht notwendigerweise gleich weit gehenden Schutz von Anwartschaften (mitunter auch «vertragliche Pflichtteile» genannt) auf der Basis erbvertraglicher Vereinbarungen. Dies lässt es auch angezeigt erscheinen, die Analogie nicht bloss zur Herabsetzungsklage, sondern auch zur paulianischen Anfechtungsklage nach Art. 285 ff. SchKG im Auge zu behalten, wenn eine Disposition des Erblassers nach Art. 494 Abs. 3 SchKG angefochten werden soll. In der neueren Literatur wird demgegenüber auch vertreten, dass sich eine unterschiedliche Behandlung von Verfügungen von Todes wegen und Schenkungen nicht rechtfertigen lasse. Sind sie nicht mit dem Erbvertrag vereinbar, so sind sie nach Art. 494 Abs. 3 ZGB anfechtbar[223] und zwar – im Vergleich zu Art. 527 Ziff. 3 und 4 ZGB – unabhängig von Widerruflichkeit, Zeitpunkt und Umgehungsabsichten[224]. 99e

Gerichtsstand

Am letzten Wohnsitz des Erblassers (Art. 28 Abs. 1 ZPO)[225]. 99f

---

220 BGer 5C.71/2001 vom 28.9.2001, E. 3; BGE 133 III 406, E. 2.1; gl.M. BSK ZGB II-Breitschmid [2010], Art. 494 N 11. Vgl. auch die zusammenfassende Darstellung der bundesgerichtlichen Rechtsprechung bei Eitel/Elmiger [2011], a.a.O. [Fn. 211], S. 249 ff.

221 Sog. «Schutzklausel», die auch unter Bezugnahme auf Art. 27 ZGB als unbedenklich erscheint, solange sie in ihrer Intensität nicht auf einen unbeschränkten oder übermässigen Verzicht auf die wirtschaftliche Verfügungsfreiheit hinausläuft. Vgl. dazu BSK ZGB II-Breitschmid [2010], Art. 494 N 6 ff.; Hrubesch-Millauer [2008], a.a.O. [Fn. 19], Rz. 615 ff. Zum Ganzen auch Stephanie Hrubesch-Millauer, Vorbehaltsklauseln im Erbvertrag – ein Widerspruch?, in: successio 2010, S. 5 ff.

222 Die Schädigungsabsicht ist dabei analog zu Art. 527 Ziff. 4 ZGB zu beurteilen.

223 So Hrubesch-Millauer [2008], a.a.O. [Fn. 218], S. 208 f., m.H. auf die verschiedenen Lehrmeinungen.; vgl. auch PraxKomm-Grundmann [2011], Art. 494 N 22 f.; BK-Weimar [2009], Art. 494 N 17.

224 Eitel/Elmiger [2011], a.a.O. [Fn. 211], S. 268; vgl. auch Abt [2011], a.a.O. [Fn. 211], S. 778.

225 Vgl. Eitel/Elmiger [2011], a.a.O. [Fn. 211], S. 272; Abt [2011], a.a.O. [Fn. 211], S. 478. Siehe auch vorn Rz. 11.

Aktivlegitimation

99g Klageberechtigt ist, wer gestützt auf den Erbvertrag erbrechtliche Ansprüche geltendmachen kann. Aktivlegitimiert ist mithin der begünstigte Vertragspartner, aber auch der nicht am Vertrag beteiligte erbvertraglich begünstigte Dritte[226]. Das Anfechtungsrecht steht jedem Erben bzw. Vermächtnisnehmer einzeln zu[227]. Anders als bei der Herabsetzungsklage gemäss Art. 522 ff. ZGB haben die Gläubiger des erbvertraglich Begünstigten kein Anfechtungsrecht[228]. Der Willensvollstrecker ist ebenfalls nicht aktivlegitimiert[229].

Passivlegitimation

99h Passivlegitimiert ist, wer von der erbvertragswidrigen Verfügung von Todes wegen oder Schenkung profitiert; jeder Begünstigte ist einzeln passivlegitimiert[230]. In der Lehre ist umstritten, ob auch der bösgläubige Dritterwerber mit der Anfechtungsklage nach Art. 494 Abs. 3 ZGB ins Recht gefasst werden kann[231]. Der Willensvollstrecker ist nicht passivlegitimiert[232].

Befristung

99i Vgl. Rz. 77 ff.

Verfahren

99j Vgl. Rz. 79a.

Streitwert

99k Vgl. Rz. 80.

---

226 BGer 5A_473/2011; EITEL/ELMIGER [2011], a.a.O. [Fn. 211], S. 269; ABT [2011], a.a.O. [Fn. 211], S. 479; HRUBESCH-MILLAUER [2008], a.a.O. [Fn. 19], Rz. 587.

227 Vgl. PraxKomm-GRUNDMANN [2011], Art. 494 N 17.

228 Vgl. EITEL/ELMIGER [2011], a.a.O. [Fn. 211], S. 271, mit Hinweis auf den Schutzgedanken von Art. 524 ZGB.

229 ABT [2011], a.a.O.[Fn. 211], S. 479.

230 HRUBESCH-MILLAUER [2008], a.a.O. [Fn. 19], Rz. 587 ff.; EITEL/ELMIGER [2011], a.a.O. [Fn. 211], S. 269 f.; ABT [2011], a.a.O. [Fn. 211], S. 479; **A.M.** BK-TUOR [1952], Art. 494 N 20, der bei der Anfechtung einer Schenkung durch den Erbvertragspartner lediglich eine Schadenersatzklage gegen den Erblasser oder dessen Erben zulassen will.

231 Bejahend BSK ZGB II-BREITSCHMID [2011], Art. 494 N 14, ablehnend EITEL/ELMIGER [2011], a.a.O. [Fn. 211], S. 270, die lediglich eine Schadenersatzklage nach Art. 41 Abs. 2 OR für möglich halten. Gl.M. BK-WEIMAR [2009], Art. 494 N 20.

232 ABT [2011], a.a.O. [Fn. 211], S. 479.

Rechtsbegehren 99l

Lebzeitige Zuwendung als Anfechtungsobjekt:

Es sei die Schenkung der Liegenschaft Grundbuch ... [Ort], Sektion ..., Parzelle ..., gemäss Schenkungsvertrag vom ... durch den Erblasser an den Beklagten dergestalt herabzusetzen, dass der klägerische Anspruch auf ... gemäss Erbvertrag vom ... ungeschmälert erfüllt wird. Es sei der Beklagte demnach zu verurteilen, dem Kläger CHF ... zuzüglich Zins zu 5 % seit Klageeinleitung zu bezahlen.

Verfügung von Todes wegen als Anfechtungsobjekt:

Es sei die Verfügung vom ... zugunsten des Beklagten ungültig zu erklären.

Es seien die Ziff. ... und ... des Erbvertrags zwischen dem Erblasser und dem Beklagten vom ... ungültig zu erklären.

Bei nachträglichem Ausgleichungsdispens als Anfechtungsobjekt:

Es sei der Ausgleichungsdispens des Erblassers vom ... betreffend die Übertragung von 100 Namenaktien der N AG ungültig zu erklären.

Erläuterungen

Die Anfechtungsklage nach Art. 494 Abs. 3 ZGB ist eine Gestaltungsklage bzw. – bei Anfechtung einer lebzeitigen Verfügung – eine Gestaltungsklage verbunden mit einer Leistungsklage[233]. Herauszugeben ist dabei die empfangene Zuwendung, wobei der Gutgläubige gemäss Art. 528 ZGB nur die im Zeitpunkt des Erbgangs noch vorhandene Bereicherung herauszugeben hat[234]. 99m

Die Einräumung eines Wahlrechts des Beklagten, der entweder die in Verletzung erbvertraglicher Verpflichtungen des Erblassers erhaltene Sache zurückgeben oder Wertersatz leisten kann, kann sich empfehlen, sofern ein solches Vorgehen praktisch überhaupt möglich ist, also wenn entweder der Alleinerbe klagt oder sämtliche Erben gemeinsam klagen[235]. Selbst wenn das Gericht lediglich auf Wertersatz erkennt, sollte dies keine Kostenfolgen zulasten der Kläger haben. 99n

233 Abt [2011], a.a.O. [Fn. 211], S. 478; Eitel/Elmiger [2011], a.a.O. [Fn. 211], S. 272 f.
234 BSK ZGB II-Breitschmid [2011], Art. 494 N 15.
235 Vgl. dazu im einzelnen vorn Rz. 68; vgl. auch Abt [2011], a.a.O. [Fn. 211], S. 479.

Exkurs

99o Gemäss Art. 513 Abs. 1 ZGB kann ein Erbvertrag von den Vertragschliessenden jederzeit durch schriftliche Übereinkunft aufgehoben werden[236]. Mit dem Tod einer der Vertragsparteien fällt diese Möglichkeit dahin, womit die getroffene Regelung unabänderlich wird. Das Bundesgericht hat entschieden, dass der vertragliche Charakter und damit die Unwiderruflichkeit lediglich bezüglich von Begünstigungen der andern Vertragspartei und einem engen Kreis weiterer Personen anzunehmen ist, nämlich von Personen, die der Vertragspartei nahe verwandt sind oder in ähnlicher Weise sehr nahestehen. Bei entfernter stehenden Begünstigten gilt die umgekehrte Vermutung der testamentarischen Natur – und damit der späteren einseitigen Widerruflichkeit[237]. Diese einseitige Widerruflichkeit gilt ab Vertragsschluss, nicht erst ab dem Tod einer Vertragspartei.

236 Ausführlich zur Bindungswirkung von Erbverträgen PraxKomm-GRUNDMANN, Vorbem. zu Art. 494 ff. N 36 ff. – Zu den Anforderungen an den Nachweis einer solchen Aufhebung vgl. BGer 5A_473/2011, E. 7.

237 BGer 5A_161/2010 vom 8.7.2010, kritisch besprochen von STEPHANIE HRUBESCH-MILLAUER, in: successio 2011, S. 325 ff. Vgl. auch die Urteilsbesprechung von AYESHA CURMALLY, in: ius.focus 2010/09.

6. Klage auf Feststellung oder Aberkennung der Erbenqualität bestimmter Personen

Vorbemerkung

Die Erbenqualität eingesetzter Erben ergibt sich aus einem Testament oder Erbvertrag. Entsteht darüber ein Streit, so ist er auf dem Weg der Ungültigkeitsklage auszutragen[238]. Die Erbenqualität **gesetzlicher Erben** ist in der Regel nicht streitig, sondern ergibt sich schlüssig aus dem Zivilstandsregister. Streitigkeiten sind denkbar, wenn das Erbrecht aus einem Adoptionsverhältnis unklar ist, wenn einzelne Personen aus Ländern stammen, in denen keine verlässlichen Zivilstandsregister existieren, oder wenn aufgrund komplizierter Verwandtschaftsverhältnisse und Unsicherheiten über das anwendbare (evtl. ausländische) Erbstatut unklar ist, ob eine Person aufgrund ihrer Verwandtschaft zum Kreis der gesetzlichen Erben gehört. – Für die Anfechtung der Enterbung durch den übergangenen Pflichtteilserben vgl. vorn Rz. 60 ff. 100

Gesetzliche Erben können allenfalls mit der Klage auf Feststellung der **Erbunwürdigkeit** vom Nachlass ausgeschlossen werden. Aufgrund von Unklarheiten in der bundesgerichtlichen Rechtsprechung empfiehlt es sich, gegenüber einem eingesetzten erbunwürdigen Erben trotz «Nichtigkeit» der betreffenden Verfügung die Ungültigkeitsklage zu erheben[239]. 101

Erbunwürdig kann nur eine urteils- und schuldfähige, also zivilrechtlich deliktsfähige, nicht jedoch voll geschäftsfähige Person sein[240]. Verliert die betreffende Person später die Deliktsfähigkeit, so bleibt die Erbunwürdigkeit trotzdem bestehen. Die Erbunwürdigkeit gilt nur für den Unwürdigen selbst, nicht für seine Nachkommen (Art. 541 ZGB). Die Verzeihung durch den Erblasser hebt sie auf (Art. 540 Abs. 2 ZGB)[241]. 101a

Gerichtsstand

Am letzten Wohnsitz des Erblassers (Art. 28 Abs. 1 ZPO)[242]. 102

238 Vgl. dazu vorn Rz. 10 ff.

239 BGE 132 III 305; 132 III 315; vgl. dazu PraxKomm-Abt [2011], Art. 540 N 50 f., m.w.H. Vgl. ferner die Urteilsbesprechungen von Peter Breitschmid, in: successio 2007, S. 51 ff., Stephan Wolf/Barbara Ballmer, in: recht 2007, S. 40 ff., Suzette Sandoz, in: Jusletter vom 10. April 2006, und Regina E. Aebi-Müller, in: ZBJV 2007, S. 317 ff., 333 ff., sowie BGE 132 III 455. – Vgl. bereits vorn Rz. 25 f.

240 BGE 74 II 206. Vgl. auch PraxKomm-Abt [2011], Art. 540 N 1 ff., m.w.H.

241 Tuor/Schnyder/Schmid/Rumo-Jungo [2009], § 73 Rz. 3; BSK ZGB II-Schwander [2011], Art. 540 N 27.

242 PraxKomm-Schweizer [2011], Anhang ZPO N 11. Vgl. auch Rz. 11.

Aktivlegitimation

103 Jede Person, die ihre eigene Erbenqualität behauptet oder die Erbberechtigung einer anderen Person bestreitet, selbständig[243].

Passivlegitimation

104 Bei klägerischer Behauptung der Erbenqualität: alle übrigen Erben als notwendige Streitgenossenschaft.

105 Bei Bestreitung der Erbenqualität einer anderen Person: diese andere Person.

Befristung

106 Die Klage auf Feststellung oder Aberkennung der Erbenqualität kann ohne zeitliche Befristung geltendgemacht werden. Ist der Beklagte im Besitz von Nachlasswerten, so müssen die Erben innerhalb der Fristen gemäss Art. 600 ZGB[244] Erbschaftsklage gegen ihn anheben, um die Herausgabe der Erbschaft zu erwirken[245].

Verfahren

106a Da weder der Sachverhalt noch die Rechtslage klar sein dürfte, scheidet die Anwendbarkeit des summarischen Verfahrens auf Rechtsschutz in klaren Fällen gemäss Art. 257 ZPO in den allermeisten Fällen von vornherein aus. Es gelangt somit – streitwertabhängig – entweder das vereinfachte oder das ordentliche Verfahren zur Anwendung.

106b Die **Beweislast** für die Voraussetzungen der Erbunwürdigkeit, eine allfällige Verzeihung oder ein Rechtfertigungsgrund liegt nach Art. 8 ZGB bei der Partei, die daraus Rechte ableitet[246]. Anders als bezüglich der Urteilsunfähigkeit des Erblassers besteht bezüglich der Erbunwürdigkeit des Begünstigten keine Beweislastumkehr[247]. Liegt die Erbunwürdigkeit in einem schlechten Verhalten des Erben gegenüber dem Erblasser zu dessen Lebzeiten, so ist aus dem Fehlen einer testamentarischen Enterbung nicht eine stillschweigende Verzeihung abzuleiten.

---

243 Vgl. PraxKomm-Abt [2011], Art. 540 N 56, m.w.H. Vgl. auch Sutter-Somm/Chevalier [2007], a.a.O. [Fn. 21], S. 35, welche die Aktivlegitimation des Willensvollstreckers befürworten.

244 Vgl. dazu hinten Rz. 126 ff.

245 Für ein Beispiel vgl. BGE 136 III 123 = Pra 2010, Nr. 111.

246 PraxKomm-Abt [2011], Art. 540 N 61 und 62 f., m.w.H.

247 PraxKomm-Abt [2011], Art. 540 N 61a, m.w.H.

Streitwert

Bei der Klage auf Feststellung der Erbenstellung ist Streitwert der potenzielle Prozessgewinn des Klägers im Fall seines Obsiegens, mithin sein Erbteil. Bei der Klage auf Ausschliessung des Beklagten von der Erbschaft ist umgekehrt der Erbteil des *Beklagten* für die Bemessung des Streitwerts massgeblich[248]. Dies deshalb, weil die vorliegende Klage – im Gegensatz zur Ungültigkeitsklage – bewirkt, dass der beklagte Erbe mit Wirkung für alle Erben von der Erbschaft ausscheidet[249]. 107

Ist der Erbunwürdige gesetzlicher Erbe, so treten gemäss Art. 541 ZGB seine Nachkommen an seine Stelle. Vorbehältlich abweichender Verfügungen des Erblassers ändert sich dadurch am Erbteil der übrigen Erben nichts. Nach der hier vertretenen Auffassung bleibt es in dieser Konstellation dabei, dass sich der Streitwert nach dem Erbteil des Beklagten bemisst. 107a

Rechtsbegehren 108

(Feststellung der Erbenstellung infolge Verwandtschaft): *«Es sei festzustellen, dass der Kläger infolge seiner Verwandtschaft gesetzlicher Erbe [z.B.:] zu einem Viertel des am … verstorbenen X.Y. ist.»*

(Ausschluss des Beklagten von der Erbschaft infolge Erbunwürdigkeit): 109
«Es sei festzustellen, dass der Beklagte infolge Erbunwürdigkeit von der Erbschaft des am … verstorbenen X.Y. ausgeschlossen ist.»

Erläuterung

In beiden dargestellten Fällen handelt es sich um Feststellungsklagen. Die Erbunwürdigkeit ist von den mit dem Nachlass befassten Behörden von Amtes wegen auch dann zu berücksichtigen, wenn kein privater Kläger auftritt, also etwa dann, wenn der Alleinerbe den Erblasser vorsätzlich umgebracht hat (Art. 540 Abs. 1 ZGB)[250]. 110

248 Vgl. inzwischen BGer 5A_727/2009, E. 4.3.

249 Vgl. PraxKomm-Abt [2011], Art. 540 N 65a.

250 Vgl. PraxKomm-Abt [2011], Art. 540 N 55, m.w.H.; BSK ZGB II-Schwander [2011], Art. 540 N 22.

7. Erbschaftsklage (Art. 598–600 ZGB)

Vorbemerkung

111 Erbschaftsklage heisst jene Gesamtklage, mit der der Erbe einzelne Erbschaftssachen oder die Erbschaft als Ganze von einem besitzenden Nicht-Erben am «forum hereditatis» innerhalb der besonderen Verjährungsfristen von Art. 600 ZGB herausverlangt. Beruft sich der Beklagte auf eine ungültige Verfügung von Todes wegen, so muss der Kläger diese zuerst anfechten, wobei er die Ungültigkeitsklage[251] mit der Erbschaftsklage verbinden kann[252].

112 Im Prozess gegen den Nicht-Erben können drei Dinge umstritten sein: die Erbenqualität des Klägers, die Nicht-Erbenqualität des Beklagten und die Zugehörigkeit der herausverlangten Sachen zum Nachlass. Der besondere Gerichtsstand und die besondere Verjährungsregelung der Erbschaftsklage erscheinen grundsätzlich nur insofern gerechtfertigt, als sich der Prozess um die Frage der Erbberechtigung der einen oder anderen Partei dreht; nur diesbezüglich hat das Gericht am letzten Wohnsitz des Erblassers besondere Erkenntnismöglichkeiten und drängt sich die Vereinigung aller (Erbschafts-)Prozesse in der Hand des gleichen Gerichts auf[253].

113 Dreht sich der Streit aber darum, ob eine einzelne, bestimmte Sache beim Tod des Erblassers zu dessen Vermögen gehört hatte oder nicht, so ist der besondere Gerichtsstand im Grunde genommen nicht gerechtfertigt. Gleiches gilt für die kurze Verjährungsfrist[254]. Behauptet der Beklagte beispielsweise, die Sache gehöre ihm, weil er sie vom Erblasser zu Lebzeiten geschenkt erhalten habe, so erweist sich der Streit als einer, der vom Erblasser, wenn er selber zu Lebzeiten prozessiert hätte, am Wohnsitz des Beklagten zu führen gewesen wäre. Zu Lebzeiten hätte der Erblasser Eigentum geltend gemacht, die Einwendungen des Beklagten widerlegt und die Sache vindiziert[255]. Warum ein solcher Streit nach dem Tod des Erblassers zur «Erbschaftsklage» werden soll und nun am letzten Wohnsitz des Erblassers ausgetragen werden kann oder muss, ist nicht ersichtlich. Das Bundesgericht qualifiziert aber auch solche Klagen als Erbschaftsklagen, wobei die Zugehörigkeit der umstrittenen Sache zum Nachlass

251 Vgl. dazu vorn Rz. 10 ff., aber auch Rz. 106. Die Kombination mit der Ungültigkeitsklage oder der Klage auf Feststellung der Erbunwürdigkeit kommt namentlich bei erbrechtlichen Zuwendungen an Vertrauenspersonen vor. Vgl. PraxKomm-Abt [2011], Vorbem. zu Art. 598 ff. N 41.

252 BSK ZGB II-Forni/Piatti [2011], Art. 598 N 10; zum Verhältnis zwischen Erbschafts- und Herabsetzungsklage vgl. vorn Rz. 60.

253 Gl.M. PraxKomm-Abt [2011], Vorbem. zu Art. 598 ff. N 4.

254 Vgl. dazu auch hinten Rz. 126.

255 Vgl. Tuor/Schnyder/Schmid/Rumo-Jungo [2009], § 79 Rz. 1 f.

«vorfrageweise» geklärt werde[256]; dies ist eine eigenartige Betrachtungsweise, da ja in solchen Fällen die «Vorfrage» das einzige ist, worüber gestritten wird. Trotzdem lässt sich die bundesgerichtliche Vermengung von Erbschaftsklagen (Streit um das Erbrecht der Prozessparteien) und Sonderklagen (Streit um das ehemalige Eigentum des Erblassers an einer bestimmten Sache oder auch das Bestehen einer Forderung des Erblassers gegen den Beklagten[257]) erklären, und zwar durch eine im Gesetz angelegte Schwierigkeit. Bestimmt man die Identität und damit die rechtliche Qualifikation einer Klage im Sinne des modernen Zivilprozessrechts aufgrund der drei Kriterien (a) der Identität der Parteien, (b) der Identität der Rechtsbegehren und (c) der Identität des Lebensvorgangs, auf welchen der Kläger sein Begehren abstützt[258], so lassen sich Streitigkeiten um das Erbrecht und Streitigkeiten um das ehemalige Eigentumsrecht des Erblassers nicht immer klar auseinanderhalten. Allemal behauptet der Kläger, die umstrittene Sache habe ehemals dem Erblasser gehört, er selber sei Erbe und der Beklagte sei Nicht-Erbe. – Unterschiedlich sind im einen und anderen Fall lediglich die Sachvorbringen des Beklagten: Entweder anerkennt er die Zugehörigkeit der Sache zum Nachlass und behauptet, er habe als Erbe ein besseres Recht daran, oder er bestreitet die Zugehörigkeit zum Nachlass und behauptet, er habe als Nicht-Erbe ein besseres Recht daran[259]. Die Sachvorbringen des Beklagten können jedoch für die Qualifikation der Klage als Erbschaftsklage keine Rolle spielen[260]. Die vorliegende Darstellung folgt daher der bundesgerichtlichen Rechtsprechung und übernimmt den weiten Begriff der Erbschaftsklage. – Dem Kläger steht es im übrigen nach wie vor frei, sich statt auf die Erbschaftsklage auf eine Sonderklage zu berufen, die schon dem Erblasser zustand[261].

114 Zwischen den Miterben können während der Dauer der Erbengemeinschaft keine Erbschaftsklagen über die Herausgabe von Erbschaftssachen geführt werden, da alle Miterben als Gesamthänder gemäss Art. 602 Abs. 1 und 2 ZGB

256 Vgl. BGE 119 II 114, E. 4.a = Pra 1995, Nr. 71; BGE 132 III 677, E. 3.4.5 und 3.5.3; vgl. auch PraxKomm-Abt [2011], Vorbem. zu 598 ff. N 26, sowie die Urteilsbesprechungen von Paul Eitel, in: Aktuelle Anwaltspraxis 2007, S. 154 ff., und Regina E. Aebi-Müller, in: ZBJV 2007, S. 317 ff., 337 ff.

257 Für weitere Beispiele vgl. PraxKomm-Abt [2011], Vorbem. zu Art. 598 ff. N 5 und 14, m.w.H.

258 Vgl. Max Guldener, Schweizerisches Zivilprozessrecht, 3. A., Zürich 1979, S. 199 ff., insbesondere S. 202; Oscar Vogel/Karl Spühler, Grundriss des Zivilprozessrechts und des internationalen Zivilprozessrechts der Schweiz, 8. A., Bern 2006, § 38 Rz. 1 ff.

259 Vgl. Pascal Simonius/Thomas Sutter, Schweizerisches Immobiliarsachenrecht, Basel 1995, S. 387 ff.

260 Vgl. z.B. BGer 4A_249/2009 vom 29.7.2009, E. 2.3.

261 PraxKomm-Abt [2011], Vorbem. zu Art. 598 ff. N 13 ff., m.w.H.; BSK ZGB II-Forni/Piatti [2011], Art. 598 N 1, m.w.H.

das gleiche Recht und die gleiche Pflicht haben, die Erbschaftssachen bis zum Vollzug der Teilung zu besitzen. Hier kommt die (unverjährbare)[262] Erbteilungsklage zur Anwendung[263].

Die beiden ersten Streitgegenstände (Erbenqualität der Parteien) sind am häufigsten dann umstritten, wenn die Gültigkeit eines Testaments im Streit liegt. Dann empfiehlt sich Klagenhäufung im gleichen Verfahren, nämlich vorweg die Klage auf Testamentsanfechtung (Ungültigkeitsklage zwecks Entscheid über die Erbberufung) und anschliessend die Erbschaftsklage auf Herausgabe der Erbschaftssachen – alles in der gleichen Klage[264]. 115

Gemäss Art. 599 Abs. 1 ZGB kann die Erbschaftsklage sowohl als Gesamtklage *«auf Herausgabe der Erbschaft»* als auch als Singularklage *«auf Herausgabe der folgenden Erbschaftssachen ... (Liste oder Bezugnahme auf ein Inventar)»* formuliert werden. Schliesslich ist die Kombination denkbar, nämlich als Begehren auf bestimmte Sachen (alle jene, deren Existenz im Besitz des Beklagten dem Kläger bekannt ist) und zudem *«auf alle übrigen Erbschaftssachen, die der Beklagte in seinem Besitz hat»*. Es gilt im übrigen das Surrogationsprinzip: Ersatzwerte, die an die Stelle von (vermeintlich) ererbten Vermögenswerten getreten sind, unterliegen ebenfalls der Herausgabepflicht gemäss Art. 599 Abs. 1 ZGB[265]. Das Surrogationsprinzip gilt auch bei wiederholter Umschichtung bestimmter Nachlasswerte[266]. Allerdings ist seine Anwendung in der Praxis schwierig: Einerseits wäre es weltfremd, anzunehmen, dass Gegenstände stets eins zu eins ersetzt würden (man denke etwa an ererbte Aktien, die dem eigenen Aktienbestand hinzugefügt und über die Jahre umgeschichtet werden). Anderseits ist es allemal nach Jahr und Tag kaum möglich, zu ermitteln, was Ersatz wofür ist. 116

262 BGE 69 II 366; BGE 75 II 292; PraxKomm-Weibel [2011], Art. 604 N 1 ff. – Vgl. auch hinten Rz. 211.

263 Gl.M. PraxKomm-Abt [2011], Art. 598 N 9, m.w.H.; **a.M.** Thomas Sutter-Somm/Amir Moshe, Die Erbschaftsklage des ZGB, in: successio 2008, S. 268 ff., 274 ff., m.w.H., die eine Erbschaftsklage gegen einen Miterben auf Verschaffung des Mitbesitzes, der Mitverfügung und der Mitverwaltung am gesamten Erbschaftsvermögen zulassen möchten. Vgl. auch hinten Rz. 167 ff.

264 Im bereits erwähnten BGE 119 II 114 ging es ausschliesslich um die Frage, ob der beklagte Nicht-Erbe ein Inhabersparheft von der Erblasserin zu deren Lebzeiten geschenkt erhalten, oder ob er es sich eigenmächtig angeeignet hatte. Die angebliche Schenkung erschien den Gerichten als unglaubwürdig, so dass die Klägerin (die Alleinerbin) im Prozess obsiegte und der Beklagte das Sparheft herausgeben musste. Ein solcher Prozess erweist sich als Geltendmachung eines geerbten Vindikationsanspruchs, nicht als Erbschaftsklage.

265 BGE 116 II 259, 262; BSK ZGB II-Forni/Piatti [2011], Art. 599 N 2 ff.; Tuor/Schnyder/Schmid/Rumo-Jungo [2009], § 79 Rz. 7; **a.M.** Piotet, SPR IV/2 [1981], S. 755 ff. Für internationale Verhältnisse vgl. auch BGE 132 III 677, E. 3.3.

266 Vgl. das Beispiel bei PraxKomm-Abt [2011], Art. 599 N 7.

117 Das Urteil wirkt bezüglich der zur Erbschaft gehörenden Sachen dinglich, wie ein Vindikationsurteil. Mit ihm wird das sachenrechtliche Eigentum der Erbengemeinschaft an der betreffenden Sache festgestellt und der daraus fliessende Herausgabeanspruch der Erben gegenüber dem Beklagten bestätigt.

Gerichtsstand

118 Am letzten Wohnsitz des Erblassers (Art. 28 Abs. 1 ZPO)[267]. – Für die Sonderklage des Erben, die sich auf einen geerbten Rechtsanspruch des Erblassers gegenüber einem Dritten stützt, kann alternativ auch am Wohnsitz des Beklagten geklagt werden[268].

Aktivlegitimation

119 «*Wer als gesetzlicher oder als eingesetzter Erbe ein besseres Recht auf eine Erbschaft oder auf Erbschaftswerte zu haben glaubt als der Besitzer*» (Art. 598 Abs. 1 ZGB). Die Erbeneigenschaft des Klägers muss definitiv sein, kann allerdings im selben Verfahren ebenfalls zu klären sein, wobei sie vom Kläger als definitiv behauptet werden muss[269]. Die Anhebung einer Erbschaftsklage während der Ausschlagungsfrist oder der Dauer der Errichtung eines öffentlichen Inventars führt zur Verwirkung der Ausschlagungsbefugnis des Klägers gemäss Art. 571 Abs. 2 ZGB[270].

120 Ist die Erbengemeinschaft noch nicht durch Teilung aufgelöst, so sind – entgegen dem missverständlichen Wortlaut von Art. 598 ZGB – sämtliche Miterben nur gemeinsam aktivlegitimiert (notwendige aktive Streitgenossenschaft)[271], gegebenenfalls gemeinsam vertreten durch einen Erbenvertreter gemäss Art. 602

267 PraxKomm-Abt [2011], Vorbem. zu Art. 598 ff. N 43; PraxKomm-Schweizer [2011], Anhang ZPO N 11; Sutter-Somm [2010], a.a.O. [Fn. 6], S. 173; Daniel Abt, Probleme um die unentgeltlichen lebzeitigen Zuwendungen an Vertrauenspersonen, in: AJP 2004, S. 1225 ff., 1234; BK-Tuor/Picenoni [1959/1964], Art. 538 N 14; ZK-Escher [1960], Art. 538 N 4; Piotet, SPR IV/2 [1981], S. 553. Vgl. auch Rz. 11. – Für internationale Verhältnisse vgl. hinten Rz. 326 ff.

268 Vgl. BSK ZPO-Martin-Spühler [2010], Art. 28 N 5, m.w.H; PraxKomm-Schweizer [2011], Anhang ZPO N 12; Sutter-Somm/ Moshe [2008], a.a.O. [Fn. 263], S. 285.

269 BGE 136 III 123 = Pra 2010, Nr. 111. Ausführlich zur Kombination der Erbschaftsklage mit anderen erbrechtlichen Klagen PraxKomm-Abt [2011], Vorbem. zu Art. 598 ff. N 13 ff. sowie Art. 598 N 1 ff., jeweils m.w.H.

270 Cour de Justice Genf, 8.5.1980, SemJud 1981, S. 59 ff., 62; unklar BSK ZGB II-Forni/Piatti [2011], Art. 598 N 3, die davon sprechen, dass «i.d.R.» von einer Einmischung auszugehen sei.

271 PraxKomm-Abt [2011], Art. 598 N 6; Abt [2004], a.a.O. [Fn. 267], S. 1234; Druey [2002], § 13 Rz. 49; ZK-Escher [1960], Art. 598 N 3; Guldener [1979], a.a.O. [Fn. 258], S. 297 f. – Im Rubrum sind alle Erben einzeln aufzuführen; es ist mithin keine Sammelbezeichnung zu verwenden oder gar die «Erbengemeinschaft» als Partei aufzuführen. Vgl. dazu auch PraxKomm-Weibel [2011], Art. 602 N 20 ff.

Abs. 3 ZGB, wobei dieser nur Leistung an alle fordern kann[272]. Bei dringlichen prozessualen Vorkehren[273] kann ein einzelner Miterbe fristwahrend gemäss Art. 602 Abs. 2 ZGB als gesetzlicher Vertreter der Erbengemeinschaft handeln[274]; die Zustimmung der anderen ist nachzureichen[275].

121 Als Erbe gilt auch der mit einer Nacherbeneinsetzung beschwerte Vorerbe sowie, freilich erst nach Eintritt der Nacherbfolge, der Nacherbe. Aktivlegitimiert sind zudem der gesetzliche Nutzniesser, der amtliche Erbschaftsverwalter, der Willensvollstrecker sowie die Konkursmasse eines Erben[276].

122 Werden nach abgeschlossener Teilung weitere Erbschaftssachen entdeckt, so besteht diesbezüglich erneut die Erbengemeinschaft als notwendige Streitgenossenschaft, und die Erbschaftsklage ist aufs Neue möglich[277].

123 Nicht zur Erbschaftsklage legitimiert sind Vermächtnisnehmer; sie müssen ihre Ansprüche erforderlichenfalls mit der Vermächtnisklage[278] geltend machen[279].

Passivlegitimation

124 Der besitzende Nichterbe, der die Erbansprüche der Kläger nicht anerkennt[280]. Mehrere Besitzer (wie namentlich die im Grundbuch als Eigentümer eingetra-

272 PraxKomm-Abt [2011], Art. 598 N 7; BSK ZGB II-Forni/Piatti [2011], Art. 598 N 3. Vgl. auch Tuor/Schnyder/Schmid/Rumo-Jungo [2009], § 79 Rz. 3; Sutter-Somm/Moshe [2008], a.a.O. [Fn. 263], S. 281 f.

273 Vgl. insbesondere hinten Rz. 141.

274 BGE 93 II 15; BGE 58 II 195; Jost [1960], S. 153.

275 PraxKomm-Abt [2011], Art. 598 N 7; ausführlich auch Sutter-Somm/Moshe [2008], a.a.O. [Fn. 263], S. 271 ff.

276 PraxKomm-Abt [2011], Art. 598 N 4 f., m.w.H.; BSK ZGB II-Forni/Piatti [2011], Art. 598 N 3 f.; vgl. auch BSK ZGB II-Karrer/Vogt/Leu [2011], Art. 518 N 83; BK-Künzle [2011], Art. 517–518 N 475; Sutter-Somm/Moshe [2008], a.a.O. [Fn. 263], S. 278 ff. Ausführlich auch Sutter-Somm/Chevalier [2007], a.a.O. [Fn. 21], S. 27 ff.

277 Sutter-Somm/Moshe [2008], a.a.O. [Fn. 263], S. 270.

278 Vgl. hinten Rz. 252 ff.

279 Art. 484, 562 und 601 ZGB, vgl. PraxKomm-Abt [2011], Art. 598 N 5; Druey [2002], § 13 Rz. 50.

280 Vgl. PraxKomm-Abt [2011], Art. 598 N 9; Abt [2004], a.a.O. [Fn. 267], S. 1234; Druey [2002], § 13 Rz. 51; BSK ZGB II-Forni/Piatti [2011], Art. 598 N 6; Tuor/Schnyder/Schmid/Rumo-Jungo [2009], § 79 Rz. 3; Sutter-Somm/Moshe [2008], a.a.O. [Fn. 263], S. 282 ff. – Behauptet der Kläger, alleiniger eingesetzter Erbe zu sein, und verlangt er dementsprechend auch die Eintragung als Alleineigentümer im Grundbuch, muss sich seine Klage gegen sämtliche gesetzlichen Erben richten (notwendige passive Streitgenossenschaft). Vgl. BGE 136 III 123 = Pra 2010, Nr. 111. Anmerkungen dazu von Alexandra Rumo-Jungo, in: successio 2010, S. 294 ff. – Der Erbschaftsverwalter und der Willensvollstrecker, die zugleich Erben sind, können nicht mit der Erbschaftsklage belangt werden (PraxKomm-Abt [2011], Art. 598 N 13). Die Erben müssen stattdessen bei der zuständigen Behörde die Aufhebung der Verwaltung bzw. die Absetzung des Willensvollstreckers (vgl. dazu hinten Rz. 307) verlangen (BGE 90 II 376, 383; BSK ZGB II-For-

genen Beklagten) sind als notwendige passive Streitgenossenschaft zu belangen[281].

125 Vorübergehender Verlust des Besitzes, insbesondere wegen sichernder Massnahmen (z.B. vorsorgliche Sperrung eines Sparhefts durch die Bank), hebt die Passivlegitimation nicht auf[282].

Befristung

126 Ist die Berufung des Klägers zur Erbschaft anerkannt und nur das geerbte Eigentumsrecht streitig, so gelten für die Befristung der Klage die grundsätzliche Unverjährbarkeit des Eigentums (zugunsten des Klägers) und – freilich mit Einschränkungen[283] – die sachenrechtlichen Ersitzungsregeln (zugunsten des Beklagten). Der Erbe kann die (vorbehältlich der Ersitzung unverjährbare) Eigentumsklage nach Art. 641 Abs. 2 ZGB auch dann anstrengen, wenn die Erbschaftsklage verwirkt ist. Er verliert dabei lediglich die mit der Erbschaftsklage verbundenen Privilegien, namentlich die Möglichkeit der Gesamtklage, die dingliche Surrogation des Kaufpreises, wenn der Beklagte die Liegenschaft verkauft hat, und den einheitlichen Gerichtsstand[284]. Ist hingegen die Berufung des Klägers zur Erbschaft streitig (Erbschaftsklage), so gelten zusätzlich die Klagefristen gemäss Art. 600 Abs. 1 ZGB (ein Jahr seit Kenntnis, längstens zehn Jahre), sofern sie kürzer sind als die sachenrechtlichen Fristen.

127 Art. 600 ZGB statuiert gemäss einer Lehrmeinung nach Art. 135 OR unterbrechbare Verjährungsfristen[285], gemäss einer anderen prozessrechtliche Fristen[286] und gemäss einer dritten Verwirkungsfristen[287]. Da die «Verjährung» der Erbschaftsklage derjenigen der Ungültigkeits- und der Herabsetzungsklage[288] nachgebildet ist, ist die letztere Ansicht vorzuziehen, mithin von **Verwirkungs-**

NI/PIATTI [2011], Art. 598 N 8).

281 PraxKomm-ABT [2011], Art. 598 N 9a, m.w.H.

282 BGE 119 II 117, E. 4.b; BGE 56 II 258, E. 2; PraxKomm-ABT [2011], Art. 598 N 10, m.w.H.

283 Vgl. hinten Rz. 128.

284 ZK-ESCHER [1960], Art. 600 N 8; BSK ZGB II-FORNI/PIATTI [2011], Art. 600 N 7; PIOTET, SPR IV/2 [1981], S. 746; BK-TUOR/PICENONI [1959/1964], Art. 600 N 12; **a.M.** Appellationsgericht Basel-Stadt, BJM 1982, S. 132; KARL SPIRO, Die Begrenzung privater Rechte durch Verjährungs-, Verwirkungs- und Fatalfristen, Bern 1975, Band II, S. 1495, der annimmt, dass der Besitzer durch die Verjährung das behauptete und ausgeübte Recht und das Erbrecht ersitze.

285 BK-TUOR/PICENONI [1959/1964], Art. 600 N 1 und N 14; TUOR/SCHNYDER/SCHMID/RUMO-JUNGO [2009], § 79 Rz. 4.

286 PIOTET, SPR IV/2 [1978], S. 747 f.

287 ABT [2004], a.a.O. [Fn. 267], S. 1234; PETER NABHOLZ, Verjährung und Verwirkung als Rechtsuntergangsgründe infolge Zeitablaufs, Diss. Zürich 1961, S. 187 ff.; BSK ZGB II-FORNI/PIATTI [2011], Art. 600 N 2, wobei letztere solches explizit nur für die einjährige Frist äussern.

288 Vgl. dazu vorn Rz. 17 und 77 ff.

fristen auszugehen[289], die weder unterbrochen werden noch ruhen können. Auch ein «Verjährungsverzicht» oder eine einvernehmliche Fristverlängerung ist ausgeschlossen. Dabei gilt:

- Die einjährige relative Frist beginnt mit wirklicher und zuverlässiger Kenntnis des Todes des Erblassers, der Erbberufung und des Besitzes der Erbschaftsgegenstände durch den Beklagten[290]. Die Frist muss gesondert für jede einzelne Erbschaftssache ermittelt werden[291]. Ist eine Klage mit präjudizieller Wirkung wie die Ungültigkeits- oder die Herabsetzungsklage noch nicht verwirkt, so beginnt die einjährige Verwirkungsfrist für die Erbschaftsklage erst mit dem rechtskräftigen Urteil über die betreffende Klage[292] (was freilich eine Klagenhäufung, also die gleichzeitige Geltendmachung der Erbschaftsklage mit der Ungültigkeits- bzw. Herabsetzungsklage, nicht ausschliesst)[293]. Umgekehrt kommt die Erbschaftsklage selbst bei noch laufender Klagefrist nicht mehr in Betracht, wenn die Ungültigkeits- oder die Herabsetzungsklage, die unterschiedliche Voraussetzungen für den Beginn der relativen Frist kennen, bereits verwirkt sind[294].
- Die zehnjährige absolute Frist beginnt bei letztwilligen Verfügungen mit deren amtlicher Veröffentlichung, bei Erbverträgen und bei Intestaterbfolge mit dem Tod des Erblassers[295].
- Bei Bösgläubigkeit des Bedachten – selbst wenn sie nicht von Anfang an bestand, sondern erst im Verlauf der Ein- bzw. Zehnjahresfrist eingetreten sein sollte – gilt nur die im gleichen Zeitpunkt wie die zehnjährige beginnende dreissigjährige Frist[296].

Während der zehnjährigen Klagefrist kann die Ersitzung von Erbschaftsgegenständen nicht gegen die Erbschaftsklage angerufen werden (Art. 599 Abs. 2 ZGB). Der Tod des Erblassers kann allerdings den Eigentumserwerb durch Ersitzung seitens des gutgläubigen Besitzers (des Beklagten) nicht hinauszögern; 128

289 Gl.M. Sutter-Somm/Moshe [2008], a.a.O. [Fn. 263], S. 288, m.w.H. Vgl. PraxKomm-Abt [2011], Art. 600 N 2.

290 Vgl. BSK ZGB II-Forni/Piatti [2011], Art. 600 N 3; BK-Tuor/Picenoni [1959/1964], Art. 600 N 2; Cour Civile Neuchâtel, 6. Februar 2009, RJN 2009, S. 109.

291 PraxKomm-Abt [2011], Art. 600 N 3; ZK-Escher [1960], Art. 600 N 2; BSK ZGB II-Forni/Piatti [2011], Art. 600 N 3; BK-Tuor/Picenoni [1959/1964], Art. 600 N 4.

292 PraxKomm-Abt [2011], Art. 600 N 4; BSK ZGB II-Forni/Piatti [2011], Art. 600 N 6; Piotet, SPR IV/2 [1981], S. 745 f.; **a.M.** BK-Tuor/Picenoni [1959/1964], Art. 600 N 10, gemäss denen die zuverlässige Kenntnis des besseren Rechts bei entgegenstehenden Verfügungen nicht deren gerichtliche Ungültigerklärung voraussetzt.

293 PraxKomm-Abt [2011], Art. 600 N 4.

294 PraxKomm-Abt [2011], Art. 600 N 4; BSK ZGB II-Forni/Piatti [2011], Art. 600 N 6.

295 PraxKomm-Abt [2011], Art. 600 N 9; BSK ZGB II-Forni/Piatti [2011], Art. 600 N 4; BK-Tuor/Picenoni [1959/1964], Art. 600 N 5; vgl. auch Piotet, SPR IV/2 [1981], S. 719 und 744.

296 PraxKomm-Abt [2011], Art. 600 N 10 sowie 11 ff., m.w.H.; ZK-Escher [1960], Art. 600 N 3 i.V.m. ZK-Escher [1959], Art. 521 N 9; vgl. auch BSK ZGB II-Forni/Piatti [2011], Art. 600 N 5; BK-Tuor/Picenoni [1959/1964], Art. 600 N 4 und N 6.

er kann nicht die Rechtsstellung des Klägers verbessern, indem er dem Erben einen Vindikationsanspruch, der dem Erblasser wegen Ersitzung bereits verloren war, erneut verschafft. Umstritten ist, ob Art. 599 Abs. 2 ZGB die Ersitzung nur gegenüber dem Erbschaftskläger[297] oder insgesamt, also auch gegenüber Sonderklagen der Erben, ausschliesst, solange die Verwirkungsfrist der Erbschaftsklage läuft[298].

129 Die Klage auf Rückerstattung eines fälschlicherweise ausgerichteten Legats ist keine Erbschaftsklage, sondern bei einem Sachlegat eine Vindikationsklage, bei einem Geldlegat eine Klage aus ungerechtfertigter Bereicherung. Sie untersteht daher nicht der Befristung der Erbschaftsklage, sondern der Verjährung gemäss Art. 67 OR[299].

Verfahren

129a Da weder der Sachverhalt noch die Rechtslage klar sein dürfte, scheidet die Anwendbarkeit des summarischen Verfahrens auf Rechtsschutz in klaren Fällen gemäss Art. 257 ZPO in den meisten Fällen von vornherein aus. Es gelangt somit – streitwertabhängig – entweder das vereinfachte oder das ordentliche Verfahren zur Anwendung. Gemäss Art. 62 ZPO begründet bereits die Einreichung eines Schlichtungsgesuchs nach Art. 197 ff. ZPO Rechtshängigkeit und wirkt damit fristwahrend. Die Klage muss sodann innert dreier Monate nach Ausstellung der Klagebewilligung beim Gericht eingereicht werden (Art. 209 Abs. 3 ZPO), damit die Rechtshängigkeit erhalten bleibt (was für die Wahrung von Verwirkungsfristen wie jener nach Art. 600 ZGB von entscheidender Bedeutung ist).

Streitwert

130 Der Nettowert der von der Klage erfassten Aktiven und Passiven.

297 So ZK-Escher [1960], Art. 599 N 25; BK-Tuor/Picenoni [1959/1964], Vorbemerkungen zu Art. 598–601 N 17; wohl auch Tuor/Schnyder/Schmid/Rumo-Jungo [2009], § 79 Rz. 8; PraxKomm-Abt [2011], Art. 599 N 21; Sutter-Somm/Moshe [2008], a.a.O. [Fn. 263], S. 295.

298 BSK ZGB II-Forni/Piatti [2011], Art. 599 N 10; Piotet, SPR IV/2 [1981], S. 746 f.

299 BGE 130 III 547, E. 2.

Rechtsbegehren 131

Variante 1: Kombinierte Gesamt- und Singularklage des Alleinerben gegen einen Beklagten, der aufgrund eines ungültigen Testaments seinerseits als eingesetzter Alleinerbe den ganzen Nachlass behändigt hatte (bei einer Mehrheit von Miterben und Putativ-Miterben auf der Kläger- oder Beklagtenseite sind Pluralformen zu wählen):

«1. Der Beklagte sei zu verurteilen, dem Kläger

a) die Erbschaftssachen A, B, C [soweit eine Herausgabe im Sinne von Besitzübertragung möglich ist],

b) alle weiteren in seinem Besitz befindlichen Sachen und Rechte, die zur Erbschaft des am … verstorbenen X gehören, sowie

c) alle Surrogate (Ersatzgegenstände), die der Beklagte seit Besitzerwerb der Erbschaft anstelle veräusserter oder untergegangener Erbschaftssachen erworben hat,

herauszugeben sowie CHF … für die während seiner Besitzdauer entstandenen Verluste und Schäden an Erbschaftssachen und -rechten sowie den erzielten oder versäumten Ertrag ab Klageeinleitung zu bezahlen.

2. Das Grundbuchamt G sei anzuweisen, den Beklagten als Eigentümer der Parzelle Grundbuch … [Ort], Sektion …, Parzelle …, zu löschen und den Kläger K als neuen Eigentümer einzutragen.

3. Das Institut für Geistiges Eigentum, Einsteinstrasse 2, 3003 Bern, sei anzuweisen, den Beklagten als Patentinhaber für das Patent P/die Marke M/das Design D zu löschen und den Kläger als Inhaber einzutragen.

4. Die Bank B, [Adresse], sei anzuweisen, den Beklagten als Inhaber des Kontos 124.456 zu löschen und davon Vormerk zu nehmen, dass der Kläger der Erbe von E und damit an den auf dem Konto vorhandenen Vermögenswerten berechtigt ist.

5. Das Handelsregisteramt H sei anzuweisen, den Beklagten als Gesellschafter der Streit & Partner, Kollektivgesellschaft, mit Sitz in [Ort], zu löschen und den Kläger als Gesellschafter einzutragen.»

Variante 2: Singularklage gegen einen Beklagten, der keinen erbrechtlichen Erwerb behauptet: 132

«Der Beklagte sei zu verurteilen, dem Kläger die Sache A herauszugeben.»

Erläuterung

133 Eine reine Gesamtklage ist gemäss Gesetz zulässig, hat aber wenig praktischen Sinn. Die Zivilrechtspflege hilft dem Kläger nicht, Erbschaftssachen aufzufinden. Was ihm verborgen bleibt, das kann er faktisch nicht erstreiten. Daran ändert auch ein wohlklingendes Urteil auf «Herausgabe der gesamten Erbschaft des X» nichts.

134 Die Berufung und Nicht-Berufung der Parteien zur Erbschaft ist, sofern streitig, in einer *Gestaltungsklage* (im Fall der Testamentsanfechtung) oder in einer *Feststellungsklage* (im Fall des Streits um die gesetzliche Erbberechtigung und die Quotenberechtigung oder im Fall eines Streits um die Auslegung eines als gültig anerkannten Testaments) geltend zu machen. Die Gestaltungs- oder Feststellungsklage kann separat erhoben werden oder auf dem Wege der Klagenhäufung zusammen mit der Erbschaftsklage[300].

135 Sind die Erbenqualitäten der Parteien nicht streitig, so ist ein einleitendes Feststellungsbegehren (z.B.: «*Es sei festzustellen, dass der Kläger Erbe ist, bzw. dass der Beklagte nicht Erbe ist*») überflüssig, aber unschädlich.

136 Dass der Kläger bei Erstreitung seiner Erbenstellung (etwa durch Testamentsanfechtung) auch die Nachlassschulden übernehmen muss, versteht sich von selbst und braucht im Rechtsbegehren der Erbschaftsklage nicht erwähnt zu werden. Der Beklagte hat die Schuldenbefreiung gegebenenfalls einredeweise geltend zu machen, worauf sich der Kläger in der Replik bei seiner Bereitschaft behaften lassen kann, die Nachlassschulden zu übernehmen.

137 Für die im Urteil zugesprochenen Gegenstände entsteht *res iudicata*. Die abstrakte Zusprechung «der Erbschaft» schafft aber nicht *res iudicata* für später entdeckte Erbschaftssachen, deren Zugehörigkeit zur Erbschaft vom Beklagten bestritten wird. Entdeckt der Kläger solche Sachen, so kann er erneut auf deren Herausgabe klagen[301]. Anerkennt der Beklagte die Zugehörigkeit einer Sache zur Erbschaft, so fällt deren Behändigung durch den ehemaligen Kläger in den Bereich der Vollstreckung des ergangenen Gesamturteils[302].

---

300 Vgl. PraxKomm-Abt [2011], Vorbem. zu Art. 598 ff. N 13 ff.; BSK ZGB II-Forni/Piatti [2011], Art. 598 N 10; vgl. bereits vorn Rz. 111.

301 **A.M.** Sutter-Somm/Moshe [2008], a.a.O. [Fn. 263], S. 286.

302 Gl.M. PraxKomm-Abt [2011], Art. 599 N 2; **a.M.** Patrick Somm, Die Erbschaftsklage des Schweizerischen Zivilgesetzbuches, Diss. Basel 1994, S. 44, Fn. 217. Sutter-Somm/Moshe [2008], a.a.O. [Fn. 263], S. 286, halten dafür, dass mit Gutheissung der Gesamtklage *res iudicata*-Wirkung eintrete und der Erbe neu auftauchende Erbschaftssachen direkt im Vollstreckungsverfahren herausverlangen könne (bzw. müsse).

Der Rechtsbehelf gegen Miterben auf Herausgabe von im Rahmen der Teilung zugewiesenen Erbschaftssachen nach Abschluss des Teilungsvertrags oder nach Rechtskraft eines Teilungsurteils ist keine Erbschaftsklage, sondern eine Klage auf Durchsetzung des Teilungsvertrags bzw. ein Antrag auf Vollstreckung des Teilungsurteils[303]. 138

Die klageweise Geltendmachung des «*erzielten oder versäumten Ertrags ab Klageeinleitung*» vermag dem Kläger regelmässig kein vollstreckbares Urteil im Sinne eines definitiven Rechtsöffnungstitels zu verschaffen. Man denke etwa an jährlich unterschiedlich hoch ausfallende Dividenden auf Aktien. Hier muss sich der Kläger womöglich mit Klageänderungen oder einem Nachklagevorbehalt behelfen, will er nicht ein Nichteintreten durch das Gericht zufolge mangelhafter Substantiierung (dieses Teils) des Rechtsbegehrens riskieren. 138a

Die Rechtsbegehren Nr. 2–4 zielen ab auf unmittelbare gerichtliche Urteilsvollstreckung. Ohne solche Begehren muss sich der Kläger selber um die Vollstreckung kümmern und sich mit dem gemäss Rechtsbegehren Nr. 1 erstrittenen Urteil ans Grundbuchamt, ans Institut für Geistiges Eigentum und an die Bank wenden. Dann fallen ihm die Grundbuchgebühren zu (sofern er nicht in einem zusätzlichen Rechtsbegehren vorausschauend die Verurteilung des Beklagten zur Tragung der Grundbuchgebühren verlangt hat). Wird das Gericht selber gemäss den Begehren 2–4 tätig, so gehen die Gebührenrechnungen ans Gericht und werden, als Teil der Gerichtsgebührenrechnung, automatisch dem Beklagten überbunden[304]. 139

Das Rechtsbegehren Nr. 4 zielt nicht darauf ab, durch das Urteil ein neues Vertragsverhältnis (Kontobeziehung) zwischen Kläger und Bank zu schaffen (dies könnte durch das Urteil nicht bewirkt werden), sondern auf die autoritative Feststellung, dass der Kläger seit dem Tod des Erblassers der wirtschaftlich Berechtigte an den auf einem Konto verbuchten Vermögenswerten ist, und zwar von Gesetzes wegen kraft Erbgang und Universalsukzession. Mehrere Erben sind an den Vermögenswerten gesamthänderisch berechtigt. Wie bei der Grundbuchberichtigung (Rechtsbegehren 2) handelt es sich auch gegenüber der Bank bloss um eine Berichtigung gemäss der wirklichen Rechtslage, nicht um eine gerichtliche Rechtsgestaltung. Da sich Banken mitunter mit der blossen Umschreibung von Konti und Depots schwertun, ist es vorsichtiger, die Bank anweisen zu lassen, von der wirtschaftlichen Berechtigung des Klägers an den Vermögenswerten Vormerk zu nehmen. Auf diese Weise steht es der Bank 140

303 BGE 69 II 366 f.; vgl. dazu hinten Rz. 231 ff.
304 Vgl. Piotet, SPR IV/2 [1981], S. 779.

frei, entweder das Konto umzuschreiben oder stattdessen die Kontowerte gemäss den Weisungen des Klägers anderswohin zu überweisen.

141 Mit der Einführung der Schweizerischen Zivilprozessordnung per 1. Januar 2011 wurde Art. 598 Abs. 2 ZGB gestrichen. Die Regelung der (super-)provisorischen Massnahmen findet sich nunmehr in Art. 261 ff. ZPO. Gemäss Art. 261 ZPO trifft das Gericht[305] auf Verlangen des Klägers die notwendigen vorsorglichen Massnahmen (z.B. die Anordnung von Sicherstellung oder die Ermächtigung zu einer Vormerkung im Grundbuch gemäss Art. 262 lit c. ZPO i.V.m. 960 Abs. 1 Ziff. 1 ZGB), wenn der Kläger begründeten Anlass zur Annahme hat, dass der Vermächtnisbeschwerte anderweitig darüber verfügen könnte[306]. Der gesetzliche Katalog von Art. 262 ZPO ist dabei *nicht abschliessend* zu verstehen, sondern es können beispielsweise auch die Aufnahme eines Inventars, eine Hinterlegung, die Übergabe an eine Amtsstelle, eine Erbschaftsverwaltung oder ein Veräusserungsverbot ausgesprochen werden. Die örtliche Zuständigkeit ergibt sich dabei aus Art. 13 ZPO oder alternativ aus Art. 28 Abs. 2 ZPO, wobei diese Gerichtsstände im Vergleich zu Art. 28 Abs. 1 ZPO zwingender Natur sind[307].

141a Art. 269 lit. b ZPO enthält einen ausdrücklichen Vorbehalt zugunsten der erbrechtlichen Sicherungsmassregeln des ZGB (Art. 551 ff., 594 Abs. 2, 602 Abs. 3 und 604 Abs. 3 ZGB). Bei diesen handelt es sich nicht um Massnahmen des einstweiligen Rechtsschutzes i.S.v. Art. 261 ff. ZPO, sondern um sog. Schutzrechte[308]. Abgrenzungsschwierigkeiten zwischen den Bestimmungen der ZPO und des ZGB entstehen dann, wenn das Gesuch um Erlass vorsorglicher Mass-

305 In Basel-Stadt ist gemäss § 3 Abs. 1 i.V.m. § 9 Abs. 2 Ziff. 1 lit. c EG ZPO das Präsidium des in der Hauptsache zuständigen Gerichts als Einzelrichter für die Sicherstellungsbegehren des Erbschaftsklägers zuständig; es entscheidet auf einseitiges Begehren, hört die Parteien jedoch an, wenn keine Gefahr im Verzug ist. Die unterliegende Partei kann den Entscheid innert zehn Tagen nach erfolgter Präsidialverfügung gemäss Art. 308 Abs. 1 lit. b ZPO mit Berufung bzw. nach Art. 319 lit a ZPO mit Beschwerde (je nachdem, ob der Streitwert von CHF 10 000.00 erreicht ist oder nicht) an das Appellationsgericht weiterziehen (§ 10 Abs. 1 EG ZPO), dessen Entscheid wiederum mit Beschwerde in Zivilsachen gemäss Art. 72 ff. BGG anfechtbar ist. In Basel-Landschaft entscheidet erstinstanzlich das Bezirksgerichtspräsidium (§ 3 Abs. 1 EG ZGB), zweitinstanzlich das Präsidium der Abteilung Zivilrecht des Kantonsgerichts (§ 5 Abs. 1 lit. a und b EG ZPO). Vgl. zum Ganzen PraxKomm-Schweizer [2011], Anhang ZPO N 71 ff.

306 BGE 122 III 213. Nach Art. 261 ZPO muss der Gesuchsteller glaubhaft machen, dass ein ihm zustehender Anspruch verletzt ist oder eine Verletzung zu befürchten ist und ihm aus der Verletzung ein nicht leicht wieder gutzumachender Nachteil droht. Vgl. im Einzelnen PraxKomm-Schweizer [2011], Anhang ZPO N 57 ff.

307 Vgl. PraxKomm-Schweizer [2011], Anhang ZPO N 40 und 55. Gl.M. Zürcher, in: Sutter-Somm/Hasenböhler/ Leuenberger [2010], Art. 28 N 29. Dieselben Bestimmungen legen auch die Zuständigkeit für die Sicherungsmassregeln des ZGB fest.

308 Vgl. PraxKomm-Schweizer [2011], Anhang ZPO N 51 ff.

nahmen vor Rechtshängigkeit der erbrechtlichen Klage gestellt wird. Dies deshalb, weil die nach der ZPO zur Verfügung stehenden Instrumente mit den Sicherungsmassnahmen des ZGB einer erbrechtlichen Streitigkeit teilweise inhaltlich übereinstimmen (so z.B. die Aufnahme eines Inventars nach Art. 553 ZGB oder die Anordnung einer Erbschaftsverwaltung nach Art. 554 ZGB[309]). Es stellt sich damit die Frage, ob der Gesuchsteller in diesen Fällen nach seiner Wahl das Gericht oder die zuständige Behörde anrufen kann; nach der hier vertretenen Auffassung ist diese Frage zu bejahen. Wählt er den Gang an das Gericht, so hat er beispielsweise einen Kostenvorschuss zu leisten (Art. 98 ZPO) und muss die Prosekutionsfrist nach Art. 263 ZPO wahren. Demgegenüber bleiben die Massnahmen des ZGB so lange bestehen, bis der Grund für ihren Erlass weggefallen ist[310].

309 Soweit bereits eine zum Zwecke der Sicherung des Erbgangs ernannte Erbschaftsverwaltung besteht, ist die Anordnung von gerichtlichen Sicherungsmassregeln gemäss Art. 261 ff. ZPO ausgeschlossen. Vgl. dazu BSK ZGB II-Forni/Piatti [2011], Art. 598 N 12.

310 Vgl. PraxKomm-Schweizer [2011], Anhang ZPO N 53.

8. Ausgleichungsklage (Art. 626 ff. ZGB)

Vorbemerkung

Die Ausgleichung verschafft dem Grundsatz der Gleichbehandlung der gesetzlichen Erben Nachachtung. Bei ihr werden lebzeitige unentgeltliche oder teilweise unentgeltliche Zuwendungen[311] des Erblassers an Erben, welche der Erblasser tatsächlich oder gemäss der gesetzlichen Vermutung zur Ausgleichung bringen wollte, rechnerisch dem Nachlass zugerechnet. Anhand der so bestimmten Teilungsmasse werden die Erbteile ermittelt, bevor die Erbteilung durchgeführt wird[312]. Art. 626 ZGB ist dispositiver Natur, so dass der Erblasser durch Ausgleichungsdispens bzw. Nichtanordnung der Ausgleichung von den gesetzlichen Vermutungen – und damit von der Gleichbehandlung seiner Erben – abweichen kann[313]. Ausgleichungspflichtig ist von vornherein nur, wer zum Zeitpunkt des Erbgangs Erbe ist. Der Ausgleichung entgeht demnach, wer auf die Erbschaft verzichtet (Art. 495 ZGB), sie ausschlägt (Art. 566 ff. ZGB), enterbt wurde (Art. 477 ff. ZGB) oder erbunwürdig ist (Art. 540 ZGB). Zu beachten ist dabei, dass die Ausgleichungspflicht in diesen Fällen gemäss Art. 627 ZGB auf die Ersatzerben übergeht. 142

Der häufigste Schauplatz von Ausgleichungsstreitigkeiten ist der Konflikt zwischen Geschwistern. Wo immer sich Kinder von ihren Eltern schlechter als ihre Geschwister behandelt fühlen, ist der Keim zum Geschwisterstreit gelegt. Die biblische Geschichte von Kain und Abel, die im Brudermord endete, illustriert dies. Ausgleichungsstreitigkeiten zwischen Geschwistern gehören zu den emotionsgeladensten und damit unangenehmsten Auseinandersetzungen, denen Parteien, Anwälte und Gerichte begegnen. Die Hauptschwierigkeit für den Kläger liegt meist in der Beweislage. Die vermuteten Zuwendungen der Eltern an seine Geschwister liegen zuweilen mehrere Jahrzehnte zurück. Die Eltern und die begünstigten Geschwister mögen die Beweismittel absichtlich oder unabsichtlich beseitigt haben. Ist die Übertragung etwa eines Grundstücks oder des elterlichen Geschäfts auf einen von mehreren Nachkommen beweisbar, und wurde seitens des übernehmenden Miterben damals ein Preis bezahlt (oder vom Elternteil mindestens dafür quittiert), dann mag unbeweisbar bleiben, ob und in welchem Umfang der damalige Kauf einen verdeckten Mehrwert unabgegolten liess, mithin eine gemischte Schenkung darstellte. Wurde die damalige Übertragung als einfacher Kauf dargestellt, dann liegt die Beweislast für die Schenkung stiller Reserven beim Ausgleichungskläger. Fehlen 143

311 Zum (unscharfen) Begriff der «Zuwendungen» vgl. Druey [2002], § 7 Rz. 29 ff.; BK-Eitel [2004], Art. 626 N 17 ff.

312 BGE 131 III 49, E. 4.3.2. Vgl. auch BK-Eitel [2004], Art. 628 N 12.

313 Vgl. z.B. BGer 5C.202/2006 bzw. die Urteilsbesprechung von Alexandra Zeiter, in: successio 2007, S. 268 ff.

ihm Bewertungsunterlagen aus der damaligen Zeit, so ist seine Ausgleichungsklage nur erschwert möglich, nämlich anhand von historischen Schätzungen. Auch wenn die Eltern über ihre Leistungen an die Kinder Buch geführt und Quittungen aufbewahrt haben, sind solche Sammlungen oft unvollständig. Die Lücken können verschiedene Gründe haben: Entweder wollten die Eltern bestimmte Leistungen bewusst nicht ausgeglichen sehen und verzichteten aus diesem Grund auf ihre Dokumentierung, oder die Lücke entstand aus Nachlässigkeit oder gar, weil ein interessierter Erbe die ihn belastenden Teile der elterlichen Dokumentensammlung beseitigt hat. So kann sich ein den Eltern geographisch entfernter Erbe plötzlich mit Ausgleichungsforderungen von Geschwistern konfrontiert sehen, die mit den Eltern in Hausgemeinschaft gelebt hatten oder ihnen sonstwie näher standen, und dies, obwohl er in guten Treuen überzeugt ist, dass er am wenigsten, die anderen viel mehr zugewendet erhalten haben. Bloss fehlen alle schriftlichen Belege für die Zuwendungen an die anderen, wogegen sich alles, was ihn belastet, fein säuberlich dokumentiert findet. Die Beweisschwierigkeiten sind schliesslich in vielen Fällen auch dadurch begründet, dass die Eltern im Verhältnis zu ihren Kindern eine natürliche Abneigung empfinden, über ihre Zuwendungen Rechenschaft abzulegen. Eltern fühlen sich gegenüber ihren Kindern autonom. Wenn sie dem einen etwas geben, so geht dies gemäss einer natürlichen Empfindung mancher Elternteile die andern Kinder nichts an. Die Eltern wissen selber am besten, was gerecht ist, und mögen sich von ihren Nachkommen weder Vorschriften machen noch in die Karten schauen lassen. So unterbleibt in vielen Fällen nicht nur die Dokumentation der Zuwendungen, sondern auch die schriftliche Anordnung der Unterwerfung unter die Ausgleichungspflicht oder des Dispenses davon. Die erbrechtliche Ausgleichung unterschiedlicher Zuwendungen ist ein Thema, das manche Eltern nicht anrühren mögen.

144 Da mittlerweile Judikatur und Literatur zu diversen ausgleichungsrechtlichen Fragen ein derartiges Durcheinander der Meinungen – und damit eine qualifizierte Rechtsunsicherheit – geschaffen haben, ist Eltern und ihren Rechtsberatern dringend zu empfehlen, die erbrechtliche Ausgleichung zwischen ihren Nachkommen zu Lebzeiten ausdrücklich und klar zu regeln, sei es testamentarisch-einseitig oder – noch besser – erbvertraglich unter Einbezug sämtlicher Nachkommen.

Am häufigsten drehen sich Streitigkeiten um die Ausgleichung von **Einzelzuwendungen** wie beispielsweise der Übertragung grösserer Geldsummen, Sachen, Vermögensgesamtheiten oder Unternehmungen, auch in der Form gemischter Schenkungen (z.B. Liegenschaftskauf zu verbilligtem Preis)[314]: 145

- Art. 626 Abs. 1 ZGB bezieht sich auf **sämtliche gesetzlichen Erben** (d.h. auch auf den überlebenden Ehegatten bzw. eingetragenen Partner). Zwischen ihnen ist nur ausgleichungspflichtig, was bei der Hingabe *ausdrücklich der Ausgleichungspflicht unterstellt* wurde, etwa durch die Worte «auf Anrechnung an das Erbe».
- Art. 626 Abs. 2 ZGB bezieht sich auf das Verhältnis der **Nachkommen** untereinander. Zwischen ihnen ist von Gesetzes wegen, *unter dem Vorbehalt des ausdrücklichen Dispenses,* ausgleichungspflichtig, was **«Ausstattungs-Charakter»** hat, d.h. was der *Begründung, Verbesserung, Sicherung der Existenz* dient; also z.B. die Schenkung der Geschäftsliegenschaft, eines vermieteten Mehrfamilienhauses, nicht aber eines Motorboots zum Vergnügen[315]. Der **Ausgleichungs-Dispens** gemäss Art. 626 Abs. 2

314 Bei gemischten Schenkungen ist der unentgeltliche Teil ausgleichungspflichtig: vgl. dazu BK-Eitel [2004], Art. 626 N 112 ff.; BSK ZGB II-Forni/Piatti [2011], Art. 626 N 9. Vgl. ferner PraxKomm-Burckhardt Bertossa [2011], Art. 626 N 13 ff. und 18 ff., m.H. auf weitere Fälle. So gilt gemäss der bundesgerichtlichen Rechtsprechung z.B. auch die Bezahlung von Schulden der Nachkommen als Zuwendung i.S.v. Art. 626 ZGB (vgl. BGer 5A_610/2009 vom 1.2.2010, E. 3.3, sowie die Urteilsbesprechung von Ayesha Curmally, in: ius.focus 2010, Nr. 57). Für ein Beispiel zur konkreten Handhabung bei Veränderungen der zugewendeten Sache durch den (potentiell ausgleichungspflichtigen) Begünstigten vgl. BGE 133 III 416, E. 6, sowie die Urteilsbesprechungen von Jurij Benn, in: successio 2008, S. 64 ff., Paul Eitel, in: Aktuelle Anwaltspraxis 2009, S. 177 f., Stephanie Hrubesch-Millauer, in: AJP 2010, S. 501 ff., 508 f., und Weibel/Heckendorn [2009], a.a.O. [Fn. 91], S. 228.

315 Statt vieler: BGE 76 II 188; BGE 116 II 673; BGE 131 III 49, E. 4; BGer 5C.135/2005 vom 2.11.2005, E. 2.3; BSK ZGB II-Forni/Piatti [2011], Art. 626 N 14 ff., m.w.H.; Weibel/Heckendorn [2009], a.a.O. [Fn. 91], S. 225. – Paul Eitel setzt sich in seiner 650seitigen Monographie ausgiebig mit der Frage auseinander, ob Art. 626 Abs. 2 ZGB im Sinne des hievor dargestellten Konzepts der **«Versorgungskollation»** (einzuwerfen ist in die Berechnungsmasse nur, was der Versorgung diente) oder des Konzepts der **«Schenkungskollation»** (einzuwerfen ist jede grössere Schenkung, auch ohne Versorgungscharakter) auszulegen ist (Eitel [1998], a.a.O. [Fn. 147]). Eitel schliesst sich – der bundesgerichtlichen Rechtsprechung widersprechend – den Verfechtern der Schenkungskollation an, und zwar aus Praktikabilitätsgründen (vgl. besonders deutlich in § 16 Rz. 24 ff.) und auch wegen des Gleichbehandlungsgebots (§ 16 Rz. 46 ff.). Im Lichte dieser Theorie genügt es, kleine und grosse Zuwendungen rechtlich voneinander abzugrenzen. Die letzteren sind ausgleichungspflichtig. In einem Aufsatz (Zwei Grundfragen der gesetzlichen Ausgleichung – eine Replik, in: ZSR 1999, S. 69 ff., 73 ff.) verteidigt Eitel das Konzept der Schenkungskollation gegen die von Piotet (Paul Piotet, L'objet et les bénéficiaires du rapport légal selon les art. 626 al. 2 et 527 ch. 1 CC, in: ZSR 1999, S. 51 ff., 54 ff.) erhobenen Einwände. Eine ausführliche Darstellung der beiden Theorien findet sich bei Benn [2000], a.a.O. [Fn. 147], S. 57 ff. Die Autoren der vorliegenden Darstellung schliessen sich aus Gründen der Praktikabilität und der Billigkeit der Theorie der Schenkungskollation an. Vgl. dazu auch Brückner [2008], a.a.O. [Fn. 137], S. 198; ebenfalls im Sinne der Schenkungskollation äussert sich Druey [2002], § 7 Rz. 38. Vgl. ferner Paul Eitel, Was lehrt uns BGE 131 III 49 auch noch? Ergänzende Hinweise im Anschluss an die Urteilsbesprechung von Thomas Weibel in Jusletter 18. April 2005, in: Jusletter 10. April 2006.

muss zwar nicht in der Form einer Verfügung von Todes wegen, jedoch *mit einer gewissen Ausdrücklichkeit* erfolgen[316]. Der Umstand, dass bei einer gemischten Schenkung die Zuwendung verdeckt erfolgt ist, ist für sich allein genommen kein Indiz für den Willen des Zuwendenden, von der Ausgleichungspflicht zu dispensieren.

- Umstritten ist die Stellung des überlebenden Ehegatten bzw. eingetragenen Partners. Nach der h.L werden sowohl seine gesetzliche Ausgleichungs*pflicht* als auch seine Ausgleichungs*berechtigung* gemäss Art. 626 Abs. 2 ZGB verneint[317]. Anderer Ansicht ist das Bundesgericht, das die Ausgleichungsberechtigung des überlebenden Ehegattens bejaht[318].
- Umstritten ist auch, ob Anordnungen über die Ausgleichung gleichzeitig mit der Zuwendung abgegeben werden müssen[319] oder auch zu einem späteren Zeitpunkt getroffen werden können[320].

146 Streitig können jedoch auch **periodisch wiederkehrende Geldleistungen** der Eltern an ihre Kinder für Unterhalt, Erziehung und Ausbildung sein. Für diese Zuwendungen hat das Bundesgericht die Ausgleichungsberechtigung des Ehegatten ausdrücklich ausgeschlossen[321]:

- Das übliche Mass[322] überschreitende **Leistungen für Erziehung und Ausbildung der Nachkommen** unterliegen gemäss Art. 631 ZGB grundsätzlich der ge-

316 BGE 131 III 49, E. 4.2, m.w.H. Vgl. auch BSK ZGB II-Forni/Piatti [2011], Art. 626 N 18 f., m.w.H. – Vgl. ferner auch o. vorn Fn. 313.

317 Vgl. PraxKomm-Burckhardt Bertossa [2011], Art. 626 N 9 und 12; BK-Eitel [2004], Art. 626 N 148; Tuor/Schnyder/Schmid/Rumo-Jungo [2009], § 84 Rz. 12.

318 Vgl. BGE 77 II 228; gl.M. offenbar BSK ZGB II-Forni-Piatti [2011], Art. 626 N 6. Vgl. aber hinten Rz. 146 bzw. Fn. 321.

319 Diesfalls sind sie nach der bundesgerichtlichen Rechtsprechung formlos gültig (vgl. BGE 118 II 282, E. 3); vgl. auch BGer 5A_477/2008; PraxKomm-Burckhardt-Bertossa [2011], Art. 626 N 32a. Vgl. ferner die Urteilsbesprechungen von Paul Eitel und von Beat Zoller, in: successio 2010, S. 209 ff., bzw. S. 326 ff.

320 In BGE 76 II 188 und BGE 77 II 228 hat das Bundesgericht festgehalten, dass die positive Anordnung über die Ausgleichung i.d.R. gleichzeitig mit der Zuwendung erfolgen müsse. In der Literatur gehen die Meinungen auseinander: statt vieler BSK ZGB II-Forni/Piatti [2011], Art. 626 N 18. Differenzierend PraxKomm-Burckhardt Bertossa [2011], Art. 626 N 31 und 32b, m.w.H., die dafür hält, dass zumindest die Anordnung über die Einwerfung *in natura* zum Zeitpunkt der Zuwendung erfolgen müsse, weil der Empfänger Gewissheit darüber haben müsse, ob er den empfangenen Vermögenswert behalten dürfe oder nicht.

321 BGE 51 II 375, 381. **A.M.** Piotet, SPR IV/1, S. 339.

322 Nach h.L. gilt als üblich i.S.v. Art. 631 Abs. 1 ZGB das in der betreffenden Bevölkerungsschicht und dem betreffenden Berufsstand Gebräuchliche und das den Verhältnissen des Erblassers und seiner Familie Angemessene in dem Zeitpunkt, in dem die Auslage erfolgt (PraxKomm-Burckhardt-Bertossa [2011], Art. 631 N 4, m.w.H.; ZK-Escher [1960], Art. 631 N 9; BSK ZGB II-Forni/Piatti [2011], Art. 631 N 2; BK-Tuor/Picenoni [1959/1964], Art. 631 N 11; vgl. Eitel [1998], a.a.O. [Fn. 315], § 9 Rz. 12). Da Kinder unterschiedlich veranlagt und begabt sein können, können für die einzelnen Kinder unterschiedlich hohe Auslagen als üblich erscheinen (vgl. Eitel [1998], a.a.O. [Fn. 315], § 9 Rz. 13; BK-Tuor/Picenoni [1959/1964], Art. 631 N 7;

setzlichen Ausgleichung[323]. – Die Leistungen für Erziehung und Ausbildung i.S.v. Art. 631 Abs. 1 ZGB umfassen auch den **allgemeinen Unterhalt,** soweit dieser in einem unmittelbaren Zusammenhang mit der Gewährleistung von Erziehung und Ausbildung steht[324]. Die üblichen Erziehungskosten i.S.v. Art. 631 Abs. 1 ZGB sind nicht mit dem gesetzlich geschuldeten Kindesunterhalt gemäss Art. 276–295 ZGB gleichzusetzen; dieser kann vielmehr das ausgleichungsrechtlich übliche Mass auch unter- oder überschreiten[325].

- Nach bundesgerichtlicher Rechtsprechung und h.L. können **Zuwendungen in Erfüllung einer gesetzlichen Pflicht,** insbesondere einer Unterhaltspflicht nach Art. 276 f. ZGB, **nicht der gesetzlichen Ausgleichung** unterliegen, weil sie keine unentgeltlichen und/oder freiwilligen Zuwendungen darstellen[326]. Gemäss einer (jüngeren) Minderheitsmeinung können demgegenüber auch (grosse) gesetzlich geschuldete Leistungen der Ausgleichung unterliegen[327].

Vollery [1994], a.a.O. [Fn. 139], S. 48; Pierre Widmer, Grundfragen der erbrechtlichen Ausgleichung, Diss. Bern 1971, S. 35). Gemäss Eitel gelten als üblich i.S.v. Art. 631 Abs. 1 ZGB diejenigen Erziehungskosten, die entstehen, bis das Kind unter normalen Umständen selber für sein Fortkommen sorgen kann (Eitel [1998], a.a.O. [Fn. 315], § 9 Rz. 22 und 33 f.). Als Zeitpunkt, ab dem das Kind für sich selber sorgen kann, nimmt Eitel den Zeitpunkt des Abschlusses einer Berufslehre an, da eine Lehre nach beendeter Schulpflicht noch immer die Regel darstelle (Eitel [1998], a.a.O. [Fn. 315], § 9 Rz. 26). Da nach der Definition der h.L. die im Normalfall gegebene Gleichbehandlung der Kinder bei unterschiedlicher Begabung und unterschiedlichen Anlagen nicht mehr gewährleistet ist, ist die Ansicht von Eitel vorzuziehen.

323 Nach einer Ansicht ordnet Art. 626 Abs. 2 ZGB die Ausgleichung an und wird durch Art. 631 Abs. 1 ZGB als *lex specialis* eingeschränkt (vgl. Druey [2002], § 7 Rz. 34; Jean Nicolas Druey, Ausgleichung oder Rapport, in: Fritz Sturm (Hrsg.), Mélanges Paul Piotet, Bern 1990, S. 25, 39; ZK-Escher, [1960], Art. 631 N 1; BSK ZGB II-Forni/Piatti [2011], Art. 631 N 1; Vollery [1994], a.a.O. [Fn. 139], S. 44, 44 f. und 51 f.); nach einer anderen ordnet Art. 631 Abs. 1 ZGB die Ausgleichung an und fallen folglich die Erziehungs- und Ausbildungskosten nicht unter Art. 626 Abs. 2 ZGB (Regina Aebi-Müller, Die optimale Begünstigung des überlebenden Ehegatten, Diss. Bern 2000 = Abhandlungen zum schweizerischen Recht, H. 641, Rz. 08.36; Piotet, SPR IV/I [1978], S. 292 und 338; BK-Tuor/Picenoni [1959/1964], Art. 626 N 39a; Zoller [1998], a.a.O. [Fn. 196], S. 42 f.

324 Eitel [1998], a.a.O. [Fn. 315], § 9 Rz. 8.

325 Eitel [1998], a.a.O. [Fn. 315], § 9 Rz. 27 f.; vgl. Piotet, SPR IV/I [1978], S. 338; Michele Winistörfer, Die unentgeltliche Zuwendung im Privatrecht, insbesondere im Erbrecht, Diss. Zürich 2000, S. 183.

326 BGE 76 II 212, 214 = Pra 1951, Nr. 3; Benn [2000], a.a.O. [Fn. 147], S. 22 f., 32 und 76 f.; PraxKomm-Burckhardt-Bertossa [2011], Art. 626 N 17; BSK ZGB II-Forni/Piatti [2011], Art. 626 N 12 und Art. 631 N 5; Piotet, SPR IV/I [1978], S. 304 und 337; Spahr [1994], a.a.O. [Fn. 136], S. 161; BK-Tuor/Picenoni [1959/1964], Art. 631 N 13; Vollery [1994], a.a.O. [Fn. 138], S. 46 ff.; Peter Weimar, Zehn Thesen zur erbrechtlichen Ausgleichung, in: Peter Gauch/Jörg Schmid/Paul-Henri Steinauer/Pierre Tercier/Franz Werro (Hrsg.), Familie und Recht, Festgabe der Rechtswissenschaftlichen Fakultät der Universität Freiburg für Bernhard Schnyder zum 65. Geburtstag, Freiburg 1995, S. 833 ff., 834; Winistörfer [2000], a.a.O. [Fn. 325], S. 55, 117, 130, 188 f., 195 und 238 f.; Zoller [1998], a.a.O. [Fn. 196], S. 8.

327 Peter Breitschmid, Vorweggenommene Erbfolge und Teilung. Probleme um Herabsetzung und Ausgleichung, in: Jean Nicolas Druey/Peter Breitschmid (Hrsg.), Praktische Probleme der Erbteilung, Bern 1997, S. 66 ff.; Druey [2002], § 7 Rz. 34; Druey [1990], a.a.O. [Fn. 323],

- Die **erblasserische Anordnung der Ausgleichung gesetzlicher Pflichtzuwendungen** ist nach bundesgerichtlicher Rechtsprechung und h.L. ausgeschlossen bei Zuwendungen, die nicht der gesetzlichen Ausgleichung unterliegen, jedenfalls soweit die Anordnung der Ausgleichung in den Pflichtteil des Empfängers eingreifen würde[328]; gemäss einer (älteren) Minderheitsmeinung ist die Anordnung der Ausgleichung gesetzlicher Pflichtzuwendungen uneingeschränkt zulässig[329]. Soweit Zuwendungen der gesetzlichen Ausgleichung unterliegen, kann der Erblasser die Ausgleichung verbindlich anordnen[330]. Ausserdem können die Parteien einvernehmlich eine rechtlich geschuldete Leistung für ausgleichungspflichtig erklären[331].
- Wenn der Erblasser dem Zuwendungsempfänger eine periodisch erfolgende Sach- oder Dienstleistung ohne marktgerechte Gegenleistung hat zukommen lassen (z.B. Gewährung von Kost und Logis im eigenen Haushalt ohne Erhebung eines Kostgelds oder unter Erhebung eines bloss symbolischen Kostgelds; Darlehensgewährung unter Verzicht auf eine marktübliche Verzinsung[332]; Ausleihung relevanter

---

S. 25, 41 f.; Eitel [1998], a.a.O. [Fn. 315], § 9 Rz. 14, 25 und 39. Da die familienrechtlichen Unterhalts- und Unterstützungspflichten nicht eine definitive Verteilung der Güter, sondern bloss die Stillung unmittelbarer Bedürfnisse zum Ziel haben, und da der Gesetzgeber mit der Anordnung von Unterhalts- und Unterstützungspflichten die unmittelbaren individuellen Bedürfnisse des Einzelnen sicherstellen, nicht jedoch in die in Art. 626 ZGB verankerte Gleichbehandlung eingreifen will, verdient die Minderheitsmeinung den Vorzug (vgl. Druey [1990], a.a.O. [Fn. 323], S. 25, 42; Druey [2002], § 7 Rz. 34). – In die gleiche Richtung wie die angeführte Minderheitsmeinung geht die Meinung, wonach die *das übliche Mass nach Art. 631 Abs. 1 ZGB übersteigenden* Erziehungs- und Ausbildungskosten der gesetzlichen Ausgleichung unterstellt werden müssen, ungeachtet dessen, ob sie gesetzlich geschuldet sind oder nicht: Eitel [1998], a.a.O. [Fn. 315], § 9 Rz. 22 und 25 f.; zustimmend Aebi-Müller [2000], a.a.O. [Fn. 323], Rz. 08.36.

328 BGE 76 II 212, 214 = Pra 1951, Nr. 3; Benn [2000], a.a.O. [Fn. 147], S. 76 und 267; Eitel [1998], a.a.O. [Fn. 315], § 9 Rz. 45; ZK-Escher [1960], Art. 631 N 7; BSK ZGB II-Forni/Piatti [2011], Art. 631 N 5; Vollery [1994], a.a.O. [Fn. 138], S. 49; Weimar [1995], a.a.O. [Fn. 326], S. 833, 834 f.; Widmer [1971], a.a.O. [Fn. 322], S. 135; Winistörfer [2000], a.a.O. [Fn. 325], S. 130 und 188.

329 Vgl. die Nachweise bei Eitel [1998], a.a.O. [Fn. 315], § 9 Rz. 42. Da der Anspruch auf den Nachlass im Rahmen des Pflichtteilsrechts neben demjenigen auf Erfüllung einer unter Lebenden entstandenen gesetzlichen Verpflichtung besteht, ist der h.L. und der bundesgerichtlichen Rechtsprechung zu folgen (vgl. Eitel [1998], a.a.O. [Fn. 315], § 9 Rz. 45).

330 Eitel [1998], a.a.O. [Fn. 315], § 11 Rz. 4; BSK ZGB II-Forni/Piatti [2011], Art. 626 N 18.

331 Vgl. Benn [2000], a.a.O. [Fn. 147], S. 168, 260 und 267 f.; Winistörfer [2000], a.a.O. [Fn. 325], S. 129, 195 und 239; **a.M.** Weimar [1995], a.a.O. [Fn. 326], S. 833 und 835. – Sofern die Ausgleichung einer gesetzlichen Pflichtzuwendung, die nicht der gesetzlichen Ausgleichung unterliegt, in einer Verfügung von Todes wegen angeordnet wird, kann die Anordnung der Ausgleichung in eine Belastung des Zuwendungsempfängers mit einem Vermächtnis zugunsten der Erbengemeinschaft in der Höhe des Werts der Zuwendung umgedeutet werden (Ausgleichungsvermächtnis; vgl. BSK ZGB II-Forni/Piatti [2011], Art. 626 N 18, m.w.H.). Das Ausgleichungsvermächtnis unterliegt gegebenenfalls der Herabsetzung nach Art. 522 ZGB (vgl. Benn [2000], a.a.O. [Fn. 147], S. 77 i.V.m. 261; ZK-Escher [1960], Art. 631 N 7; Weimar [1995], a.a.O. [Fn. 326], S. 833, 835 und 849 f.).

332 Vgl. dazu BGer 5A_536/2009 sowie die Urteilsbesprechung von Ayesha Curmally, in: ius.focus 2010/08, Nr. 193.

Vermögensbestandteile, etwa eines Hauses, an einen Nachkommen), so dürfte eine natürliche Vermutung dafür sprechen, dass er dadurch implizit seine Meinung zum Ausdruck gebracht hat, diese Zuwendung sei nicht auszugleichen[333]. Es wird dann gegebenenfalls Sache des Ausgleichungsklägers sein, den Gegenbeweis zu erbringen.

Ob Zuwendungen für Erziehung und Ausbildung in der Form periodischer Leistungen oder einer einmaligen Zahlung erfolgen, und auch ob sie aus vorhandenem Kapital oder laufenden Einkünften erbracht werden, ist für die Ausgleichungspflicht unerheblich[334]. 147

Gerichtsstand

Am letzten Wohnsitz des Erblassers (Art. 28 Abs. 1 ZPO)[335]. 148

Aktivlegitimation

Jeder am Nachlass beteiligte gesetzliche Miterbe einzeln, einschliesslich des überlebenden Ehegatten bzw. des eingetragenen Partners, und zwar auch in den Fällen von Art. 626 Abs. 2 ZGB[336], mit Wirkung für und gegen ihn selbst. Jeder Miterbe kann selbständig klagen. Das Urteil wirkt entsprechend nur unter den Prozessbeteiligten; es hat lediglich den allfälligen Mehrwert des klägerischen (mit entsprechendem Minderwert des beklagtischen) Erbteils zum Gegenstand. 149

Nicht aktivlegitimiert sind eingesetzte nicht-gesetzliche Erben (vgl. immerhin hinten Rz. 155)[337]. 150

Wer gleichzeitig eingesetzter und gesetzlicher Erbe ist, ist nur dann aktivlegitimiert, wenn die testamentarische Regelung der gesetzlichen Erbfolge entspricht. Andernfalls wird ein Wille des Erblassers zur Ungleichbehandlung 151

---

333 Vgl. BK-Eitel [2004], Art. 626 N 108 f. Zu beachten ist auch, dass die betreffende Leistung auch in (vermutungsweise wohl abschliessender) Abgeltung eines Lidlohnanspruchs (vgl. Art. 334, 334bis und 603 Abs. 2 ZGB), also als Entgelt für die Gewährung von Sicherheit, Pflege und Betreuung, erfolgen kann. **A.M.** – unter Verweis auf BGer 5A_338/2010 – PraxKomm-Burckhardt-Bertossa [2011], Art. 626 N 32b. Vgl. z.B. auch BGE 136 III 305.

334 ZK-Escher [1960], Art. 631 N 5; BK-Tuor/Picenoni [1957/1973], Art. 631 N 4.

335 Vgl. Sutter-Somm [2010], a.a.O. [Fn. 6], S. 173; BK-Eitel [2004], Vorbemerkungen vor Art. 626 ff. N 35; Jost [1960], S. 129.

336 BGE 77 II 228; Aebi-Müller [2000], a.a.O. [Fn. 323], Rz. 08.29; Benn [2000], a.a.O. [Fn. 147], S. 90; Piotet [1999], a.a.O. [Fn. 315], S. 57 ff.; PraxKomm-Burckhardt-Bertossa [2011], Art. 626 N 37; **a.M.** Eitel [1998], a.a.O. [Fn. 315], § 20 Rz. 1 ff. und 46 ff.; ders. [1999], a.a.O. [Fn. 315], S. 83 ff.

337 Vgl. Eitel [1998], a.a.O. [Fn. 315], § 24 Rz. 1 ff. und 34; Jost [1960], S. 129 f.

angenommen[338] und kommt gegebenenfalls die (zur Ausgleichung subsidiäre) Herabsetzung zum Zug.

Passivlegitimation

152 Der gesetzliche Miterbe, der die lebzeitige Zuwendung (persönlich) erhalten hat[339].

153 Passivlegitimiert ist auch der gesetzliche Erbeserbe, ob Nachkomme oder nicht, der an die Stelle des vor oder nach dem Erbgang weggefallenen gesetzlichen Erben tritt, da die Ausgleichungspflicht der auf ihn übergegangenen Erbberechtigung folgt (Art. 627 ZGB)[340].

154 Umstritten ist, ob die Ausgleichungsberechtigung des Ehegatten im Falle von Art. 626 Abs. 2 ZGB mit einer entsprechenden Ausgleichungspflicht einhergeht, oder ob der Ehegatte bloss berechtigt, aber nicht verpflichtet ist[341].

155 Nicht passivlegitimiert sind eingesetzte nicht-gesetzliche Erben[342].

---

338 So zutreffend JOST [1960], S. 130, ZK-ESCHER [1960], Vorbemerkungen zu Art. 626 ZGB N 6; **a.M.** BREITSCHMID [1997], a.a.O. [Fn. 327], S. 74 f., laut dem die testamentarische Einsetzung gesetzlicher Erben auf ihre Quoten *(«jeder meiner drei Söhne erhält einen Drittel meines Nachlasses»)* vermutungsweise als Ausgleichungsdispens zu interpretieren sei.

339 Ging die Zuwendung an Nahestehende von gesetzlichen Miterben, z.B. an deren Kinder, so besteht hingegen keine Ausgleichungspflicht; vgl. JOST [1960], S. 130.

340 Bei Nachkommen eines Erben besteht die Ausgleichungspflicht gemäss Art. 626 Abs. 2 ZGB unabhängig davon, ob die Zuwendung auf sie übergegangen ist. Gemäss der wohl h.L. spielt es auch für die Ausgleichungspflicht der übrigen Erbeserben keine Rolle, ob die Zuwendung auf sie übergegangen ist: vgl. BK-EITEL [2004], Art. 627 N 7 f.; JOST [1960], S. 130, m.w.H.

341 Ablehnend BGE 77 II 228, 234; nach der hier vertretenen Auffassung zu Recht, weil eine abstrakte Symmetrie von Berechtigung und Verpflichtung hier keiner rechtlich sinnvollen Wertung entspricht. Nach allgemeiner Überzeugung sind die Eltern für Vermögensverschiebungen untereinander gegenüber den Nachkommen nicht rechenschaftspflichtig (und damit auch nicht ausgleichungspflichtig), so dass solche Transaktionen nicht als Hintergehung der Nachkommen empfunden werden, auch wenn sie gegenüber den Nachkommen nicht offengelegt werden. Hingegen wären grössere Zuwendungen des einen Ehegatten an Nachkommen, wenn sie hinter dem Rücken des andern Ehegatten erfolgen, anstössig. Denn Transaktionen in dieser Richtung gehen den anderen Ehegatten kraft seiner ehelichen Vertrauensstellung und seiner Mitverantwortung für die Nachkommen sehr wohl etwas an. Dem entspricht die Bejahung des Ausgleichungsanspruchs des überlebenden Ehegatten. Vgl. zum Ganzen auch PraxKomm Erbrecht-BURCKHARDT-BERTOSSA [2011], Art. 626 N 12 ff., m.w.H.; BSK ZGB II-FORNI/PIATTI [2011], Art. 626 N 6, m.w.H.; TUOR/SCHNYDER/SCHMID/RUMO-JUNGO [2009], § 84 Rz. 12. Vgl. ferner bereits vorn Rz. 149.

342 BGE 124 III 102, 106; BSK ZGB II-FORNI/PIATTI [2011], Art. 626 N 7; JOST [1960], S. 131. – Etwas anderes soll gelten, wenn der Erblasser Ausgleichungsanordnungen zulasten solcher eingesetzer nicht-gesetzlicher Erben getroffen hat (wobei die Form für solche Ausgleichungsanordnungen umstritten ist): vgl. DRUEY [2002], § 7 Rz. 24 und 28; BSK ZGB II-FORNI/PIATTI [2011], Art. 626 N 8.

Befristung

156 Da die Ausgleichung zur Erbteilung i.w.S. gehört[343] und ausgleichungsrechtliche Streitpunkte dem Erbteilungsgericht vorzulegen sind, ist die Ausgleichungsklage, wie die Teilungsklage, unverjährbar[344]. – In der Nichtgeltendmachung der Ausgleichung anlässlich der Teilung trotz Kenntnis des Ausgleichungsanspruchs ist ein (endgültiger) Verzicht des Berechtigten auf den Anspruch zu erblicken[345].

Verfahren

156a Da weder der Sachverhalt noch die Rechtslage klar sein dürfte, scheidet die Anwendbarkeit des summarischen Verfahrens auf Rechtsschutz in klaren Fällen gemäss Art. 257 ZPO in den allermeisten Fällen von vornherein aus. Es gelangt somit – streitwertabhängig – entweder das vereinfachte oder das ordentliche Verfahren zur Anwendung.

Streitwert

157 Bei der Feststellungsklage ist massgeblicher Streitwert der potenzielle Prozessgewinn des Klägers bzw. der Kläger im Fall seines bzw. ihres Obsiegens, also der Wert der ausgleichungspflichtigen Zuwendung multipliziert mit der Erbquote der am Prozess beteiligten aktivlegitimierten Erben[346]. Bei der Leistungsklage ist demgegenüber massgeblicher Streitwert der potenzielle Prozessverlust des Beklagten, also der Wert der auszugleichenden lebzeitigen Zuwendung.

158 *Rechtsbegehren*[347]

Variantengruppe 1: blosse **Feststellungsklage** (wenn kein Gegenstand der Ausgleichung als spezifizierbare Sache vorhanden ist, sondern *nur ein Wertausgleich in Geld möglich ist*, sofern dies durch eine blosse Anrechnung in der Erbteilung erzielt werden kann)[348]:

343 BGE 123 III 49, 50; vgl. BSK ZGB II-Forni/Piatti [2011], Art. 626 N 20; Seeberger [1993], S. 243, m.w.H.

344 PraxKomm-Burckhardt-Bertossa [2011], Art. 626 N 34 f.; ZK-Escher [1960], Vorbemerkungen zu 626 ff. N 21; BSK ZGB II-Forni/Piatti [2011], Art. 626 N 20.

345 BGE 45 II 4; vgl. PraxKomm-Burckhardt-Bertossa [2011], Art. 626 N 35; Tuor/Schnyder/Schmid/Rumo-Jungo [2009], § 84 Rz. 17.

346 Vgl. BK-Eitel [2004], Vorbemerkungen vor Art. 626 ff. N 35: «Der Streitwert bemisst sich nach der Auswirkung der ggf. erfolgenden Ausgleichung auf das Treffnis des Ansprechers.» Vgl. auch PraxKomm-Burckhardt-Bertossa, Art. 626 N 41.

347 Berechnungsbeispiele finden sich auch bei Rumo-Jungo [2010], a.a.O. [Fn. 140], S. 134 ff.

348 BGE 123 III 49, 51; Jost [1960], S. 131.

Variante 1-1: Einfacher Fall: Drei Geschwister A, B, C; heutiger Nachlasswert CHF 1 100 000; der verwitwete Vater schenkte vor 20 Jahren dem C zur Eröffnung seines Geschäfts als Startkapital den Geldbetrag von CHF 400 000 (ob das Geschäft seither an Wert gewonnen hat oder mit Verlust liquidiert werden musste, spielt für die Frage der Ausgleichung keine Rolle). Sämtliche Ausgleichungsgläubiger (A und B) klagen gegen den einzigen Ausgleichungsschuldner C.

Rechtsbegehren in diesem einfachsten Fall:

«Es sei festzustellen, dass die 1975 erfolgte Schenkung von CHF 400 000 durch den Erblasser an den Beklagten eine ausgleichungspflichtige Zuwendung darstellt, die der für die Erbteilung massgeblichen Berechnungsmasse hinzuzuzählen und an den Erbteil des Beklagten anzurechnen ist.»

Variante 1-2: Gleicher Fall, aber nur einer der beiden Ausgleichungsgläubiger (nur A) klagt, so dass das Urteil nur die Ansprüche des A und des C in der Erbteilung beschlägt und den Erbteil des B unberührt lässt:

«1. Es sei festzustellen, dass die 1975 erfolgte Schenkung von CHF 400 000 durch den Erblasser an den Beklagten eine ausgleichungspflichtige Zuwendung darstellt, die der für die Erbteilung zwischen den Parteien massgeblichen Berechnungsmasse hinzuzuzählen und an den Erbteil des Beklagten anzurechnen ist.

2. Es sei der Erbteil des Klägers aufgrund der gemäss Klagebegehren 1 vergrösserten Berechnungsmasse zu berechnen, und es sei festzustellen, dass der Kläger berechtigt ist, den dadurch in Erscheinung tretenden Mehrwert seines Erbteils in der Erbteilung zulasten des Erbteils des Beklagten zu beanspruchen.»

159 **Variantengruppe 2: Leistungsklage** (wenn eine Sache vorhanden ist, die nach Wahl des Beklagten [Art. 628 Abs. 1 ZGB] *in natura* eingeworfen [Realkollation] oder durch Geldersatz abgegolten werden kann [Idealkollation])[349];

Beispiel: Obiger Fall; der Vater hat dem C jedoch nicht Geld, sondern die von C benützte Geschäftsliegenschaft geschenkt, deren Wert am Todestag vermutlich ca. CHF 400 000 betrug.

349 Vgl. BGE 84 II 685, 694 f. Vgl. ferner BK-Eitel [2004], Art. 626 N 5, 13 ff., 40 f. und 42 ff.

Variante 2-1 (sämtliche Ausgleichungsgläubiger klagen gemeinsam): 160

«1. *Der Beklagte sei zu verurteilen, die ihm vom Erblasser am 15. Juni 1975 geschenkte Liegenschaft Grundbuch … [Ort], Sektion …, Parzelle …,*

a) entweder in die Erbmasse einzuwerfen

b) oder mit ihrem durch ein gerichtliches Bewertungsgutachten zu ermittelnden heutigen Wert der Erbschaft hinzuzählen und auf seinen eigenen Erbteil anrechnen zu lassen.

2. *Dem Beklagten sei durch das Gericht eine angemessene Frist zur Ausübung der Wahl gemäss Klagebegehren 1a oder 1b anzusetzen, unter Androhung, dass bei unbenütztem Ablauf der Frist das Urteil aufgrund der Wertanrechnung gemäss Klagebegehren 1b ergeht.*»

Variante 2-2 (nur der eine Ausgleichungsgläubiger [A] klagt). – In diesem Fall ist die Einwerfung *in natura* schwer denkbar, denn sie würde die Teilungsmasse zugunsten aller Miterben tatsächlich vergrössern, wäre also ein Vorgang, den der dem Prozess fernbleibende Ausgleichungsgläubiger gar nicht haben will, und der vom Beklagten diesem gegenüber auch gar nicht geschuldet ist. Um sich kein Überklagen vorwerfen lassen zu müssen, wird der Kläger aber *pro forma* dennoch das Wahlrecht des Beklagten im Rechtsbegehren respektieren (müssen): 161

«1. *Der Beklagte sei zu verurteilen, die ihm vom Erblasser am 15. Juni 1975 geschenkte Liegenschaft Grundbuch … [Ort], Sektion …, Parzelle …,*

a) entweder in die Erbmasse einzuwerfen

b) oder mit ihrem durch ein gerichtliches Bewertungsgutachten zu ermittelnden heutigen Wert der zwischen den Parteien massgeblichen Berechnungsmasse hinzuzählen und auf seinen eigenen Erbteil anrechnen zu lassen.

2. *Dem Beklagten sei durch das Gericht eine angemessene Frist zur Ausübung der Wahl gemäss Klagebegehren 1a oder 1b anzusetzen, unter Androhung, dass bei unbenütztem Ablauf der Frist das Urteil aufgrund der Wertanrechnung gemäss Klagebegehren 1b ergeht.*

3. *Es sei der Erbteil des Klägers aufgrund der gemäss Klagebegehren 1 vergrösserten Berechnungsmasse zu berechnen, und es sei festzustellen, dass der Kläger berechtigt ist, den dadurch in Erscheinung tretenden Mehrwert seines Erbteils in der Erbteilung zulasten des Erbteils des Beklagten zu beanspruchen.*»

Erläuterung

162 Die Ausgleichung kann entweder Gegenstand eines eigenen Verfahrens sein oder ein eigenes Begehren im Erbteilungsprozess bilden[350].

163 Soweit die Ausgleichungsklage auf Feststellung gerichtet ist, versteht sich das Feststellungsinteresse von selber. Es braucht in der Klagebegründung nicht nachgewiesen zu werden[351]. Ausserdem ist das Feststellungsinteresse immer offensichtlich, wenn – was zulässig ist[352] – nicht im gleichen Rechtsstreit auf Teilung geklagt wird. Es ist möglich, dass sich die Parteien über Zeitpunkt und Modalitäten der Teilung ausserprozessual einigen wollen und können, sobald die zwischen ihnen streitige Ausgleichungsfrage entschieden ist[353].

163a Die an das Feststellungsurteil anschliessende Teilung – bzw. das Urteil im Teilungsprozess – muss von einer rein rechnerisch um den festgestellten Ausgleichungsbetrag vergrösserten Teilungsmasse ausgehen. Der auf die Erbquote des Klägers entfallende Mehrbetrag ist dessen Erbteil zuzurechnen und dem Erbteil des Beklagten zu belasten. Auf den Anspruch der Miterben hat das Feststellungsurteil keinen Einfluss. Verneint es einen Ausgleichungsanspruch, so steht dem Kläger ein solcher auch in einem nachfolgenden Teilungsurteil zufolge *res iudicata* nicht zu, selbst wenn das Teilungsurteil einen Ausgleichungsanspruch der Miterben anerkennen sollte.

163b Erheben mehrere Erben je einzeln einen Ausgleichungsanspruch gegen den Beklagten, oder werden die Ansprüche weiterer Erben in einem nachfolgenden Teilungsprozess beurteilt, so ist nicht auszuschliessen, dass der gleiche Sachverhalt (z.B. eine gemischte Schenkung) unterschiedlich beurteilt wird. Der Beklagte kann dies vermeiden, indem er nach Erhalt der Feststellungsklage

350 BSK ZGB II-Forni/Piatti [2011], Art. 626 N 20; PraxKomm-Burckhardt-Bertossa [2011], Art. 626 N 25. Ausführlich BK-Eitel [2004], Vorbemerkungen vor Art. 626 ff. N 30 ff.

351 Jost [1960], S. 131, unter Verweis auf Obergericht Zürich, 1.7.1993, ZR 1942, Nr. 11. – Allerdings verlangt die bundesgerichtliche Rechtsprechung, das Feststellungsinteresse sei von Amtes wegen festzustellen. Das Bundesgericht bejaht ein Feststellungsinteresse insbesondere dann, wenn die Erbengemeinschaft fortgesetzt werden soll, oder wenn bereits ein Erbteilungsvertrag vorliegt, der unter Ergänzung der dem Gericht unterbreiteten und von ihm entschiedenen ausgleichungsrechtlichen Fragen vollstreckt werden kann: BGer 5C.66/2003 vom 24.4.2003; BGE 123 III 49, E. 1. Ausführlich zu diesem Urteil und seiner unterschiedlichen Würdigung in der Lehre BK-Eitel [2004], Vorbemerkungen vor Art. 626 ff. N 32; vgl. auch Annette Spycher, Prozessuales zur Erbteilung und zur Erbteilungsklage, in: Stephan Wolf (Hrsg.), Ausgewählte Aspekte der Erbteilung, Bern 2005, S. 45 ff.

352 Vgl. PraxKomm-Weibel [2011], Art. 604 N 28. – Vgl. ferner vorn Rz. 162.

353 Vgl. bereits BGE 84 II 685, 692, wo das Bundesgericht ein Feststellungsinteresse der Klägerin freilich verneinte, weil die Klägerin im Rahmen der «längst fällige[n] Bereinigung der (…) Erbschaft» auf Leistung hätte klagen können». Vgl. ferner BK-Eitel [2004], Vorbemerkungen vor Art. 626 ff. N 33; BSK ZGB II-Forni/Piatti [2011], Art. 626 N 20 f.

eines Miterben durch Anhebung einer Teilungs(wider)klage alle Miterben in die Beurteilung einbezieht. Damit entfällt das für das Eintreten auf die blosse Feststellungsklage erforderliche Feststellungsinteresse.

Jost[354] empfiehlt eine etwas umständlichere Formulierung für das in Rz. 160 genannte zweite Begehren, nämlich: 164

«Der Beklagte habe die unter Ziff. 1a und 1b erwähnte Wahl innert der Frist von ... Tagen vorzunehmen, ansonst

a) das Gericht die Wahl vornimmt oder

b) das Wahlrecht auf die Kläger übergeht.»

Um Streit über die anzusetzende Frist zu vermeiden, verzichten jedoch die Kläger richtigerweise darauf, diesbezüglich einen konkreten Antrag zu stellen, und überlassen dies ganz dem gerichtlichen Ermessen. Die Annahme eines Wahlrechts, das auf das Gericht und anschliessend auf die Kläger übergeht, hat im Gesetz keine Stütze. Zweckmässiger ist es, dem Beklagten klar zu machen, dass sein Schweigen als (seine) Wahlerklärung im Sinne eines bestimmten klägerischen Antrags verstanden werden wird[355].

Der nach dem Todestag eintretende Kaufkraftschwund ausgleichungspflichtiger Geldschenkungen ist für die Ermittlung der Berechnungsmasse und der Erbteile ohne Belang[356]. Auch wenn das Urteil und sein Vollzug lange nachher erfolgen und das Geld mittlerweile entwertet ist, ist bezüglich der Ausgleichung zu Werten per Todestag zu rechnen[357]. 165

Beweispflichtig für das Bestehen einer Ausgleichungspflicht ist – entsprechend der allgemeinen Beweislastregel von Art. 8 ZGB – auch im Prozess derjenige, der die Ausgleichung verlangt[358]. Nachzuweisen ist auch der Schenkungscharakter einer Zuwendung[359]. Wer sich umgekehrt auf eine Befreiung von der Ausgleichungspflicht beruft, ist dafür beweispflichtig. 166

354 Jost [1960], S. 133.
355 Vgl. BK-Eitel [2004], Art. 628 N 14; Seeberger [1993], S. 293.
356 BGer 5C.174/1995 vom 29.10.1996; vgl. die Urteilsbesprechung von Peter Breitschmid, in: AJP 1997, S. 1551 ff.
357 Zum Todestagsprinzip vgl. vorn Rz. 61 und 64.
358 Für ein Beispiel vgl. BGer 5A.316/2009 (Beweislast für die Rückzahlung von Darlehen der Erblasserin an einen Erben; Fragen der Beweiskraft einer Quittung und der Pflicht zur Mitwirkung bei der Wahrheitsfindung).
359 Vgl. PraxKomm-Burckhardt Bertossa [2011], Art. 626 N 16a.

9. Erbteilungsklage

Vorbemerkung

Die Verfahrensvorschriften für die **nichtstreitige Erbteilung** finden sich in Art. 607 Abs. 2 ZGB – freie private Teilung nach Ermessen der Erben[360] –, subsidiär in Art. 611 ZGB. Die praktisch zu beantwortende Frage lautet: «*Wer erhält was?*» 167

Für die Beantwortung dieser Frage sieht der Gesetzgeber mangels anderweitiger Einigung unter den Erben in Art. 611 ZGB ein umständliches *zweistufiges Verfahren* vor, nämlich (a) Losbildung, (b) Zuordnung der Lose. – Unter Losen werden «wertgleiche Häufchen» von Nachlassaktiven und -passiven verstanden. Das für die Zuordnung der Lose im Dissensfall vorgesehene Zufallsprinzip (Losziehung) erheischt, dass bei ungleichen Erbquoten entsprechend viele kleine Lose gebildet werden, z.B. bei Quoten dreier Erben von 5 %, 20 % und 75 % zwanzig Lose zu 5 %[361] – eine unpraktikable Regelung. 168

Die Idee des Gesetzgebers geht dahin, dass die Losbildung abstrakt erfolgt, unbeeinflusst von Wünschen der Erben auf einzelne Sachen. In diesem Schritt sollen sich die Erben lediglich über die Wertgleichheit und Zusammensetzung der Lose einigen, ohne daran zu denken, wer welches Los erhalten wird. 169

In der zweiten Runde sucht man die Einigung über die Zuordnung der Lose. Bleibt man uneinig, so entscheidet der Zufall (Losziehung). 170

Auch im **Streitfall** gilt grundsätzlich dieses zweistufige Verfahren. Dabei können die Erben bei Uneinigkeit für administrative und exekutive Belange sowie namentlich für die Bildung von Losen (Art. 611 Abs. 2 ZGB) oder die Anordnung der öffentlichen Versteigerung einer zu versilbernden Erbschaftssache (Art. 612 Abs. 3 ZGB) an die «zuständige Behörde» (bzw. ganz einfach «die Behörde»; vgl. Art. 609 Abs. 1 ZGB) gelangen, wobei das Verständnis für deren Aufgaben und Kompetenzen je nach Kanton sehr verschieden ist[362]. Klar ist jedoch, dass die Behörde – gleich wie der Willensvollstrecker[363] – *keine Zuteilungskompetenzen* hat: Sofern die Erben ihrem Teilungsplan nicht zustim- 171

360 Vgl. PraxKomm-Weibel [2011], Vorbem. zu Art. 607 ff. N 2 und 5, m.w.H.; BSK ZGB II-Schaufelberger/Lüscher [2011], Vor Art. 607–619 N 4 ff. und Art. 607 N 5 ff.

361 Vgl. in diesem Sinne PraxKomm-Weibel [2011], Art. 611 N 1 ff., insbesondere N 7; Druey [2002], § 16 Rz. 84; BSK ZGB II-Schaufelberger/Lüscher [2011], Art. 611 N 4.

362 Vgl. Art. 609 Abs. 2 ZGB; vgl. auch BGE 137 III 8, E. 2 und 3; Kantonsgericht St. Gallen, 24.7.2002, SGGVP 2002, Nr. 44; PraxKomm-Weibel [2011], Art. 611 N 9 ff. (sowie Art. 609 N 18 ff., Art. 612 N 24 und Art. 613 N 6, jeweils m.w.H.); Jost [1960], S. 89, m.w.H.; Seeberger [1993], S. 35 ff., m.w.H. – Im Kanton Basel-Stadt ist die «zuständige Behörde» das Erbschaftsamt (§ 151 ff. EG ZGB), im Kanton Basel-Landschaft die Bezirksschreiberei (§ 105 lit. o–s und 117 ff. EG ZGB).

363 Vgl. dazu hinten Rz. 307.

men, fällt die Zuordnung der Lose in die ausschliessliche Kompetenz des Gerichts[364].

172 Klagt ein Miterbe auf Teilung, so muss das Gericht also zunächst einen Teilungsplan aufstellen, wobei sich dieser grundsätzlich im Rahmen der Rechtsbegehren der Parteien halten wird[365]; anschliessend entscheidet das Gericht über die Zuteilung der Lose[366]. Es kann aber, wenn sich kein einfacheres Prozedere aufdrängt, die Losbildung und Aufstellung eines Teilungsplans auch von der «zuständigen Behörde» vornehmen lassen, die es als Gehilfin beiziehen kann[367]. Gegen die diesbezüglichen Verrichtungen der Behörde gibt es keine Rechtsmittel, weil es sich um blosse Vorarbeiten zum – mittels Berufung anfechtbaren – Zivilurteil handelt[368]. Das Gericht wird diesfalls den von der «zuständigen Behörde» erarbeiteten Teilungsplan daraufhin bei den Erben in Vernehmlassung geben und ihn, nach Vornahme allfälliger Verbesserungen aufgrund der Stellungnahmen der Erben, zusammen mit dem Entscheid über die Zuordnung der Lose an die einzelnen Erben, zu seinem Teilungsurteil erheben und damit verbindlich werden lassen[369].

173 Wie weit die Kompetenzen des Gerichts gehen, wenn sich einzelne Erben unversöhnlich quer stellen, ist umstritten.

174 Einigkeit besteht darin, dass jede **Menge gleichartiger Sachen** – insbesondere Geld, Pakete bestimmter Wertpapiere, Goldmünzen einer gleichen Sorte – *in natura* proportional auf die einzelnen Lose aufzuteilen ist[370]. Jeder Erbe hat Anspruch auf die Naturalzuweisung seiner Quote an derartigen Sachmengen, und das Gericht ist gehalten, die Lose in diesem Sinne zu bilden oder bilden zu lassen und den Erben zuzuweisen, falls nötig auch gegen deren Willen.

364 BGE 129 III 316 = ZBJV 2004, S. 274; BGE 114 II 420, E. 2.b; BGer 5A_496/2007; PraxKomm-Weibel [2011], Art. 611 N 10, m.w.H.; Druey [2002], § 16 Rz. 6, 44 und 79 f.; Jost [1960], S. 86 ff.; BSK ZGB II-Schaufelberger/Lüscher [2011], Art. 611 N 16; Seeberger [1993], S. 30, 35 und 104 f.; Matthias Stein-Wigger, Verbindlichkeit und Durchsetzbarkeit erblasserischer Teilungsvorschriften, in: AJP 2001, S. 1135 ff., 1146, m.w.H.; Tuor/Schnyder/Schmid/Rumo-Jungo [2009], § 82 Rz. 8 ff.

365 PraxKomm-Weibel [2011], Art. 604 N 46 und 48, m.w.H.; Tuor/Schnyder/Schmid/Rumo-Jungo [2009], § 82 Rz. 11; vgl. allerdings Seeberger [1993], S. 61 f., m.w.H.; ausführlich dazu hinten Rz. 201 ff.

366 Vgl. BSK ZGB II-Schaufelberger/Lüscher [2011], Art. 611 N 17.

367 Vgl. Seeberger [1993], S. 41, m.w.H.

368 Jost [1960], S. 104, spricht vom bloss präparatorischen Charakter der Losbildung, die keine Entscheidungskraft für das Teilungsgeschäft hat.

369 Vgl. PraxKomm-Weibel [2011], Art. 604 N 46, m.w.H.; BSK ZGB II-Schaufelberger/Lüscher [2011], Art. 611 N 17.

370 Jost [1960], S. 106. Vgl. auch PraxKomm-Weibel [2011], Vorbem. zu Art. 607 ff. N 10 ff., m.w.H.

Auch **Mengen ähnlicher Sachen** – Bücher einer gemischten Bibliothek oder Baulandgrundstücke ähnlicher Grösse und Lage – können in dieser Weise gegen den Willen einzelner Erben auf die einzelnen Lose verteilt werden. 175

Bei **Einzelsachen,** die nicht in genügender Anzahl vorhanden sind, um jedes Los mit einer proportionalen Anzahl von Exemplaren zu bedienen, stellt sich folgende Alternative: 176

Entweder sind solche Sachen *ohne wesentlichen Wertverlust teilbar.* Dann sind sie *in natura* zu teilen und die Teile auf die Lose aufzuteilen; das ergibt sich *e contrario* aus Art. 612 Abs. 1 ZGB[371]. – Es gibt allerdings nur wenige Sachen, die ohne wesentlichen Wertverlust teilbar sind. Wo die Grenze der Wesentlichkeit liegt, ist eine Ermessensfrage. Klar ist, dass der Wertverlust durch Vergleich der Werte der ungeteilten Sache und ihrer Teile zu ermitteln ist, und dass es auf das Verhältnis des Wertverlusts zur gesamten Erbschaft nicht ankommt[372]. Klar ist weiter, dass gewisse Wertverluste in Kauf zu nehmen sind. In der Literatur wird ein Wertverlust ab ca. einem Viertel als wesentlich bezeichnet; in der Rechtsprechung wurde auch schon ein grösserer Wertverlust (Absinken des Quadratmeterpreises von ca. CHF 180–200 auf ca. CHF 130–150) für nicht wesentlich befunden. Richtigerweise dürfte die Wesentlichkeit anhand einer Kombination zwischen relativer und absoluter Betrachtungsweise zu beurteilen sein[373]. 177

Oder solche Sachen sind (was die Regel sein dürfte) *nicht ohne wesentlichen Wertverlust teilbar.* Dann gilt Art. 612 Abs. 1 ZGB als Soll-Vorschrift für den Fall gütlicher Einigung, Art. 612 Abs. 2 ZGB als Muss-Vorschrift für den Streitfall[374]. Das gleiche gilt für die überschiessenden Exemplare von Mengen gleichartiger und ähnlicher Sachen (z.B. für die fünfte von fünf Nestlé-Namenaktien, wenn vier Erben je einen Viertel der Erbschaft zugute haben und also jeder eine der ersten vier Nestlé-Aktien in sein Los zugeteilt erhält), und sie gilt wohl auch für zusammengehörende Sachgesamtheiten gemäss Art. 613 ZGB (wobei der Gesetzgeber in Abs. 1 mit der Soll-Vorschrift offen lässt, welche Rechtsansprüche bestehen, wenn der eine Erbe die Sachgesamtheit ungeteilt einem Los zugewiesen wissen möchte, der zweite deren ungeteilten Verkauf und der dritte die Aufteilung auf die Lose verlangt). 178

---

371 Ausführlich dazu Seeberger [1993], S. 175 ff.

372 PraxKomm-Weibel [2011], Art. 612 N 7, m.w.H.

373 PraxKomm-Weibel [2011], Art. 612 N 7, m.w.H.

374 Vgl. Tuor/Schnyder/Schmid/Rumo-Jungo [2009], § 82 Rz. 16; ausführlich dazu Seeberger [1993], S. 166 ff.

179 Das Gericht wird geneigt sein, immer dann nach Art. 612 Abs. 2 ZGB vorzugehen und Einzelsachen zu versilbern, wenn sich bezüglich einer solchen Sache kein Konsens aller Erben über die Zuweisung zu einem einzelnen Los zu einem bestimmten Wert erzielen lässt. Immerhin mag ihm die inzwischen herrschende Lehre, die eine **freie und umfassende gerichtliche Zuteilungskompetenz** befürwortet[375], den Rücken stärken, um aus eigener Kompetenz die Zuweisung der Lose mitsamt den darin enthaltenen, umstrittenen Einzelsachen an einzelne Erben zuzuweisen, und zwar nicht nach einem Zufallsprinzip, sondern aufgrund sachlicher Kriterien wie Eignung und Neigung der einzelnen Erben für das eine oder andere Los[376].

180 Trotz der hier aufgeführten Regeln und des Grundsatzes der Gleichbehandlung der Erben wird es in der Zusammensetzung der Lose qualitative Unterschiede geben, nämlich aufgrund gesetzlicher Übernahmerechte einzelner Erben in Bezug auf bestimmte Sachen[377], ferner gegebenenfalls aufgrund der letztwillig verfügten Übernahmerechte und Teilungsvorschriften (Art. 608 ZGB)[378].

181 Das Verfahren der Losbildung und Loszuordnung, dem die Versteigerung aller Einzelstücke vorangeht, für deren Zuweisung an ein Los kein Erbenkonsens erreicht wird, erbringt eine relativ *geringe Teilungs-Wertschöpfung*. Dieser Begriff kann als das Mass verstanden werden, in dem die einzelnen Erben genau jene Erbschaftssachen erhalten, die sie am liebsten haben möchten. Die Erkenntnis, dass das vom Gesetzgeber vorgesehene Teilungsverfahren und seine Durchführung im Streitfall nur eine geringe Wertschöpfung erbringt, führt auch verfeindete Erben in den meisten Fällen zur Einsicht, dass sie mit einer aussergerichtlichen Erbteilung besser fahren. Es ist wohl kein Zufall, dass das letzte publizierte bundesgerichtliche Präjudiz, das die Kompetenz des Gerichts zur Zuweisung von Sachen gegen den Willen der Erben am Rande erwähnt hat, mittlerweile 60 Jahre zurückliegt[379], und dass auch in der kantonalen Rechtsprechung soweit ersichtlich kein neueres Präjudiz zu diesem Thema zu finden ist. Auch wenn immer wieder Erbteilungsklagen eingereicht werden, einigen

375 Vgl. PraxKomm-Weibel [2011], Art. 604 N 45, m.w.H.; Druey [2002], § 17 Rz. 88 ff.; BSK ZGB II-Schaufelberger/Lüscher [2011], Art. 604 N 7; Seeberger [1993], S. 65 ff., m.w.H.

376 Vgl. PraxKomm-Weibel [2011], Art. 604 N 45, m.w.H.

377 Anspruch des Ehegatten auf die Wohnung und den Hausrat gemäss Art. 612a ZGB; Anspruch eines Erben auf ein landwirtschaftliches Gewerbe gemäss Art. 11 ff. BGBB.

378 Ausführlich dazu PraxKomm-Weibel [2011], Art. 608 N 1 ff., m.w.H.; Seeberger [1993], S. 131 ff.; Matthias Stein-Wigger [2001], a.a.O. [Fn. 364], S. 1135 ff. Zum Vorrang der erblasserischen Teilungsvorschriften über die Zustimmung des Erblassers zu einem – Absprachen über die Zuteilung einzelner Gegenstände oder Rechte beinhaltenden – Vertrag zwischen den Erben über einen noch nicht angefallenen Erbteil i.S.v. Art. 636 ZGB vgl. BGE 128 III 163.

379 BGE 78 II 409.

sich die Erben in aller Regel, bevor es zum Urteil kommt. Die Klage ist deswegen nicht überflüssig: Sie gibt den renitenten Erben das Signal, dass es nun ernst gilt, und dass es in ihrem eigenem Interesse liegt, endlich zu einer vernünftigen Teilung Hand zu bieten.

Wird gerichtlich geteilt, so erwächst die im ersten Schritt zu vollziehende Los- 182
bildung als solche nicht in Rechtskraft. Gibt es in der Zuordnungsfrage Streit, so steht auch die zuvor (mit oder ohne behördliche Mitwirkung) erfolgte Bildung der Lose nochmals zur Diskussion. Das angerufene Gericht entscheidet über alles. Sein Urteil regelt mit allseitiger Wirkung die Frage *«wer erhält was?»*. Für die gerichtliche Urteilsfindung dürfte aber eine in der ersten Runde unbestritten gebliebene Losbildung eine starke präjudizielle Wirkung haben: Das Gericht wird von dieser Losbildung nur aus wichtigen Gründen abweichen.

Eine selbständige Klage, die nur auf die Bildung von Losen gerichtet ist, ist 183
nicht möglich, da sie die Parteien der Entscheidung *«wer erhält was?»* nicht näher bringt.

Die vom Gesetzgeber vorgesehene Zweistufigkeit kann zweckmässig sein bei 184
grossen Nachlässen mit vielen gleichartigen Aktiven und verhältnismässig geringen Passiven. Bei kleineren Verhältnissen, die den Normalfall darstellen, präsentiert sich die Ausgangslage hingegen meist so, dass das zweistufige Verfahren eher unzweckmässig ist. Im Normalfall gibt es wenige Erben und zuweilen ein einziges grosses Aktivum, z.B. eine Liegenschaft, die den Erbteil jedes einzelnen Erben übersteigt, ferner einige wenige Stücke, deren Zuteilung umstritten ist.

Dabei gilt, dass Erbschaftssachen, deren Wert in keinem Los «Platz hat», man- 185
gels einer gütlichen Einigung unter den Erben keinem Los zugewiesen werden können, sondern versteigert werden müssen. Allerdings kann ein Erbe nach Rechtsprechung und herrschender Lehre in Analogie zur sachenrechtlichen Regelung gemäss Art. 651 ZGB im Streitfall zu Ausgleichszahlungen aus seinem Privatvermögen an Miterben verpflichtet werden, wenn ihm Erbschaftssachen zugewiesen werden, die sein Los übersteigen. Solche Ausgleichszahlungen (*«soultes»*, «Herausschulden»)[380], die gemäss bundesgerichtlicher Diktion «einem praktischen Bedürfnis» entsprechen, sind jedoch nur in «relativ geringem Ausmass» bzw. «in einem vernünftigen Verhältnis zum Erbteil des zahlungspflichtigen Erben» (gegebenenfalls reduziert durch vorangegangene partielle Erbteilungen) zulässig; in der Literatur wird ein Wert von 10 % der Erbquote

380 Vgl. dazu auch BGE 137 III 369, wonach die Klage auf Zahlung einer in einem Erbteilungsvertrag vereinbarten Ausgleichsleistung erbrechtlicher Natur ist.

am noch nicht geteilten Nachlass postuliert. Der Entscheid über Höhe und Zulässigkeit der – von den finanziellen Möglichkeiten der Erben unabhängigen – Ausgleichungszahlung beruht auf gerichtlichem Ermessen[381]. – Hingegen hat grundsätzlich kein Erbe *Anspruch* auf eine solche Zuweisung von losübersteigenden Sachen[382]. Ob ein Erbe Anspruch auf die Zuweisung losübersteigender Sachen hat, wenn er die Bezahlung eines Geldausgleichs *freiwillig anbietet,* ist umstritten, dürfte jedoch (sofern der Geldausgleich im Rahmen der vorgenannten quantitativen Schranken bleibt) zu bejahen sein[383].

186 Beim überlebenden Ehegatten dürfen für die Frage, welche Sachen in seinem Anteil «Platz haben», die güterrechtliche und die erbrechtliche Beteiligung jedenfalls dann zusammengezählt werden, wenn der Ehegatte diesem Vorgehen zustimmt. Hat er also aufgrund einer Gütergemeinschaft die Hälfte des ehelichen Vermögens und von Erbrechts wegen einen weiteren Viertel zugute, so kann ihm eine Liegenschaft im Wert von 75 % des ehelichen Vermögens auf Anrechnung zugewiesen werden, und zwar auch gegen den Widerstand der Nachkommen, aber nicht gegen seinen eigenen Widerstand.

187 Ist die Zuteilung zahlreicher kleinerer Erbschaftssachen wie Schmuckstücke, Kunstgegenstände, wertvolle Möbel etc. umstritten, so bringt eine einzelstückweise Versteigerung unter den Miterben die grössere Teilungs-Wertschöpfung[384] als eine abstrakte Losbildung und Zuweisung nach dem Zufallsprinzip. Am zweckmässigsten verfährt man in einem solchen Fall, indem man sämtliche zu versteigernden Objekte mit einem provisorischen Schätzwert versieht und die Summe dieser Schätzwerte als den provisorischen Gesamtwert der Steigerungsmasse bekanntgibt. Die Erben sind an einem Ort zur Versteigerung zu versammeln. Jedem von ihnen wird provisorisch ein kalkulatorisches Geldguthaben in der Höhe seines Anteils am provisorischen Gesamtwert der Teilungsmasse gutgeschrieben. Zulasten dieses kalkulatorischen Guthabens

---

381 BGer 5C.214/2003vom 8.12.2003, E. 4.1 = Pra 2004, Nr. 99; Kantonsgericht Wallis, 4.11.2004, RVJ 2005, S. 146; BGer 5C.155/1991 vom 14.5.1991; PraxKomm-Weibel [2011], Art. 612 N 11 ff., m.w.H.; Weibel/Heckendorn [2009], a.a.O. [Fn. 91], S. 227 f.; Druey [2002], § 16 Rz. 53; Seeberger [1993], S. 114 ff., m.w.H.; Spycher [2005], a.a.O. [Fn. 351], S. 47 ff.; Stein-Wigger [2001], a.a.O. [Fn. 364], S. 1140 f., m.w.H.; vgl. auch Art. 608 Abs. 2 ZGB für den Fall des Bestehens erblasserischer Teilungsvorschriften.

382 ZK-Escher [1960], Art. 611 N 5; BK-Tuor/Picenoni [1959/1964], Art. 611 N 11; Piotet, SPR IV/2 [1981], S. 883.

383 Zurückhaltend bejahend BGE 100 II 187, 193; Jean Nicolas Druey, Die erbrechtliche Teilung, in: Jean Nicolas Druey/Peter Breitschmid (Hrsg.), Praktische Probleme der Erbteilung, Bern 1997, S. 44 ff.; ZK-Escher [1960], Art. 611 N 5; Piotet, SPR IV/2 [1981], S. 883; BK-Tuor/Picenoni [1959/1964], Art. 611 N 11; Christoph Wildisen, Das Erbrecht des überlebenden Ehegatten, Freiburg 1997, S. 382; widersprüchlich Jost [1960], S. 26 bzw. 107.

384 Vgl. zu diesem Begriff vorn Rz. 181.

kann jeder Erbe nun bei der Versteigerung mitbieten, bis sein Guthaben aufgebraucht ist. Wird ein Objekt über seinem provisorischen Schätzwert zugeschlagen, so erhöht sich der Gesamtwert der Steigerungsmasse um die Differenz. Diese Differenz ist unverzüglich den kalkulatorischen Guthaben der Erben hinzuzuzählen. Wird ein Objekt unter seinem provisorischen Schätzwert zugeschlagen, so sind die kalkulatorischen Guthaben der Erben entsprechend zu reduzieren. – Am Schluss hat jeder Erbe genau jene Sachen, die er am liebsten erhalten wollte, bzw. er hat es selber zu vertreten, wenn er einzelne begehrte Objekte nicht ersteigern konnte, weil er sein kalkulatorisches Guthaben für den Erwerb anderer Sachen aufgebraucht hat.

9.1 Vorausklage: Klage auf Tilgung der Nachlassschulden (Art. 610 Abs. 3 ZGB)

Vorbemerkung

Art. 610 Abs. 3 ZGB gibt jedem Erben einen Anspruch auf Tilgung oder Sicherstellung der Nachlassschulden vor der effektiven Teilung; diese darf zwar durch das Teilungsgericht angeordnet, aber vor der Schuldentilgung nicht tatsächlich durchgeführt werden, selbst wenn der Erblasser gegenteilig verfügt haben sollte[385]. Nachstehend wird nur der Tilgungsanspruch behandelt. Er kann sowohl vom Teilungskläger als auch einredeweise von den Teilungsbeklagten geltend gemacht werden[386]. 188

Gerichtsstand

Am letzten Wohnsitz des Erblassers (Art. 28 Abs. 1 ZPO)[387]. 189

385 BGE 109 II 408, 410 f.; vgl. PraxKomm-Weibel [2011], Art. 610 N 16; BSK ZGB II-Schaufelberger/Lüscher [2011], Art. 604 N 14 und Art. 610 N 21 f.; Weibel [2005], a.a.O. [Fn. 147], S. 82.

386 PraxKomm-Weibel [2011], Art. 610 N 10 f., m.w.H.; ZK-Escher [1960], Art. 610 N 5; Jost [1960], S. 79 und 83, mit Verweis auf BK-Tuor [1952], Art. 610 N 12. Illustrativ etwa BGer 5A_115/2007, in dem zwar einem Miterben im Rahmen der Tilgungsklage der Nachweis einer Darlehensschuld des Erblassers gegenüber einer Kollektivgesellschaft gelungen war, seinen Miterben jedoch der Gegenbeweis der blossen Simulation dieses Darlehens und des Bestands des dissimulierten Geschäfts, nämlich der bereits erfolgten Auseinandersetzung per Saldo aller Ansprüche.

387 Vgl. PraxKomm-Weibel [2011], Art. 610 N 12.

Aktivlegitimation

190 Jeder Erbe einzeln[388].

Passivlegitimation

191 Alle übrigen Erben gesamthaft (notwendige Streitgenossenschaft)[389].

Befristung

192 Der Tilgungsanspruch kann bis zum Abschluss der Teilung geltend gemacht werden[390].

Verfahren

192a Soweit der Anspruch selbständig geltend gemacht wird, ist die Anwendung des summarischen Verfahrens auf Rechtsschutz in klaren Fällen gemäss Art. 257 ZPO vorstellbar. Wird der Anspruch im Rahmen des Erbteilungsprozesses gestellt, so dürfte dies nur in absoluten Ausnahmefällen gelten und stattdessen – abhängig vom Streitwert – entweder das ordentliche oder (ausnahmsweise) das vereinfachte Verfahren zur Anwendung gelangen.

193 *Rechtsbegehren*

Variante 1-1: *(wenn genügend Bargeld oder Guthaben auf Nachlasskonten bei Finanzinstituten vorhanden sind, um sämtliche Nachlassschulden zu tilgen):*

a) (Zusammenzug der liquiden Mittel auf dem Nachlass-Hauptkonto)

«1. Es sei der Miterbe M anzuweisen, das in seinem Besitz befindliche, zum Nachlass gehörende Bargeld von CHF … auf das Konto Nr. 123.456 bei der Bank … in … einzubezahlen.

2. Es seien die Banken A, B, C sowie die Postfinance anzuweisen, die bei ihnen bestehenden, auf den Namen des Erblassers lautenden Konten zu saldieren und den Saldo zu überweisen auf das Konto Nr. 123.456 bei der Bank … in …»

b) (Schuldentilgung aus dem Nachlass-Hauptkonto):

«3. Es sei die Bank … in … anzuweisen, zulasten des Kontos Nr. 123.456 die folgenden Nachlassschulden zu bezahlen: (Liste)»

---

388 PraxKomm-Weibel [2011], Art. 610 N 10; BSK ZGB II-Schaufelberger/Lüscher [2011], Art. 610 N 21.

389 PraxKomm-Weibel [2011], Art. 610 N 10.

390 PraxKomm-Weibel [2011], Art. 610 N 11; BK-Tuor/Picenoni [1959/1964], Art. 610 N 8.

Variante 1-2: (wenn nicht genügend Bargeld vorhanden ist und demgemäss Erbschaftssachen versilbert werden müssen): 194

Variante 1-2-1: (wenn die zu versilbernde Sache ein Grundstück ist): *«Es sei für die Liegenschaft Grundbuch … [Ort], Sektion …, Parzelle …, [Adresse], die Versteigerung unter den Parteien, eventualiter die öffentliche Versteigerung anzuordnen, und es sei die Gantverwaltung anzuweisen, aus dem Steigerungserlös, nach Tilgung der Steigerungsgebühren und der durch die Versteigerung fällig gewordenen Steuern, die folgenden Beträge an folgende Nachlassgläubiger zu bezahlen: (Liste der Beträge und der Gläubiger); die Gantverwaltung sei ferner anzuweisen, einen allfälligen Überschuss auf das Nachlass-Hauptkonto Nr. 123.456 bei der Bank … in … zu überweisen.»* 195

Variante 1-2-2: (wenn die zu versilbernden Sachen börsengängige Wertpapiere im Gewahrsam Dritter, insbesondere in demjenigen ortsansässiger Banken sind): *«Es sei die A-Bank anzuweisen, die im Wertschriftendepot Nr. 999.999 auf den Namen des Erblassers verwahrten Wertschriften zum Tageskurs zu veräussern und aus dem Erlös, nach Abzug der entsprechenden Bankgebühren, die folgenden Beträge an folgende Nachlassgläubiger zu bezahlen: (Liste der Beträge und der Gläubiger).»* 196

Variante 1-2-3: (wenn die zu versilbernde Sache im Besitz eines Miterben ist, der sie nicht herausgibt): *«Es sei der Beklagte X (= der betreffende Miterbe und Besitzer) unter Androhung der Bestrafung gemäss Art. 292 StGB und Art. 343 ZPO mit Busse im Widerhandlungsfall zu verurteilen, die Sache S binnen 30 Tagen seit Rechtskraft des Urteils an die Gantverwaltung in … auszuliefern, und es sei die Gantverwaltung anzuweisen, die Sache S unter den Parteien, eventualiter öffentlich, zu versteigern und aus dem Steigerungserlös, nach Tilgung der Steigerungsgebühren und der durch die Versteigerung fällig gewordenen Steuern, die folgenden Beträge an folgende Nachlassgläubiger zu bezahlen: (Liste der Beträge und der Gläubiger); die Gantverwaltung sei ferner anzuweisen, einen allfälligen Überschuss auf das Nachlass-Hauptkonto Nr. 123.456 bei der Bank … in … zu überweisen.»* 197

Erläuterung

Die Praxis geht dahin, eine öffentliche Versteigerung anzuordnen, wenn nicht jeder Erbe in der Lage wäre, bei einer internen Versteigerung mitzuwirken, sowie dann, wenn Erben bevormundet sind[391]. Die Versteigerung zwischen den 198

391 BK-Tuor/Picenoni [1959/1964], Art. 612 N 24 f.; vgl. auch Piotet, SPR IV/2 [1981], S. 887.

Miterben sollte demgemäss nur dann angeordnet werden, wenn eine echte Konkurrenzsituation besteht, die die mehreren Interessenten zwingt, realistische Angebote zu machen.

Anhang

199 **Umgang mit grossen Eventualverpflichtungen** – Im Zeitalter explosionsartig ansteigender Haftpflichtansprüche in Millionen- und Milliardenhöhe aus angeblich fehlerhafter Berufs- oder Organtätigkeit oder Unfällen aller Art[392] sehen sich manche Erblasser und später ihre Erben mit der Frage konfrontiert, wie sie mit den latenten Risiken aus solchen Situationen umgehen sollen. Nur ein einvernehmliches Vorgehen aller Erben kann hier konstruktive Lösungen bringen. Insofern gehört diese Thematik nicht in die vorliegende Darstellung. Trotzdem seien an dieser Stelle folgende Hinweise gegeben:

- Ist eine den Nachlasswert übersteigende Zahlungspflicht konkret und nahe vorauszusehen, so empfiehlt sich die Ausschlagung der Erbschaft. Um die Ausschlagungsbefugnis intakt zu erhalten, müssen die Erben strikt auf jegliche Involvierung in die Nachlassangelegenheiten verzichten[393].
- Ist die Risikoexposition nicht nah und konkret, dann mag sich eine Erbteilung empfehlen, bei der ein einzelner Miterbe in die Rolle des «Winkelrieds» tritt und das betreffende Eventualpassivum ausdrücklich zu Alleinschuld übernimmt, unter Schuldbefreiung der Miterben. In diesem Fall besteht die Hoffnung, dass die Miterben binnen fünf Jahren nach erfolgter Erbteilung aus der Solidarhaftung gemäss Art. 603 und 639 ZGB entlassen sein werden[394].
- Die Annahme des Nachlasses unter öffentlichem Inventar ist nur dann ein gangbarer Weg, wenn der Eventualgläubiger sich so weit entfernt befindet, dass ihm die Aufnahme eines öffentlichen Inventars voraussichtlich entgeht und er also versäumt, seine Rechte in diesem Verfahren zu wahren. Konkursverwaltungen in der Schweiz dürften diesbezüglich in der Regel ihre Rechtswahrung nicht versäumen, sondern vielmehr die Eventualforderung in astronomischer Höhe ins öffentliche Inventar eingeben. Die Nachlassabwicklung ist dann auf unbestimmte Zeit blockiert. Diese Eventualität sollte vermieden werden.

392 Vgl. z.B. Denis Oliver Adler/Lars Hauser, Haftung der Erben für Altlasten auf geerbten Grundstücken, in: successio 2010, S. 270 ff.

393 Weibel [2005], a.a.O. [Fn. 147], S. 58 f.

394 Vgl. zum Ganzen Weibel [2002], a.a.O. [Fn. 114].

9.2 Teilungsklage

Vorbemerkung

Das Urteil ist ein Gestaltungsurteil und ersetzt den Teilungsvertrag; es ist dessen Korrelat. Es schafft eine neue Rechtslage und begründet direkt den dinglichen Titel, d.h. unmittelbares Eigentum der einzelnen Erben an den ihnen jeweils zugewiesenen Erbschaftssachen[395]. Ausserdem wirkt es, über die Wirkung des Teilungsvertrags sowie über Feststellungs- und Leistungsurteile hinausgehend, konstitutiv, d.h. mit ihm ist die Teilung, soweit dies durch das Urteil möglich ist, unmittelbar vollzogen[396]. Im Rahmen der Erbteilungsklage können auch weitere – für die Erbteilung präjudizierende – Begehren gestellt werden, so z.B. Herabsetzungs- oder Ausgleichungsbegehren[397]. 200

Der Kläger konkretisiert im Klagebegehren seine Vorstellungen von der Teilung so weitgehend als möglich. Es darf aber von ihm nicht verlangt werden, dass er einen genauen Teilungsplan aufstellt, weil dies seinen bundesrechtlich gewährleisteten Teilungsanspruch faktisch vereiteln könnte[398]. Die Beklagten stellen gemäss ihren Vorstellungen (Gegen-)Anträge. Soweit die Anträge der Beteiligten übereinstimmen, ist das Gericht daran gebunden, im übrigen urteilt es nach seinem pflichtgemässen Ermessen, wobei es aufgrund seiner freien und umfassenden Zuteilungskompetenz[399] auch zu einer Lösung gelangen kann, die von keiner der Parteien beantragt worden ist. Die Dispositionsmaxime gilt im Erbteilungsprozess also lediglich mit Einschränkungen[400]. 201

Das Rechtsbegehren auf Zuweisung bestimmter Sachen entspringt keinem Rechtsanspruch. Kein Erbe hat *a priori* ein besseres Recht auf eine Nachlass- 202

395 Zur Zuweisung von zum Nachlass gehörenden bestrittenen Forderungen des Nachlasses gegen Dritte im Rahmen der Erbteilung vgl. BGer 5A_573/2008, E. 1.3.

396 Obergericht Zürich, 25.3.2003, ZR 2004, Nr. 34, E. IV.2; Jost [1960], S. 38 ff.; PraxKomm-Weibel [2011], Art. 604 N 3, m.w.H.; BSK ZGB II-Schaufelberger/Lüscher [2011], Art. 604 N 7 und 27; Seeberger [1993], S. 18 und 82 ff., 92 und 99, m.w.H.; Spycher [2005], a.a.O. [Fn. 351], S. 38 f. – Befinden sich Grundstücke im Nachlass, so ist das Grundbuchamt zur Eintragung des berechtigten Erben anzuweisen oder dieser zur Eintragung im Grundbuch zu ermächtigen: vgl. PraxKomm-Weibel [2011], Art. 604 N 44.

397 Ausführlich dazu PraxKomm-Weibel [2011] Art. 604 N 27, m.w.H.

398 BGE 101 II 41, 45 f.; BGE 108 II 337, 341 f.; BGer 5A_654/2008, E. 6; PraxKomm-Weibel [2011], Art. 604 N 30, m.w.H.; BSK ZGB II-Schaufelberger/Lüscher [2011], Art. 604 N 15, m.w.H.; Seeberger, S. 87 ff. – Anders stellt sich die Situation im Rechtsmittelverfahren dar: Hier müssen auf jeden Fall konkrete Anträge über die Art der Teilung gestellt werden, vgl. PraxKomm-Weibel [2011], Art. 604 N 43, m.w.H.

399 Vgl. vorn Rz. 179.

400 Jost [1960], S. 39 ff.; Seeberger [1993], S. 62; PraxKomm-Weibel [2011], Art. 604 N 48.

sache als ein anderer (soweit nicht testamentarische Teilungsvorschriften, das bäuerliche Erbrecht oder Art. 612a ZGB für den überlebenden Ehegatten solche Ansprüche begründen). Vielmehr helfen die Zuweisungsbegehren dem Gericht, nach seinem pflichtgemässen Ermessen einen vernünftigen Teilungsmodus zu finden. Dringt ein Kläger mit seinem Zuweisungsbegehren nicht durch, so ist er prozessual nicht unterlegen. Dringt er durch, so hat er nicht obsiegt[401].

203 Aus dem gleichen Grund sollten die von der Klage abweichenden Anträge der Beklagten nicht als *Widerklagen* tituliert werden. Im Erbteilungsprozess verfolgen die verschiedenen Antragsteller meist nicht konträre Ziele, sondern sie unterbreiten dem Gericht in ihren Zuweisungsbegehren verschiedene Varianten, gemäss denen das gemeinsam angestrebte Ziel, die Teilung, konkretisiert werden kann. Jede Partei ist bei dieser so genannten *actio duplex* sowohl Kläger als auch Beklagter[402]. Verlierer mit Kostenfolgen ist nur – aber immerhin –, wer sich der Teilung (zu Unrecht) grundsätzlich widersetzt[403].

9.2.1 Gesamtklage (allgemeine Erbteilungsklage)

Gerichtsstand

204 Am letzten Wohnsitz des Erblassers (Art. 28 Abs. 1 ZPO)[404].

Aktivlegitimation

205 Jeder (gesetzliche oder eingesetzte) Erbe einzeln. Hebt ein Erbe während der Ausschlagungsfrist gemäss Art. 567 ZGB eine Erbteilungsklage an, so verwirkt er dadurch gemäss Art. 571 Abs. 2 ZGB seine Ausschlagungsbefugnis[405].

206 Anfänglich «virtuelle Erben», d.h. pflichtteilsgeschützte Erben oder Begünstigte aus einer früheren Verfügung, die durch Verfügung von Todes wegen

401 Vgl. Kantonsgericht Wallis, 4.11.2004, RVJ 2005, S. 146; PraxKomm-Weibel [2011], Art. 604 N 33, m.w.H.

402 Jost [1960], S. 39, 84 und 109 ff.; Seeberger [1993], S. 91 ff.; PraxKomm-Weibel [2011], Art. 604 N 36, m.w.H. Vgl. Spycher [2005], a.a.O. [Fn. 351], S. 39 f. – Auf eine selbständige zweite Erbteilungsklage eines Beklagten kann zufolge Litispendenz nicht eingetreten werden: PraxKomm-Weibel [2011], Art. 604 N 37, m.w.H.

403 Vgl. Kantonsgericht Wallis, 4.11.2004, RVJ 2005, S. 146; PraxKomm-Weibel [2011], Art. 604 N 36.

404 Vgl. PraxKomm-Weibel [2011], Art. 604 N 17 ff.; Seeberger [1993], S. 49; Spycher [2005], a.a.O. [Fn. 351], S. 27 ff. und 33. Vgl. auch Rz. 11.

405 Jost [1960], S. 42 f. und 55 f.; PraxKomm-Weibel [2011], Art. 604 N 6, m.w.H.

vom Nachlass ausgeschlossen sind, sind erst aktivlegitimiert, nachdem sie ihrer Beteiligung am Nachlass mittels Ungültigkeits- oder Herabsetzungsklage in einem Gestaltungsurteil Anerkennung verschafft haben. Zuvor haften sie nicht für die Erbschaftsschulden und können auch nicht an der Verwaltung der Erbschaftsgüter teilnehmen[406]. Sie können ihren Herabsetzungsanspruch auch nicht einredeweise geltend machen[407]. Ebenso können suspensiv bedingte Erben (z.B. Nacherben) die Erbteilungsklage erst nach Eintritt der Bedingung anheben[408].

Aktivlegitimiert ist auch die Behörde gemäss Art. 609 Abs. 1, wenn sie keine 207
einvernehmliche Teilung erwirken kann, jedenfalls aber dann, wenn der Erbanteil gepfändet wurde; sie tritt hinsichtlich ihrer Kompetenzen vollständig an die Stelle des auf Antrag des Gläubigers hin von der Mitwirkung ausgeschlossenen Erben[409].

Nicht aktivlegitimiert sind – auch wenn dafür durchaus gute Gründe angeführt 208
werden – zumindest *de lege lata* der Willensvollstrecker[410], der Erbschaftsverwalter gemäss Art. 554 ZGB und der Erbenvertreter gemäss Art. 602 Abs. 3 ZGB[411]. Auch Vermächtnisnehmer sind nicht aktivlegitimiert, sondern müssen

406 BGer 5C.81/2003 vom 21.4.2004; Obergericht Zürich, 8.7.1988, ZR 1996, Nr. 34; noch offen gelassen in BGE 125 III 35, E. 3.b.bb; BGE 104 II 75, E. 3.b.bb; vgl. auch BGE 115 II 211, 212; vgl. ferner PraxKomm-Weibel [2011], Art. 604 N 10, m.w.H.; BSK ZGB II-Staehelin [2011], Art. 470 N 4, m.w.H.; BSK ZGB II-Forni/Piatti [2011], Vor 522–533 N 2; BSK ZGB II-Schaufelberger/Lüscher [2011], Art. 602 N 5 und Art. 604 N 20; Aebi-Müller [2000], a.a.O. [Fn. 323], S. 75; Druey [2002], § 6 Rz. 12 und 39 f.; Piotet, SPR IV/I [1978], S. 379 f., und SPR IV/2 [1981], S. 728 f.; Spycher [2005], a.a.O. [Fn. 351], S. 36 f.; anders noch BGE 56 II 17, 20; BGE 70 II 142, 147; BK-Tuor [1952], Art. 522 N 9 f. und 19; ZK-Escher [1959], Art. 522 N 3 und 5 f.; ZK-Escher [1960], Art. 604 N 3; Flückiger [2004], a.a.O. [Fn. 37], S. 84 ff. und 89 ff.

407 Obergericht Zürich, 8.7.1988, ZR 1996, Nr. 34; nur scheinbar im Widerspruch dazu BGE 116 II 243; BGE 120 II 417. Vgl. nun aber BGE 134 III 467, wo das Bundesgericht die Erbberechtigung der Klägerin vorfrageweise im Erbteilungsprozess geprüft hat. Vgl. dazu auch Weibel/Heckendorn [2009], a.a.O. [Fn. 91], 220 f.

408 Jost [1960], S. 42.

409 BGE 129 III 316 = ZBGR 2004, S. 346; Jost [1960], S. 58; PraxKomm-Weibel [2011], Art. 604 N 7, m.w.H.; BSK ZGB II-Schaufelberger/Lüscher [2011], Art. 604 N 16 sowie Art. 609 N 12 und 14; Seeberger [1993], S. 32 und 50; Spycher [2005], a.a.O. [Fn. 351], S. 37 f.; BK-Tuor/Picenoni [1959/1964], Art. 609 N 13; Weibel/Heckendorn [2009], a.a.O. [Fn. 91], S. 223 f.; teilweise **a.M.** ZK-Escher [1960], Art. 609 N 14; vgl. auch ZR 1992/93, Nr. 31, S. 116; Kantonsgericht Graubünden, 11.4.2003, PKG 2003, Nr. 37.

410 Vgl. hinten Rz. 307. Ausführlich Sutter-Somm/Chevalier [2007], a.a.O. [Fn. 21], S. 30 ff.

411 Jost [1960], S. 62; PraxKomm-Weibel [2011], Art. 604 N 8, m.w.H.; BSK ZGB II-Schaufelberger/Lüscher [2011], Art. 604 N 20.

ihre Ansprüche erforderlichenfalls mit der Vermächtnisklage[412] geltend machen[413]. Ebenso sind blosse Nutzniesser nicht aktivlegitimiert[414].

Passivlegitimation

209 Alle nicht auf der Klägerseite mitwirkenden Erben als *notwendige Streitgenossenschaft*[415], nicht hingegen die Erbengemeinschaft, die als solche weder aktiv noch passiv prozessfähig ist[416].

209a Die Notwendigkeit, sämtliche Erben in den Erbteilungsprozess mit einzubeziehen, gilt weiter, wenn an den erstinstanzlichen Erbteilungsprozess ein Rechtsmittelverfahren anschliesst[417]. Wollen einzelne Beteiligte an einem Rechtsmittelverfahren nicht mehr mitmachen, weil sie prozessmüde geworden sind, dann müssen sie von den übrigen, weiterhin streitbaren Miterben, welche die Berufung oder Beschwerde einlegen, notgedrungen auf der Gegenseite ins Recht gefasst werden, auch wenn damit ein Parteiwechsel verbunden ist. Dies entspricht einer sachlichen Notwendigkeit, da andernfalls ein einzelner Miterbe, der die Mitwirkung an einer Berufung oder Beschwerde verweigert, das Rechtsmittelverfahren blockieren und seine bisherigen Streitgenossen um die noch vorhandenen Rechtsmittel verkürzen könnte.

209b Erklären einzelne Erben gegenüber dem Gericht von vornherein, sie würden das Urteil – wie auch immer es ausfalle – anerkennen oder seien mit den klägerischen Begehren einverstanden, so genügt es gemäss der bundesgerichtlichen Rechtsprechung, die übrigen Miterben zu belangen[418]. Eine schriftliche Erklärung gegenüber dem angehenden Kläger, welche dieser dem Gericht vorlegen

412 Vgl. hinten Rz. 252.

413 Art. 484, 562 und 601 ZGB, vgl. PraxKomm-Weibel [2011], Art. 604 N 9, m.w.H.; Weibel [2005], a.a.O. [Fn. 147], S. 68.

414 Vgl. PraxKomm-Weibel [2011], Art. 604 N 9, m.w.H.

415 Vgl. statt vieler PraxKomm-Weibel [2011], Art. 604 N 11, m.w.H. Kritisch gegenüber dem Erfordernis der notwendigen Streitgenossenschaft äussern sich Sutter-Somm/Chevalier [2007], a.a.O. [Fn. 21], S. 30. Auch sie müssen freilich einräumen, dass in das Erbteilungsverfahren sämtliche Erben einzubeziehen sind, sei es auf der Aktiv- oder auf der Passivseite. Es liegt somit nicht eine inhaltliche, sondern lediglich eine terminologische (Schein-) Differenz vor.

416 Vgl. bereits vorn Fn. 271.

417 BGE 130 III 550; BGer 5A_809/2011, E. 2; BGer 5A_372/2011. Vgl. Eitel [2005], a.a.O. [Fn. 50], S. 131 f.; Spycher [2005], a.a.O. [Fn. 351], S. 35; Weibel/Heckendorn [2009], a.a.O. [Fn. 91], S. 221, m.w.H.; Weibel/Gerster [2012], a.a.O. [Fn. 46], S. 44.

418 BGE 74 II 217, 220; BGE 86 II 451, 455; BGE 93 II 15; BGE 100 II 440, 441 f.; Kantonsgericht Wallis, 4.11.2004, RVJ 2005, S. 146; vgl. auch BGE 109 II 400, 403; Obergericht Zürich, 15.4.2003, ZR 2004, Nr. 4 i.f.; PraxKomm-Weibel [2011], Art. 604 N 13, m.w.H.; Jost [1960], S. 65; BSK ZGB II-Schaufelberger/Lüscher [2011], Art. 604 N 17; kritisch Spycher [2005], a.a.O. [Fn. 351], S. 34 f. (blosses Einverständnis mit den klägerischen Rechtsbegehren genügt angesichts der Rechtsnatur der Erbteilungsklage als *actio duplex* nicht); Seeberger [1993], S. 50 f.

kann, muss nach der hier vertretenen Auffassung ausreichen. Vorsichtigerweise wird allerdings der Kläger die mit der Klage einverstandenen Miterben dennoch ins Verfahren miteinbeziehen, damit sie ihre Erklärung gegenüber dem Gericht abgeben können und die Bindungswirkungen des Urteils unmissverständlich klar sind[419].

Derjenige Erbe, der ohne rechtsgültige Ausschlagung oder dinglich wirkende Erbteilsabtretung i.S.v. Art. 635 Abs. 1 ZGB auf seine Erbansprüche verzichtet, 210
bleibt formell Erbe und ist folglich in den Erbteilungsprozess mit einzubeziehen[420].

Befristung

Teilungsanspruch und Teilungsklage sind unverjährbar und können auch 211
nicht verwirkt werden[421]. Von der Eröffnung des Erbgangs an kann jeder Erbe jederzeit die Teilung der Erbschaft bzw. des ungeteilten Rests der Erbschaft verlangen[422], selbst wenn die Erben die Erbengemeinschaft über Jahre oder gar Jahrzehnte fortgesetzt haben[423]. Der Teilungsanspruch ist auch dann noch nicht verjährt oder verwirkt, wenn nach einer vermeintlich abschliessenden Teilung noch unverteilte Erbschaftsaktiven zum Vorschein kommen[424].

Faktisch abzuwarten sind immerhin die Fristen für die Ausschlagung (Art. 567 211a
ZGB), das öffentliche Inventar (Art. 580 und 587 ZGB) sowie die amtliche Liquidation (Art. 594 ZGB). Auch der Ausgang einer allfälligen Ungültigkeitsklage ist abzuwarten. Erst dann steht fest, gegen wen sich der Teilungsanspruch richtet, und ob es gegebenenfalls zu einer Gesamtliquidation des Nachlasses kommt, welche den Teilungsanspruch der Erben ausschliesst bzw. erübrigt[425]. Die Erbteilungsklage kann auch nicht vor dem Vorliegen des Teilungsvorschlags eines allenfalls eingesetzten Willensvollstreckers angehoben werden, es sei denn, dieser sei von vornherein «blosse Makulatur», oder die Prozessökonomie gebiete Abweichendes (wie etwa dann, wenn zusätzlich zur Erbteilung

419 Vgl. auch PraxKomm-Weibel [2011], Art. 604 N 13, m.w.H.
420 Obergericht Zürich, 15.4.2003, ZR 2004, Nr. 4. Vgl. PraxKomm-Weibel [2011], Art. 604 N 12, m.w.H.
421 BGE 75 II 292; BGE 69 II 366; BGE 45 II 525; Seeberger [1993], S. 49; PraxKomm-Weibel [2011], Art. 604 N 4 f., m.w.H.
422 Obergericht Zürich, 25.3.2003, ZR 2004, Nr. 34, E. III.
423 BGE 116 II 267, 275; PraxKomm-Weibel [2011], Art. 604 N 5, m.w.H.; BSK ZGB II-Schaufelberger/Lüscher [2011], Art. 604 N 2; BK-Tuor/Picenoni [1959/1964], Art. 604 N 1a und 1e.
424 Vgl. PraxKomm-Weibel [2011], Art. 604 N 5, m.w.H.
425 PraxKomm-Weibel [2011], Art. 604 N 4, m.w.H.

Ansprüche wie etwa die Herabsetzung von Verfügungen geltend gemacht werden, für welche bundesrechtliche Verwirkungsfristen gelten)[426].

Verfahren

211b (Nur – aber immerhin –) bei einfachsten Verhältnissen (z.B. klare Zusammensetzung des Nachlasses; klar unzulässige Weigerung eines oder mehrerer Miterben, in die einvernehmliche Teilung einzuwilligen) ist die Anwendung des summarischen Verfahrens auf Rechtsschutz in klaren Fällen gemäss Art. 257 ZPO vorstellbar[427]. In aller Regel dürfte freilich – abhängig vom Streitwert – entweder das ordentliche oder (ausnahmsweise) das vereinfachte Verfahren zur Anwendung gelangen.

Streitwert

212 Streitwert ist grundsätzlich der (Netto-)Wert des eingeklagten Erbteils[428]. Ist allerdings der Teilungsanspruch als solcher streitig, so ist Streitwert der gesamte Wert des zu teilenden Vermögens[429].

Rechtsbegehren

Variante 1 (abstraktes Begehren):

«Es sei der Nachlass des am ... verstorbenen X. festzustellen und zu teilen.»

Variante 2 (konkretes Begehren):

1. *Es sei der Nachlass des am ... verstorbenen X.* ***festzustellen,*** *d.h. es sei festzustellen, dass der Nachlass die in der Klagebeilage 1 (Inventar vom ...) aufgeführten Aktiven und Passiven [mit folgenden Abweichungen ...] umfasst.*

---

426 PraxKomm-Weibel [2011], Art. 604 N 58, m.w.H. (vgl. auch N 49 ff. zu den diversen Gründen für einen Teilungsaufschub, die zwar nicht der Anhebung, wohl aber der Gutheissung einer Erbteilungsklage entgegenstehen können).

427 Vgl. Weibel/Gerster [2012], a.a.O. [Fn. 46], S. 38.

428 PraxKomm-Weibel [2011], Art. 604 N 25, m.w.H.; vgl. auch BGer 5A.514/2009, E. 3 und 4. – In Ausnahmefällen kann es nach Rechtsprechung und Doktrin stattdessen angezeigt sein, auf den Bruttowert des Nachlasses abzustellen, nämlich dann, wenn das Abstellen auf den Nettowert zu stossenden (d.h. in keiner vernünftigen Relation zu Aufwand und Verantwortung des Gerichts und der Parteivertreter stehenden) Ergebnissen führen würde: PraxKomm-Weibel [2011], Art. 604 N 26, m.w.H.

429 BGE 127 III 396, 398; BGE 86 II 451, 454 f.; Kantonsgericht Wallis, 4.11.2004, RVJ 2005, S. 146. Vgl. PraxKomm-Weibel [2011], Art. 604 N 25, m.w.H.; Spycher [2005], a.a.O. [Fn. 351], S. 44 f.

2. *Es sei **festzustellen,** dass der Kläger an diesem Nachlass zu einem Viertel berechtigt ist;*

3. **Gestaltungsbegehren** 213

Variante 1: *Dem Kläger seien folgende zum Nachlass gehörenden Aktiven und Passiven in Abgeltung seines Erbteils zuzuweisen: (Liste)*

Variante 2:

a) Es seien vier gleichwertige Lose zu bilden, wobei das Gericht den einzelnen Losen folgende Aktiven und Passiven zuzuweisen habe: (Liste der vier Lose, je mit Aktiven und Passiven nach den Vorstellungen des Klägers).

b) Dem Kläger sei das erste der vier vorerwähnten Lose zuzuweisen.

***Variante 3** (wenn einzelne Erbschaftsgegenstände die Grösse der Lose übersteigen und nicht ohne Wertverlust geteilt werden können): Für die folgenden, den Wert eines Loses übersteigenden Erbschaftssachen sei die Versteigerung unter den Parteien, **eventualiter** die öffentliche Versteigerung anzuordnen, und es sei der Steigerungserlös zu gleichen Teilen den vier Losen zuzuweisen.*

4. ***Variante 1:** Es sei der Kläger von allen Erbschaftspassiven zu entlasten, die nicht gemäss Klagebegehren 3 [Variante 2 b] seinem Los zugewiesen werden.*

***Variante 2: Eventualiter** seien die Beklagten zur Bezahlung von CHF … an den Kläger als Ersatzleistung für die von diesem getilgten Nachlasspassiven zu verurteilen.»*

Erläuterung

214 Das abstrakte Begehren *«Es sei der Nachlass des am … verstorbenen X. festzustellen und zu teilen»* ist – mit Blick auf die Obliegenheit des Erbteilungsklägers, in seinen Rechtsbegehren seine Vorstellungen von der Erbteilung zu konkretisieren – nur (aber immerhin) dann zulässig , wenn der Kläger aus zureichenden Gründen keine konkreteren Anträge stellen kann, etwa weil der Beklagte seiner Auskunftspflicht bezüglich ausgleichungs- oder herabsetzungspflichtiger Tatbestände nicht nachgekommen ist. Andernfalls soll der Kläger im

Rechtsbegehren konkretisieren, was umstritten ist, und was er selber bezüglich der umstrittenen Punkte erreichen will[430].

215 Bei grösseren Nachlässen mit einer Vielzahl von Erben löst die allgemeine Erbteilungsklage, d.h. die Klage auf Teilung der gesamten Erbschaft, in der Regel das zweistufige Verfahren der Losbildung und Loszuordnung aus, wobei das Gericht die Losbildung an die «zuständige Behörde» delegieren kann.

216 Gemäss der bundesgerichtlichen Rechtsprechung hat das Erbteilungsgericht den Nachlass festzustellen, die Teilungsquoten zu bestimmen und die Teilung soweit als möglich durchzuführen. Demgemäss ist es üblich, an den Beginn der Teilungsklage das Begehren um *«Feststellung des Umfangs der Erbschaft»* zu stellen. Bei diesem handelt es sich nicht um eine Feststellungsklage im prozesstechnischen Sinn. Vielmehr soll vorfrageweise das Teilungssubstrat definiert werden, auf welches sich das anschliessende Teilungsurteil bezieht. Die Ermittlung des Teilungssubstrats ist aber nicht Sache des Gerichts. Die Inventarisierung der Aktiven und Passiven mit einem allfälligen Schuldenruf obliegt *de iure* den Erben oder dem Willensvollstrecker, *de facto* in der Regel der «zuständigen Behörde». Mit dem Rechtsbegehren auf «Feststellung der Erbschaft» ist lediglich gemeint, das Erbteilungsgericht habe den *ihm von den Parteien nachgewiesenen* Umfang des Teilungssubstrats in seinem Urteil so deutlich zu beschreiben, dass klar ist, worauf sich das Teilungsurteil bezieht[431].

217 Soweit im Rahmen der Erbteilung auch um die Ausgleichungspflicht oder die Herabsetzung lebzeitiger Zuwendungen an Miterben gestritten wird, ist zusätzlich zur *«Feststellung des Umfangs der Erbschaft»* auch die Feststellung zu begehren, *«dass die Zuwendungen X, Y und Z der Ausgleichung [oder der Herabsetzung] unterliegen und mit ihrem Verkehrswert am Todestag des Erblassers in die Berechnungsmasse für den Ausgleichungsanspruch [oder den Herabsetzungsanspruch] des Klägers einzubeziehen sind.»* – Reicht der Nachlass nicht aus, um den Ausgleichungs- oder Herabsetzungsanspruch des Klägers zu decken, so muss der Kläger zusätzlich ein Leistungsbegehren gegen den Ausgleichungs- oder Herabsetzungsbegünstigten stellen[432]. Dabei handelt es sich um eine Klagenhäufung[433].

---

430 Vgl. PraxKomm-Weibel [2011], Art. 604 N 31; Zum Bestimmtheitsgebot bei erbrechtlichen Klagebegehren vgl. ZBJV 1994, S. 564; ferner BGE 69 II 369; Spycher [2005], a.a.O. [Fn. 351], S. 40 f.

431 PraxKomm-Weibel [2011], Art. 604 N 34, m.w.H., namentlich auf BGer 5A_654/2008, E. 2.2 und 6.2; Jost [1960], S. 71, mit Verweis auf BGE 69 II 357, BGE 75 II 256 und BGE 78 II 408; Weibel/Gerster [2012], a.a.O. [Fn. 46], S. 40 f.

432 Zur Ausgleichungsklage vgl. vorn Rz. 142 ff.; zur Herabsetzungsklage vgl. vorn Rz. 60 ff.

433 BK-Tuor/Picenoni [1959/1964], Art. 604 N 4b; PraxKomm-Weibel [2011], Art. 604 N 27, m.w.H.

Im Rechtsbegehren der Teilungsklage muss notwendigerweise auch die Feststellung des klägerischen Erbanteils verlangt werden. Es gibt keine Vornahme der Teilung ohne vorgängige Feststellung des klägerischen Erbanteils[434], und zwar selbst dann, wenn die Erbanteile nicht bestritten sind. Die Feststellung des Erbanteils ist ein notwendiger gedanklicher Schritt, um vom einleitend festgestellten Umfang der Erbschaft zu den konkreten Sachzuweisungen an Kläger und Beklagte zu gelangen, in die das Urteilsdispositiv allenfalls mündet. 218

Nach der hier vertretenen Auffassung muss es möglich sein, beim Erbteilungsgericht eine gestaffelte Erbteilung in dem Sinne zu beantragen, dass derjenige Teil der Erbschaft, welcher ohne Gefährdung der Substanz und ohne Präjudizierung der späteren Erbteilung (auch mit Blick auf allenfalls streitige Einzelfragen) vorab verteilt wird. Auf dem Weg eines Verfahrensantrags – und vor Hängigkeit des Erbteilungsverfahrens allenfalls auch in einem Summarverfahren nach Art. 257 ZPO – würde demnach beantragt: «*1. Es sei derjenige Teil des Nachlasses festzustellen, der ohne Gefährdung der Substanz und ohne Präjudizierung der späteren Teilung vorab verteilt werden kann, d.h. es sei festzustellen, dass ... 2. Es sei dieser festgestellte Teil nach Massgabe der gemäss Rechtsbegehren Ziff. ... festgestellten Erbquoten vorab unter den Parteien zu verteilen.*» Auf diesem Weg sollten auch im Rahmen der gerichtlichen Erbteilung **Abschlagszahlungen** möglich sein. Nichts spricht dagegen, in länger dauernden Verfahren periodische (z.B. jährliche) weitere Teilurteile im entsprechenden Sinne zu beantragen[435]. 218a

9.2.2 Klage auf partielle Erbteilung

Vorbemerkung

Grosse Nachlässe mit einer komplexen Struktur von Aktiven und Passiven im In- und Ausland werden in der Regel schrittweise in sukzessiven partiellen Teilungshandlungen an die einzelnen Erben zugewiesen. Man denke an einen heterogen zusammengesetzten Nachlass mit Aktien, Obligationen, Mobiliar, Einfamilien- und Ferienhaus sowie mit einem grossen und werthaltigen land- 219

434 Jost [1960], S. 71, mit Verweis auf Kantonsgericht St. Gallen, 23.4.1956, SJZ 1958, S. 184. Vgl. auch Einzelrichter im Summarischen Verfahren des Bezirks Meilen, Zwischenverfügung vom 20. August 2008, in: ZR 108 (2009), Nr. 12, E. 4.2.3; Spycher [2005], a.a.O. [Fn. 351], S. 42; PraxKomm-Weibel [2011], Art. 604 N 34, m.w.H., namentlich auf BGer 5A_654/2008, E. 2.2 und 6.2.

435 Ausführlich Weibel/Gerster [2012], a.a.O. [Fn. 39], S. 34 f., m.w.H.

wirtschaftlichen Grundbesitz, der in einer Zone liegt, die in eine mehrjährige, noch nicht absehbare Güterzusammenlegung oder Aufzonung einbezogen ist. Da ist es sinnvoll, die sofort verfügbaren Aktiven und Passiven bald zuzuordnen und die Erbteilung in diesem Sinne so weit wie möglich abzuarbeiten, wogegen das Schicksal des bis auf weiteres blockierten Aufzonungslands aufgeschoben bleibt, bis die Zuweisung oder Veräusserung der neu gebildeten Parzellen aufgrund einer verlässlichen Bewertung möglich ist.

219a Das schrittweise Abarbeiten der Erbteilung erheischt aber in der Regel den Konsens aller Beteiligter. Es wäre eine unfruchtbare Zwängerei, wenn einzelne Erben durch gerichtliche Klagen bestimmte vorgezogene Teilungshandlungen zu eigenen Gunsten durchsetzen wollten, bevor die Teilung insgesamt für die Miterben und das Gericht klar ist.

219b Trotzdem kann es Situationen geben, in denen eine Klage auf partielle Erbteilung sinnvoll ist, insbesondere dann, wenn ein einzelnes, besonders werthaltiges Objekt, das in keiner Erbquote Platz hat, versilbert werden soll, damit aus dem Erlös die Nachlassschulden getilgt werden können. Auch wenn die Erbteilung bereits fortgeschritten ist, einzelne Erben vielleicht bereits vollständig ausbezahlt worden sind und in einem späteren Stadium noch ein Dissens über die Verteilung des restlichen Nachlasses entsteht, kann eine Klage auf partielle Erbteilung angezeigt sein[436].

219c Eine Klage auf partielle Erbteilung ist sowohl infolge von personeller als auch infolge von objektiver Beschränkung denkbar, ebenso wie es auch eine subjektiv- oder objektiv-partielle vertragliche Erbteilung gibt. Ihre Zulässigkeit beruht letztlich auf der Dispositionsmaxime, die ihrerseits Korrelat der Privatautonomie ist. Die Kompetenzen des Erbteilungsgerichts werden durch die Rechtsbegehren der Parteien beschränkt.

219d Ein teilungswilliger Erbe kann seine Miterben grundsätzlich nicht mittels Erbteilungsklage dazu zwingen, die Erbengemeinschaft auch untereinander aufzulösen[437]. Die gegenständliche Zusammensetzung der Erbschaft kann allerdings, in Verbindung mit dem Grundsatz der Gleichbehandlung der Erben, selbst bei Vorliegen eines bloss partiellen Teilungsbegehrens eine weitergehende (ja: allenfalls sogar umfassende) Teilung erheischen[438].

---

436 Vgl. BSK ZGB II-Schaufelberger/Lüscher [2011], Art. 602 N 33 ff. und Art. 604 N 6; Jost [1960], S. 125 ff.; Seeberger, S. 56 ff.

437 PraxKomm-Weibel [2011], Art. 604 N 40, m.w.H.

438 Vgl. Seeberger [1993], S. 57 und 121 f.; PraxKomm-Weibel [2011], Art. 604 N 40.

Bei objektiver Beschränkung wird lediglich die Zuteilung einzelner Erbschaftssachen zum Prozessgegenstand gemacht, ohne dass die Teilung der ganzen Erbschaft anvisiert wird. Partialteilungsbeklagte können allerdings in ihren Rechtsbegehren eine umfassende Teilung beantragen, und zwar jeder von ihnen einzeln[439]. Der ursprüngliche Antrag auf bloss partielle Teilung wird dann gegenstandslos. Da die allgemeine Erbteilungsklage nicht notwendigerweise etwas anderes und erst recht nicht das Gegenteil von dem bezweckt, was der Partialkläger anstrebt, sondern ganz einfach *mehr,* wäre es verfehlt, die allgemeine Erbteilungsklage in ihrem Verhältnis zur Partialklage als «Widerklage» zu bezeichnen[440]. 220

Gerichtsstand

Wie vorn (Rz. 204). 221

Aktivlegitimation

Wie vorn (Rz. 205). 222

Passivlegitimation

Wie vorn (Rz. 209). 223

Befristung

Wie vorn (Rz. 211). 224

Verfahren

Wie vorn (Rz. 211b). 224a

Streitwert

Wie vorn (Rz. 212). 225

---

439 Vgl. PraxKomm-Weibel [2011], Art. 604 N 36; vgl. auch Seeberger [1993], S. 56 (zumindest missverständlich, da – im Widerspruch zu Obergericht Zürich, ZR 1985, Nr. 67, E. 2, und BGer, ZR 1985, Nr. 67, E. 2 – von der Möglichkeit einer allgemeinen Teilungsklage der Partialteilungsbeklagten gesprochen wird, die jedoch zufolge Litispendenz ausgeschlossen ist). Allemal ist es aber möglich und in der Regel aus prozessökonomischen Erwägungen angebracht, mehrere Teilungsklagen betreffend denselben Nachlass zu vereinigen: BSK ZGB II-Schaufelberger/Lüscher [2011], Art. 604 N 19.

440 Vgl. bereits vorn Rz. 203.

226 *Rechtsbegehren*

«1. Es sei ***festzustellen,*** *dass die Sache … zum [noch ungeteilt gebliebenen restlichen] Nachlass des am … verstorbenen X. gehört.*

2. Es sei ***festzustellen,*** *dass der Kläger und der Beklagte an diesem [restlichen] Nachlass je zur Hälfte berechtigt sind.*

3. Es sei die erwähnte Sache … dem Kläger in Anrechnung auf seinen Erbteil zuzuweisen; ***eventualiter*** *sei diese Sache unter den Miterben,* ***subeventualiter*** *öffentlich zu versteigern, und es sei der Steigerungserlös nach Deckung der Steigerungsspesen an die Erben gemäss ihren Erbquoten zu verteilen.»*

Erläuterung

227 Hat die im Zuweisungsbegehren Nr. 3 bezeichnete Sache im Erbteil oder in dem nach früheren Teilungshandlungen noch verbliebenen Erbanspruch des Klägers nicht Platz, so kann der Kläger im Rahmen der sachlichen Grenzen für sog. «soultes»[441] begehren, ihm sei die Sache *«Zug um Zug gegen Bezahlung des seinen Erbteil übersteigenden Werts an die Beklagten zuzuweisen»*.

228 Der Kläger kann Zuweisung eines bestimmten Objekts an sich selber beantragen, nicht aber an andere Miterben. Das Gericht kann nicht auf dem Weg der partiellen Erbteilung einzelnen Erben Erbschaftssachen zuweisen, die von ihnen gar nicht begehrt werden[442].

229 Sinnvoll ist die Klage auf partielle Erbteilung vor allem dann, wenn ein einzelnes grosses Objekt, das in keinem Erbteil Platz hat, liquidiert werden soll, um die Verwaltung der Erbschaft zu vereinfachen, Erbschaftsschulden zu tilgen oder die Erben in den Genuss von Abschlagszahlungen zu bringen. In einem solchen Fall beschränkt sich das Rechtsbegehren auf die dargestellten Eventualanträge.

230 Wenn das Liquidationsobjekt mit einem Grundpfandrecht belastet und die Pfandforderung im Zeitpunkt der Versteigerung fällig ist, kann jeder Erbe einzeln gestützt auf Art. 610 Abs. 3 ZGB verlangen, dass die Gantbeamtung angewiesen wird, nach Deckung der Steigerungsspesen und vor Verteilung des Steigerungserlöses die Pfandforderung aus dem Steigerungserlös zu tilgen[443]. Die Fälligkeit ist namentlich dann gegeben, wenn die Pfandforderung

441 Vgl. dazu vorn Rz. 185.
442 Vgl. auch PraxKomm-Weibel [2011], Art. 604 N 40.
443 Vgl. BSK ZGB II-Schaufelberger/Lüscher [2011], Art. 604 N 5 und Art. 610 N 21; BK-Tuor/Picenoni [1959/1964], Art. 610 N 6 und 9.

kraft vertraglicher Vereinbarung bei Veräusserung des Pfandobjekts sofort fällig wird. Solange sie jedoch noch nicht fällig ist, haben die Erben gegenüber dem Pfandgläubiger ebensowenig wie der Erblasser Anspruch auf vorzeitige Tilgung. Gestützt auf Art. 610 Abs. 3 ZGB kann in solchen Fällen nur die Sicherstellung der Pfandforderung durch Hinterlegung des entsprechenden Teils des Steigerungserlöses verlangt werden[444].

444 Vgl. PraxKomm-Weibel [2011], Art. 610 N 15, m.w.H.; BK-Tuor/Picenoni [1959/1964], Art. 610 N 9; Regierungsrat Zürich, 25.9.1933, SJZ 1933, S. 360.

10. Klage auf Vollzug des Erbteilungsvertrags

Vorbemerkung

Gemäss Art. 634 Abs. 1 ZGB wird die Teilung *«für die Erben verbindlich ... mit dem Abschluss des Teilungsvertrages»*, wobei für diesen Vertrag auch für Grundstücke, in Abweichung von Art. 657 ZGB, einfache Schriftform genügt[445]. Der Erbteilungsvertrag muss im Minimum die Frage *«wer erhält was?»* regeln[446]. Er hat jedoch, anders als die Realteilung, nicht bereits dingliche, sondern lediglich obligatorische Wirkungen[447]. Durch ihn verpflichten sich die Erben, die erforderlichen Verfügungshandlungen (Besitzübertragung, Grundbucheintrag etc.) vorzunehmen; kommen sie in der Folge dieser Pflicht nicht nach, so muss auf Vollzug geklagt werden. Übertragungs- und damit dingliche Wirkung kommt dem Erbteilungsvertrag dort zu, wo Schriftlichkeit genügt, so z.B. bei der Zession einer zum Nachlass gehörenden Forderung[448]. 231

Gerichtsstand

Am letzten Wohnsitz des Erblassers (Art. 28 Abs. 1 ZPO). Im Erbteilungsvertrag kann aber auch ein anderer Gerichtsstand vereinbart oder eine Schiedsabrede getroffen werden[449]. 232

Aktivlegitimation

Jeder Vertragspartner einzeln[450]. 233

Passivlegitimation

Jene anderen Vertragspartner, von denen gestützt auf den Erbteilungsvertrag etwas verlangt wird: bei Fahrnis also der Besitzer, bei Grundstücken alle Miterben, die nicht auf der Klägerseite am Prozess mitwirken, gemeinsam als notwendige Streitgenossenschaft[451]. 234

---

445 PraxKomm-Mabillard [2011], Art. 634 N 16 ff., m.w.H.; Jost [1960], S. 118; BGE 83 II 363.

446 Vgl. dazu BGE 122 III 150, 154; PraxKomm-Mabillard [2011], Art. 634 N 21 ff. (mit Muster in N 46); BSK ZGB II-Schaufelberger/Lüscher [2011], Art. 634 N 15 und 19 ff. (mit einem Katalog möglicher Vertragsinhalte).

447 BGE 102 II 184; BGer vom 16.12.1992, ZBGR 1993, S. 377; PraxKomm-Mabillard [2011], Art. 634 N 12, m.w.H.; BSK ZGB II-Schaufelberger/Lüscher [2011], Art. 634 N 13; Seeberger [1993], S. 17. Ausführlich auch hinten Rz. 238 ff.

448 Vgl. PraxKomm-Mabillard [2011], Art. 634 N 26.

449 Vgl. PraxKomm-Mabillard [2011], Art. 634 N 37 ff., m.w.H. Vgl. auch BGE 137 III 369, E. 4.3, wonach die Klage auf Zahlung einer in einem Erbteilungsvertrag vereinbarten Ausgleichsleistung (sog. *«soulte»*) erbrechtlicher Natur ist.

450 PraxKomm-Mabillard [2011], Art. 634 N 35, m.w.H.

451 PraxKomm-Mabillard [2011], Art. 634 N 36, m.w.H.

Befristung

235 Wird richtigerweise davon ausgegangen, dass der Erbteilungsvertrag bloss *obligatorische Wirkungen* hat, so ist sein Vollzug mit der Erfüllungsklage nach Art. 97 Abs. 2 OR und Art. 107 Abs. 2 OR durchzusetzen[452]. Diese unterliegt gemäss Art. 7 ZGB der zehnjährigen Verjährungsfrist des Art. 127 OR[453]. – Misst man dem Erbteilungsvertrag *dingliche Wirkung* zu, so kann die Herausgabe der Erbschaftssachen mit der – vorbehältlich der Ersitzung – unverjährbaren Herausgabeklage nach Art. 641 Abs. 2 ZGB und die Eintragung als Alleineigentümer mit der unverjährbaren Grundbuchberichtigungsklage nach Art. 975 Abs. 1 ZGB verlangt werden.

Verfahren

235a (Nur – aber immerhin –) bei einfachsten Verhältnissen ist die Anwendung des summarischen Verfahrens auf Rechtsschutz in klaren Fällen gemäss Art. 257 ZPO vorstellbar. In aller Regel dürfte hingegen – abhängig vom Streitwert – entweder das ordentliche oder (ausnahmsweise) das vereinfachte Verfahren zur Anwendung gelangen.

Streitwert

236 Massgeblicher Streitwert ist das Interesse des Klägers (d.h. der Wert der eingeklagten Leistung), nicht dasjenige des oder der Beklagten oder der Wert des Gesamtnachlasses[454].

237 *Rechtsbegehren*

Variante 1 (bewegliche Sachen): *«Es sei der Beklagte zu verurteilen, die zum Nachlass des X gehörende Sache … herauszugeben.»*

Variante 2 (Grundstücke in der Schweiz): *«Es seien die Beklagten A, B und C zu verurteilen, den am … geschlossenen Erbteilungsvertrag über den Nachlass des am … verstorbenen X bezüglich des Grundstücks L zu vollziehen, und es sei das Grundbuchamt G anzuweisen, den Kläger als Alleineigentümer dieses Grundstücks einzutragen.»*

---

452 PraxKomm-Mabillard [2011], Art. 634 N 28 und 39, m.w.H.; Jost [1960], S. 118.

453 Kantonsgericht Graubünden, PKG 1983, S. 100 f. Vgl. PraxKomm-Mabillard [2011], Art. 634 N 39, m.w.H.

454 PraxKomm-Mabillard [2011], Art. 634 N 30, m.w.H.; Jakob Frey, Der Basler Anwaltsgebührentarif, Basel/Frankfurt am Main 1985, S. 59.

Erläuterung

Die Wirkungen des Teilungsvertrags sind umstritten. Die Lehre nimmt – zutreffend – praktisch einhellig an, dass der Teilungsvertrag nur obligatorische Wirkung hat, so dass der Rechtserwerb des Erwerbers auf dem Wege der Singularsukzession erfolgt und des Vollzugs bedarf – bei Grundstücken etwa durch konstitutiven Grundbucheintrag[455]. In BGE 116 II 174, 179 f., wird demgegenüber angedeutet, der Erbteilungsvertrag könnte unmittelbar dingliche Akkreszenz des Eigentums zugunsten der übernehmenden Erben bewirken[456]. Die beiden Rechtsauffassungen werden nachfolgend kurz veranschaulicht; der Theorienstreit braucht freilich an dieser Stelle nicht vertieft zu werden: 238

Mit dem Tod des Erblassers werden die Erben von Gesetzes wegen zu Gesamteigentümern sämtlicher Erbschaftssachen, unabhängig von den Besitzverhältnissen und vom Stand der Grundbucheinträge (Art. 602 Abs. 1 ZGB)[457]. Allemal führt der Erbteilungsvertrag dazu, dass alle Fahrnissachen, die sich zufälligerweise bereits im Besitz der übernehmenden Erben befinden, unmittelbar in deren Alleineigentum übergehen, sei es nun auf dem Weg der Singularsukzession, sei es auf dem Weg der Akkreszenz. Die Eigentumsübertragung erfolgt gestützt auf den Erbteilungsvertrag als Erwerbstitel und den beim Abschluss des Erbteilungsvertrags konkludent abgeschlossenen dinglichen Vertrag unter Verzicht auf die Besitzübertragung als Voraussetzung des Übergangs des dinglichen Rechts[458]. Für alle anderen Sachen gilt – je nach angewandter Theorie – was folgt: 239

- Misst man – mit der überwiegenden Lehre und Rechtsprechung[459] – dem Erbteilungsvertrag bloss *obligatorische Wirkung* zu, so begründet er für alle Sachen, die sich noch nicht im Besitz der übernehmenden Erben befinden, vertragliche Herausgabeansprüche gegen die besitzenden Miterben. Bis zur Erfüllung dieser Herausgabeansprüche muss für solche Sachen weiterhin ein Gesamteigentum der Erbengemeinschaft angenommen werden. Bezüglich der Grundstücke begründet der Erbteilungsvertrag die vertragliche Pflicht sämtlicher Miterben, die erforderlichen Verfügungshandlungen vorzunehmen, nämlich das zuständige Grundbuchamt ge-

455 Vgl. CHRISTIAN BRÜCKNER, Ausserbuchlicher Eigentumserwerb an Grundstücken, in: ZBGR 2000, S. 217 ff., 226 f.; ZK-ESCHER [1960], Art. 634 N 13; JOST [1960], S. 119; BSK ZGB II-SCHAUFELBERGER/LÜSCHER [2011], Art. 634 N 32; STEPHAN WOLF, Grundfragen der Auflösung der Erbengemeinschaft, Bern 2004, S. 298 ff.

456 Vgl. dazu auch Obergericht Zürich, 12.4.1991, ZR 1994, Nr. 66, S. 217 ff. = ZGBR 1994, S. 144 ff., 221 f.

457 PraxKomm-WEIBEL [2011], Art. 602 N 4 ff., m.w.H.

458 Vgl. EMIL STARK, Berner Kommentar, Kommentar zum Schweizerischen Privatrecht, Band IV: Das Sachenrecht, 3. Abteilung: Besitz und Grundbuch, 1. Teilband: Der Besitz (Art. 919–941 ZGB), Bern 2001, Art. 924 N 81 a.

459 Vgl. PraxKomm-MABILLARD [2011], Art. 634 N 12, m.w.H.

mäss Art. 963 Abs. 1 ZGB anzuweisen, den übernehmenden Erben als Alleineigentümer einzutragen.
- Misst man dem Erbteilungsvertrag stattdessen *dingliche Wirkung* zu, so gehen mit seiner Unterzeichnung sämtliche Erbschaftssachen unmittelbar, d.h. bezüglich der Fahrnis (abweichend von Art. 714 ZGB) ohne Besitzübertragung und bezüglich Grundstücken ohne Grundbucheintrag, ins Alleineigentum des übernehmenden Erben über.

240 Für die Formulierung der **Rechtsbegehren** gilt – je nach angewandter Theorie – was folgt:

- Steht man auf dem Standpunkt der *obligatorischen Wirkung* des Erbteilungsvertrags, so kann das Rechtsbegehren nur auf eine Leistung lauten (Leistungsklage); bezüglich der Grundstücke in der Schweiz kann sogleich auch der gerichtliche Vollzug der vom Prozessgegner geschuldeten Leistung beantragt werden *(«... und es sei das Grundbuchamt X anzuweisen, den Kläger als Alleineigentümer einzutragen»)*.
- Steht man auf dem Standpunkt der *dinglichen Wirkung*, so kann man vorweg den durch den Teilungsvertrag geschaffenen dinglichen Rechtsbestand feststellen lassen und anschliessend den vindikatorischen Herausgabeanspruch bezüglich Fahrnis bzw. die Grundbuchberichtigung (Art. 975 ZGB) bezüglich der Grundstücke beantragen.

241 Der Theorienstreit ist allerdings für die Formulierung der Rechtsbegehren nicht von entscheidender Bedeutung. Das Rechtsbegehren kann so formuliert werden, dass es beiden Theorien gerecht wird; denn in ihm braucht nicht gesagt zu werden, ob die Herausgabe der Sache aufgrund eines vertraglichen Rechts oder aufgrund des klägerischen Eigentums verlangt wird. Allemal wird der Beklagte *«zur Herausgabe»* (nicht: *«zur Übertragung des Eigentums»)* verurteilt. Auch das Begehren um Anweisung des zuständigen Grundbuchamts, den Kläger als Alleineigentümer einzutragen, kann gestellt werden, ohne dass im Rechtsbegehren oder im Urteil gesagt zu werden braucht, ob es sich um den Vollzug eines Vertrags oder um die grundbuchliche Darstellung eines ausserbuchlich bereits bestehenden dinglichen Rechtszustands handelt.

11. Anfechtung des Erbteilungsvertrags (Art. 638 ZGB)

Vorbemerkung

Für die Anfechtung verweist Art. 638 ZGB auf die Vorschriften über die Verträge im Allgemeinen, d.h. auf das OR[460]. Ein rechtlich mangelhafter Erbteilungsvertrag kann demnach namentlich bei Dissens, Nichtbeachtung von Formvorschriften, Handlungsunfähigkeit eines Kontrahenten, Unmöglichkeit oder Sittenwidrigkeit des Vertragsinhalts oder Willensmängeln vorliegen[461]. 242

Gerichtsstand

Am letzten Wohnsitz des Erblassers (Art. 28 Abs. 1 ZPO)[462]. 243

Aktivlegitimation

Jeder Vertragspartner einzeln, in dessen Person ein Anfechtungsgrund verwirklicht ist, d.h. bei einseitiger Unverbindlichkeit der vom Willensmangel betroffene Erbe, bei – der von Amtes wegen zu berücksichtigenden – Nichtigkeit sämtliche Erben sowie auch die Behörden[463]. 244

Passivlegitimation

Sämtliche Vertragspartner, die nicht auf der Klägerseite am Prozess teilnehmen, gemeinsam als notwendige Streitgenossenschaft[464]. 245

Befristung

Art. 638 ZGB verweist auch diesbezüglich auf die allgemeinen Bestimmungen des OR. Die Geltendmachung eines Willensmangels unterliegt der Verwirkungsfrist des Art. 31 OR. Zu beachten ist dabei, dass innert der einjährigen Frist nicht bereits die Klage anzuheben, sondern nur – aber immerhin – der Willensmangel (mittels entsprechender Erklärung) geltend zu machen ist. Dissens oder Nichtigkeit können – vorbehältlich des Rechtsmissbrauchs (Art. 2 Abs. 2 ZGB) – jederzeit geltend gemacht werden[465]. Sachleistungen sind als- 246

460 Zur Frage, ob der Erbteilungsvertrag dingliche oder nur obligatorische Wirkung hat, vgl. vorn Rz. 231 und 238 ff.

461 BSK ZGB II-Schaufelberger/Lüscher [2011], Art. 638 N 2; Tuor/Schnyder/Schmid/Rumo-Jungo [2009], § 86 Rz. 4; ausführlich PraxKomm-Mabillard [2011], Art. 638 N 4 ff.

462 Vgl. BGE 72 I 175, 177; vgl. ferner PraxKomm-Mabillard [2011], Art. 638 N 15, m.w.H.; BSK ZGB II-Schaufelberger/Lüscher [2011], Art. 638 N 4.

463 PraxKomm-Mabillard [2011], Art. 638 N 13.

464 Vgl. PraxKomm-Mabillard [2011], Art. 638 N 14.

465 BSK ZGB II-Schaufelberger/Lüscher [2011], Art. 638 N 3; Peter Gauch/Walter R. Schluep, Schweizerisches Obligationenrecht Allgemeiner Teil, Band I, 9. A., Zürich 2008, Rz. 906 ff.

dann zu vindizieren, andere Leistungen nach dem Bereicherungsrecht zurückzufordern. Im Ergebnis ist die Klage somit innert der Ersitzungsfristen nach Art. 661 und 728 ZGB sowie der relativen und absoluten Frist gemäss Art. 67 OR einzureichen[466].

Verfahren

246a (Nur – aber immerhin –) bei einfachsten Verhältnissen ist die Anwendung des summarischen Verfahrens auf Rechtsschutz in klaren Fällen gemäss Art. 257 ZPO vorstellbar. In aller Regel dürfte hingegen – abhängig vom Streitwert – entweder das ordentliche oder (ausnahmsweise) das vereinfachte Verfahren zur Anwendung gelangen.

Streitwert

247 Da die erfolgreiche Anfechtung den Vertrag insgesamt dahinfallen lässt, ist vom Gesamtinteresse, also dem Gesamtwert des mittels der angefochtenen Erbteilungsklage geteilten Nachlasses, als massgeblichem Streitwert auszugehen[467].

248 *Rechtsbegehren*

Variante 1 (Nichtigkeit wegen Urteilsunfähigkeit des Klägers): «*Es sei festzustellen, dass der zwischen dem Kläger und den Beklagten am … abgeschlossene Erbteilungsvertrag nichtig ist.*»

249 **Variante 2 (einseitige Unverbindlichkeit wegen eines Willensmangels des Klägers):** «*Es sei festzustellen, dass der zwischen dem Kläger und den Beklagten am … abgeschlossene Erbteilungsvertrag dahingefallen ist*».

Erläuterung

250 Die Anfechtung des Erbteilungsvertrags bedarf keines rechtsgestaltenden Urteils, sondern lediglich einer Anfechtungserklärung seitens des Irrenden. Deren Gültigkeit und Rechtswirkungen sind alsdann im Urteil festzustellen[468]. Da der klagende Erbe bei Gutheissung der Klage nicht einfach Leistungsklage – etwa auf Ausgleichung oder Herabsetzung – gegen die übrigen Erben erheben

466 Vgl. PraxKomm-Mabillard [2011], Art. 638 N 16 f.
467 Vgl. PraxKomm-Mabillard [2011], Art. 638 N 9.
468 Vgl. Jost [1960], S. 119. Für ein Beispiel vgl. BGer 5A_348/2007 sowie die Urteilsbesprechung von Weibel/Heckendorn [2009], a.a.O. [Fn. 91], S. 229.

kann, weil stattdessen grundsätzlich ein neuer Erbteilungsvertrag ausgehandelt werden muss, ist das Feststellungsinteresse ohne weiteres zu bejahen[469].

Ist aufgrund des angefochtenen Erbteilungsvertrags bereits ein Grundbuch- 251
eintrag erfolgt, so ist in einem zusätzlichen Rechtsbegehren auf Grundbuchberichtigung zu klagen *(«und es sei der Grundbuchverwalter in X. anzuweisen, den erfolgten Eintrag des B auf dem Wege der Grundbuchberichtigung zu löschen und wiederum die Erben des E als Gesamthänder einzutragen»).*

469 Vgl. BGE 84 II 685, 694.

12. Vermächtnisklage (Art. 601 ZGB)

Vorbemerkung

Der Vermächtnisanspruch ist stets obligatorischer Natur, ob Vermächtnisinhalt nun ein Natural- oder ein Geldwert ist[470]. Die Klage geht auf Leistung. 252

Gerichtsstand

Am letzten Wohnsitz des Erblassers (Art. 28 Abs. 1 ZPO)[471]; ESCHER möchte den Wohnsitz des belangten Erben jedenfalls dann zulassen, wenn nur ein einziger Erbe vorhanden ist und die Vermächtnisforderung auf Geld lautet[472]. 253

Aktivlegitimation

Jede testamentarisch oder erbvertraglich mit einem Vermächtnis bedachte Person (Art. 484 ZGB). Ist ein Vermächtnis an mehrere Personen gemeinsam ausgesetzt, z.B. «an die Ehegatten X–Y», dann ist eine notwendige Streitgenossenschaft der gemeinsam Bedachten anzunehmen. Das gilt nach der hier vertretenen Auffassung auch dann, wenn ein Vermächtnis an sich teilbar wäre. Dies deshalb, weil es nicht angeht, ohne weiteres von einer bestimmten Aufteilung (beispielsweise: nach Köpfen) zwischen den mehreren Vermächtnisnehmern auszugehen. Wenn der Erblasser einzelne Vermächtnisnehmer individuell begünstigen will, so muss er dies ausdrücklich tun, und zwar unter exakter Angabe des Umfangs der Begünstigung[473]. 254

Passivlegitimation 255

a) **Regelfall, sofern sich aus der letztwilligen Anordnung nichts anderes ergibt:** die Gesamtheit der Erben als notwendige Streitgenossenschaft bei einem Sachlegat, aufgrund der solidarischen Erbenhaftung (Art. 603 Abs. 1 ZGB) jedoch auch jeder Erbe einzeln bei einem Legat auf Geldleistung (allerdings nur, sofern der Vermächtnisnehmer nicht zugleich Erbe ist)[474].
b) **Wenn das Vermächtnis ausdrücklich zulasten eines bestimmten Erben ausgesetzt ist:** grundsätzlich der beschwerte Erbe allein (Art. 562 Abs. 1 erster Unterfall),

470 Vgl. statt vieler WEIBEL [2002], a.a.O. [Fn. 114], S. 120 ff.; PraxKomm-WEIBEL [2011], Art. 603 N 6, m.w.H.

471 Vgl. BGE 66 I 48. Kritisch WEIBEL [2002], a.a.O. [Fn. 114], S. 121 f.

472 ZK-ESCHER [1960], Art. 538 N 7.

473 Es wird hier aber mit durchaus valablen Argumenten auch die gegenteilige Auffassung (Individualanspruch, vermutungsweise nach Köpfen) vertreten: Vgl. PraxKomm-BURKART [2011], Art. 484 N 32, m.w.H.; vgl. auch BGE 89 II 278.

474 BGE 59 II 119, 123 f. = JdT 1934 I, S. 514; BGE 101 II 218, 220 = SJZ 1976, S. 261 = Pra 1975, Nr. 236 = JdT 1976 I, S. 601; WEIBEL [2002], a.a.O. [Fn. 114], S. 22 f., 75 f., 124 f. und 130 f.; WEIBEL [2005], a.a.O. [Fn. 147], S. 68 und 74.

subsidiär, d.h. bei Nichterfüllung der Primärleistung durch den beschwerten Erben, jedoch wiederum auch jeder Erbe einzeln auf Schadenersatz[475].

c) **Wenn das Vermächtnis ausdrücklich zulasten eines bestimmten Vermächtnisnehmers ausgesetzt ist (Untervermächtnis):** der beschwerte Vermächtnisnehmer allein[476].

d) **Wenn ein Willensvollstrecker eingesetzt und solange unverteiltes Erbschaftsvermögen vorhanden ist:** (auch) der Willensvollstrecker, allein oder zusätzlich zu den Erben[477]; der Willensvollstrecker ist jedoch nicht passivlegitimiert, wenn er über keine zu verteilenden Erbschaftsaktiven mehr verfügt[478]. Die Prozessführungsbefugnis des Willensvollstreckers schliesst zudem ein Vorgehen der Vermächtnisnehmer direkt gegen die Erben nicht aus[479]. – Ist kein Erbschaftsvermögen mehr vorhanden, so kann gegen den Willensvollstrecker nicht die Vermächtnisklage, sondern allenfalls ein Verantwortlichkeitsanspruch aus Amtspflichtverletzung geltend gemacht werden[480].

Befristung

256 Die Vermächtnisklage unterliegt der zehnjährigen Frist des Art. 601 ZGB. Bei dieser handelt es sich um eine echte Verjährungsfrist, die den Regeln des Art. 135 ff. OR über die Unterbrechung der Verjährung unterliegt.

257 Die Frist beginnt mit der Mitteilung des Vermächtnises durch die zuständige Behörde (Art. 558 ZGB) zu laufen. Steht in diesem Zeitpunkt die Annahme oder Ausschlagung der Erbschaft durch die Erben noch nicht fest, so verschiebt sich der Beginn des Fristenlaufs auf den Tag, an dem die Annahme erklärt oder die Ausschlagungsbefugnis verwirkt wurde[481]. Der Erblasser kann zudem anordnen, dass das Vermächtnis nicht sofort, sondern erst zu einem späteren Zeitpunkt eintritt; diesfalls beginnt die Frist erst mit der Fälligkeit zu laufen.

---

475 Art. 562 Abs. 3 ZGB; Weibel [2002], a.a.O. [Fn. 114], S. 125 f. und 132; Weibel [2005], a.a.O. [Fn. 147], S. 68.

476 **A.M.** Weibel [2002], a.a.O. [Fn. 114], S. 126 f., wonach subsidiär wiederum alle Erben einzeln belangt werden können.

477 Hier handelt es sich um einen Anwendungsfall der sogenannten Prozessstandschaft oder (passiven) Prozessführungsbefugnis.

478 Vgl. BGE 116 II 133 f., E. 3.a und 3.b; BGE 94 II 142 ff., E. 1; Druey [2002], § 14 Rz. 70; BSK ZGB II-Karrer/Vogt/Leu [2011], Art. 518 N 80; Wetzel [1985], a.a.O. [Fn. 118], S. 29. Vgl. auch Sutter-Somm/Chevalier [2007], a.a.O. [Fn. 21], S. 35.

479 BGE 83 II 427, 441. Vgl. aber die Kritik an diesem Entscheid bei Flückiger [2004], a.a.O. [Fn. 37], S. 93, Fn. 55.

480 Vgl. hinten Rz. 325.

481 BSK ZGB II-Forni/Piatti [2011], Art. 601 N 1; BK-Tuor/Picenoni [1959/1964], Art. 601 N 3 ff.

Verfahren

Soweit Sachverhalt und Rechtslage klar sind, was bei Vermächtnisforderungen regelmässig, aber nicht immer der Fall sein dürfte, kann der Anspruch im summarischen Verfahren auf Rechtsschutz in klaren Fällen gemäss Art. 257 ZPO geltend gemacht werden. Andernfalls (oder bei Nichteintreten des Gerichts auf das Gesuch zufolge Illiquidität) kommt – streitwertabhängig – entweder das vereinfachte oder das ordentliche Verfahren zur Anwendung. 257a

Streitwert

Der potenzielle Prozessgewinn des Klägers im Falle seines Obsiegens, also der Wert des geltend gemachten Vermächtnisses. 258

Rechtsbegehren 259

Variante 1 (Geldlegat): *«Es seien die Beklagten zu verurteilen, dem Kläger das im Testament des ... [Name, Todesdatum] ausgesetzte Vermächtnis von CHF ... zuzüglich Zins zu 5 % seit ... zu bezahlen».*

Variante 2 (Sachlegat): *«Es seien die Beklagten zu verurteilen, dem Kläger die im Testament des ... [Name, Todesdatum] vermachte Sache ... zu Eigentum zu übertragen.»* 260

Erläuterung

Verzugszins kann auf Geldlegaten zum gesetzlichen Satz (Art. 104 Abs. 1 OR) gefordert werden; gemäss der bundesgerichtlichen Rechtsprechung tritt mit Fälligkeit sogleich Verzug ein[482]. Bei verspätet ausgelieferten Sachlegaten hat der Kläger seinen Verzugsschaden – soweit er einen solchen geltend machen will – zu substantiieren[483]. Der Ertrag der vermachten Sache steht ab Fälligkeit dem Bedachten zu, und zwar ohne Inverzugsetzung[484]. 261

Die Erbschafts- und Erbengläubiger gehen den Vermächtnisnehmern mit ihren Ansprüchen vor *(«nemo liberalis nisi liberatus»)*[485]. Die Pflichtteilserben 262

482 BGE 83 II 441; bestätigt in BGE 111 II 421, E. 12; vgl. Druey [2002], § 11 Rz. 17. **A.M.** BSK ZGB II-Schwander [2011], Art. 562 N 11; ZK-Escher [1960], Art. 562 N 9a, gemäss denen der Verzug – und damit die Verzinslichkeit – erst eintreten soll, nachdem bei einem fälligen Vermächtnis die Erben durch Mahnung des Vermächtnisnehmers ausdrücklich in Verzug gesetzt worden sind.

483 BSK ZGB II-Schwander [2011], Art. 562 N 40 ff.

484 Vgl. Obergericht Zürich, 22.12.1995, ZR 1997, Nr. 27.

485 Art. 564 ZGB. Vgl. Weibel [2005], a.a.O. [Fn. 147], S. 68.

gehen den Vermächtnisnehmern mit ihren Pflichtteilsansprüchen ebenfalls vor[486]. Klagt der Vermächtnisnehmer, bevor die volle Deckung des Vermächtnisses durch den Aktivenüberschuss des Nachlasses und die Erfüllbarkeit des Vermächtnisses aus der verfügbaren Quote klar ist, dann sollte das Gericht einem Antrag der Erben stattgeben, das Verfahren bis zur Klärung dieser Fragen zu sistieren[487].

263 Vermächtnisnehmer können unter den Voraussetzungen des Art. 594 Abs. 1 ZGB (d.h. bei begründeter Besorgnis, dass das Vermächtnis nicht ausgerichtet ist) sowie Ausbleiben der Befriedigung oder Sicherstellung trotz eines entsprechenden Begehrens an die Erben innert drei Monaten ab dem Tod des Erblassers oder der Eröffnung der Verfügung vorsorgliche Massnahmen verlangen (Art. 594 Abs. 2 ZGB)[488].

486 Vgl. vorn Rz. 67.

487 Eine solche Sistierung ist ein «*Minus*» gegenüber der den Erben offen stehenden Einrede, dass nach Bezahlung der Erbschaftsschulden nichts oder nicht genug zur Bezahlung der Vermächtnisse verbleibt. Vgl. dazu BK-Tuor/Picenoni [1957/1964], Art. 564 N 3.

488 Vgl. hinten Rz. 268.

13. Gesuch um amtliche Liquidation der Erbschaft (Art. 593/594 ZGB)

Vorbemerkung

Wenn die **Gläubiger des Erblassers** begründete Besorgnis haben, dass ihre Forderungen nicht bezahlt werden, und wenn die Erben auf ihr Begehren hin ihre Forderung nicht (vollständig) befriedigen oder zumindest sicherstellen, so können sie die amtliche Liquidation der Erbschaft verlangen (Art. 594 Abs. 1 ZGB). «Begründete Besorgnis» bedeutet Glaubhaftmachung der Bedenken, dass die Forderung nicht bezahlt wird. Glaubhaftmachen ist nach der ständigen Rechtsprechung des Bundesgerichts mehr als Behaupten, aber weniger als Beweisen; ein strikter Beweis ist nicht erforderlich. Die Gründe für die Besorgnis der Gläubiger können tatsächlicher (z.B. Überschuldung oder Zahlungsunfähigkeit von Erben) oder rechtlicher Natur sein (z.B. Auslandabwesenheit von Erben)[489]. Begründete Besorgnis ist dann gegeben, wenn die Leistungsaufforderung an die Erben (das «Begehren»)[490] erfolglos war[491]. Nicht erheblich ist demgegenüber bei Leistung der verlangten Zahlung bzw. Sicherstellung, ob diese durch die Erben oder durch einen Dritten erbracht wurde; entscheidend ist einzig, ob die Zahlung vollständig bzw. die angebotene Sicherheit ausreichend ist[492]. Daneben muss der Gläubiger auch seine Gläubigereigenschaft glaubhaft machen[493]. 264

Auch die **Erben** selber können, solange sie die Erbschaft weder ausgeschlagen noch unter öffentlichem Inventar angenommen haben, dazu aber noch berech- 265

489 Umstritten ist, ob Besorgnis bezüglich eines einzigen Erben genügt, oder ob sie bezüglich sämtlicher Erben vorliegen muss. Aufgrund der Solidarhaftung der Erben (Art. 603 Abs. 1) ist letztere Ansicht grundsätzlich vorzuziehen, wobei die Behörde die gesamten Verhältnisse würdigen muss: BSK ZGB II-Karrer/Vogt/Leu [2011], Art. 594 N 5; **a.M.** ZK-Escher [1960], Art. 594 N 10; BK-Tuor/Picenoni [1957/1964], Art. 594 N 11 f.

490 Das Begehren des Gläubigers auf Befriedigung oder Sicherstellung seiner Forderung muss gegen alle dem Gläubiger bekannten Erben gerichtet sein, eine klare Aufforderung zur Zahlung oder Sicherstellung enthalten, eine den Umständen angemessene, verkehrsübliche Frist ansetzen sowie die Androhung enthalten, dass bei unbenutztem Fristablauf die amtliche Liquidation verlangt werde. Die Zustellung eines Zahlungsbefehls ist in diesem Sinne ungenügend, da sie weder eine Fristansetzung noch eine Androhung beinhaltet: BSK ZGB II-Karrer/Vogt/Leu [2011], Art. 594 N 6.

491 Das soll gemäss einer Lehrmeinung sogar dann der Fall sein, wenn für eine fällige Forderung Zahlung verlangt und nur – aber immerhin – Sicherheit geleistet wurde: BSK ZGB II-Karrer/Vogt/Leu [2011], Art. 594 N 7.

492 BSK ZGB II-Karrer/Vogt/Leu [2011], Art. 594 N 7, m.w.H.

493 Vgl. ZK-Escher [1960], Art. 594 N 6; BSK ZGB II-Karrer/Vogt/Leu [2011], Art. 594 N 8 und 10; BK-Tuor/Picenoni [1957/1964], Art. 594 N 8. Der Entscheid der Behörde erwächst nicht in materielle Rechtskraft hinsichtlich der Frage der tatsächlichen Gläubigereigenschaft des Gesuchstellers.

tigt sind, die amtliche Liquidation der Erbschaft verlangen (Art. 593 ZGB)[494]. Inhaltlich hat der Gesuchsteller den Tod des Erblassers, die getroffenen Sicherungsmassregeln (und damit den Fristenlauf), seine eigene Erbenstellung sowie das Fehlen der Annahme durch einen Miterben[495] darzustellen[496]. Eine Begründung ist hingegen, anders als beim Gesuch eines Gläubigers gemäss Art. 594 Abs. 1 ZGB, nicht erforderlich[497].

266 Form und Inhalt des Gesuchs um amtliche Liquidation der Erbschaft sind bundesrechtlich nicht geregelt. Das Gesuch kann mündlich oder schriftlich gestellt werden, muss jedoch unbedingt und vorbehaltlos sein[498].

Gerichtsstand und sachliche Zuständigkeit

267 Am letzten Wohnsitz des Erblassers (Art. 28 Abs. 2 ZPO)[499].

267a Im internationalen Verhältnis eröffnet Art. 89 IPRG selbst dann eine Zuständigkeit, wenn der Erblasser seinen letzten Wohnsitz im Ausland hatte. Anwendbar ist das Recht am Ort der zuständigen Behörde, mithin das Eröffnungsstatut[500].

267b Sachliche Zuständigkeit und Behördenorganisation richten sich nach der kantonalen Einführungsgesetzgebung zum ZGB; diese kann für die Anordnung und den Vollzug der amtlichen Liquidation verschiedene Behörden vorsehen[501]. In Basel-Stadt entscheidet über das gläubigerische Gesuch gemäss Art. 594 Abs. 1 ZGB das Zivilgerichtspräsidium als Einzelrichter bzw. Einzelrichterin

494 Druey [2002], § 15 Rz. 83; ZK-Escher [1960], Art. 593 N 1 f. und 5; BSK ZGB II-Karrer/Vogt/Leu [2011], Art. 593 N 2 und 7; BK-Tuor/Picenoni [1957/1964], Art. 593 N 4 und 6; Weibel [2002], a.a.O. [Fn. 114], S. 101.

495 Vgl. dazu hinten Rz. 273.

496 Der Gesuchsteller kann gleichzeitig mit seinem Begehren vorsorglich die Ausschlagung oder die (vorbehaltlose oder unter öffentlichem Inventar erfolgende) Annahme der Erbschaft erklären für den Fall, dass dem Gesuch wegen Erbschaftsannahme durch einen Miterben nicht stattgegeben werden kann. Wird dem Gesuch nicht stattgegeben, so kann der Gesuchsteller eine Verlängerung der Ausschlagungsfrist gemäss Art. 576 ZGB erwirken, da sonst zufolge Fristablaufs seine Erbschaftsannahme fingiert wird: BSK ZGB II-Karrer/Vogt/Leu [2011], Art. 593 N 7.

497 BSK-Karrer/Vogt/Leu [2011], Art. 593 N 7 bzw. Art. 594 N 8.

498 BSK ZGB II-Karrer/Vogt/Leu [2011], Art. 593 N 6.

499 Vgl. BSK ZGB II-Karrer/Vogt/Leu [2011], Art. 594 N 1; BK-Tuor/Picenoni [1957/1964], Vorbemerkungen zum vierten Abschnitt N 20. Dieser Gerichtsstand ist im Gegensatz zu Art. 28 Abs. 1 ZPO zwingender Natur, vgl. Rz. 141.

500 PraxKomm-Graham-Siegenthaler [2011], Anhang IPR N 58 und 120 f. – Vgl. im Übrigen hinten Rz. 326 ff.

501 ZK-Escher [1960], Vorbemerkungen zur amtlichen Liquidation N 6; BSK ZGB II-Karrer/Vogt/Leu [2011], Art. 595 N 1; BK-Tuor/Picenoni [1957/1964], Vorbemerkungen zum vierten Abschnitt N 19.

(§ 146 EG ZGB BS)[502]; über das Gesuch eines Erben auf amtliche Liquidation gemäss Art. 593 ZGB dürfte demgegenüber das – auch für die Durchführung der amtlichen Liquidation ausschliesslich zuständige (§ 147 EG ZGB BS) – Erbschaftsamt selbständig entscheiden[503]. Im Kanton Basel-Landschaft ist in beiden Fällen die Bezirksschreiberei zuständig (§ 105 lit. l EG ZGB BL).

Aktivlegitimation

Aktivlegitimiert sind im Fall des Art. 594 Abs. 1 ZGB nur die *Gläubiger des Erblassers,* unabhängig von der Natur ihrer (jedoch notwendigerweise obligatorischen) Forderung, und zwar einzeln und unabhängig voneinander[504]. Nicht aktivlegitimiert sind die Erbgangs- oder Erbengemeinschaftsschuldner[505], die Erbengläubiger[506] sowie die Vermächtnisnehmer. Letztere können unter den Voraussetzungen von Art. 594 Abs. 1 ZGB immerhin vorsorgliche Massnahmen (z.B. Aufnahme eines Güterverzeichnisses oder Inventars, Veräusserungsverbot, amtliche Verwahrung, Anordnung einer Grundbuchsperre, Zahlungsverbot an Erbschaftsschuldner oder Begründung eines Pfandrechts[507]) verlangen (Art. 594 Abs. 2 ZGB)[508]. 268

502 Diesfalls ist grundsätzlich das summarische Verfahren nach Art. 248 lit. e ZPO anwendbar. – Im summarischen Verfahren gibt es kürzere Rechtsmittelfristen.

503 Gemäss BK-Tuor/Picenoni [1957/1964], Art. 594 N 8, entscheidet das Erbschaftsamt in Basel-Stadt «ab und zu» auch dann über Begehren eines Gläubigers um amtliche Liquidation der Erbschaft, wenn keine Erben bekannt sind, und es sich wegen des bescheidenen Nachlasses nicht lohnt, diese zu ermitteln.

504 Druey [2002], § 15 Rz. 84; ZK-Escher [1960], Art. 594 N 4; BSK ZGB II-Karrer/Vogt/Leu [2011], Art. 594 N 1; Weibel [2002], a.a.O. [Fn. 114], S. 101. – Die Aktivlegitimation soll selbst für Gläubiger gelten, die zugleich Erben oder Vermächtnisnehmer sind.

505 Druey [2002], § 15 Rz. 84; ZK-Escher [1960], Art. 594 N 5; BK-Tuor/Picenoni [1957/1964], Art. 594 N 7. **A.M.** Weibel [2002], a.a.O. [Fn. 114], S. 103.

506 Erbengläubiger haben nur, aber immerhin, die Möglichkeit der (gerichtlichen) Anfechtung einer Erbschaftsausschlagung durch «ihren» Erben gemäss Art. 578 ZGB; Gutheissung der (erbrechtlichen) Anfechtung führt zur konkursamtlichen Liquidation der gesamten Erbschaft. Die Anfechtung gemäss Art. 578 ZGB ist eine erbrechtliche Gestaltungsklage, die am letzten Wohnsitz des Erblassers anzuheben ist (BGE 117 II 26, 28). Sie verwirkt innerhalb von sechs Monaten seit der Ausschlagung. Aktivlegitimiert ist jeder Gläubiger des ausschlagenden Erben; anders als bei der – gegebenenfalls parallel möglichen – paulianischen Anfechtung gemäss Art. 285 ff. SchKG setzt die Aktivlegitimation keine Verlustscheine voraus. Die Klage ist gegen den ausschlagenden Erben zu richten. Das Rechtsbegehren kann wie folgt formuliert werden: «*Es sei die Ausschlagung des Beklagten im Nachlass von … [Name, Todesdatum] aufzuheben. Demgemäss sei die Erbschaft gemäss Art. 578 ZGB amtlich zu liquidieren und der dem Beklagten zukommende Erbteil in erster Linie für die Deckung der Forderung der Klägerin zu verwenden.*» Vgl. zum Ganzen BSK ZGB II-Schwander [2011], Art. 578 N 5 ff.; Weibel [2002], a.a.O. [Fn. 114], S. 102 f.

507 PraxKomm-Engler [2011], Art. 594 N 31 ff., m.w.H.; BSK ZGB II-Karrer/Vogt/Leu [2011], Art. 594 N 14.

508 Vgl. Weibel [2002], a.a.O. [Fn. 114], S. 102. – Zur Stellung des Begehrens ist jeder Vermächtnisnehmer einzeln und unabhängig von den anderen berechtigt. Sein Begehren ist unabhängig

269 Im Fall des Art. 593 sind aktivlegitimiert die (noch wahlberechtigten)[509] Erben, und zwar einzeln und unabhängig voneinander. Unerheblich ist, ob es sich bei ihnen um gesetzliche oder eingesetzte Erben handelt[510]. Nicht aktivlegitimiert sind die Vermächtnisnehmer.

Verfahren

269a Das Rechtsmittel richtet sich nach der Schweizerischen Zivilprozessordnung (Berufung nach Art. 308 ff. ZPO oder Beschwerde gemäss Art. 319 ff. ZPO) oder dem kantonalen Verwaltungsrecht, je nachdem, ob die erstinstanzliche Entscheidung durch eine gerichtliche Behörde oder eine Verwaltungsbehörde erfolgt ist[511]. Letztinstanzlich steht aber immer die Beschwerde in Zivilsachen an das Bundesgericht gemäss Art. 72 ff. BGG zur Verfügung[512].

Befristung

270 Das gläubigerische Gesuch um amtliche Liquidation gemäss Art. 594 Abs. 1 ZGB kann innert einer Dreimonatsfrist ab dem Tod des Erblassers oder der (späteren) Eröffnung der Verfügung (Testament oder Erbvertrag) gestellt werden. Der Fristbeginn ist für sämtliche Gläubiger gleich, mithin unabhängig von der Kenntnisnahme durch den Gläubiger, nach rein objektiven Kriterien festzustellen. Es handelt sich um eine (ausgesprochen kurze) gesetzliche Befristung, die weder erstreckt noch unterbrochen werden oder ruhen kann[513]. Da das Gesuch innert der dreimonatigen Frist gestellt werden muss, muss die

davon, ob aufgrund des Gesuchs eines Erben oder Gläubigers die amtliche Liquidation angeordnet oder verweigert wurde. Im übrigen sind die formellen und materiellen Voraussetzungen für das Begehren des Vermächtnisnehmers gleich wie für dasjenige des Gläubigers gemäss Art. 594 Abs. 1 ZGB: ZK-Escher [1960], Art. 594 N 18 ff.; BSK ZGB II-Karrer/Vogt/Leu [2011], Art. 594 N 12 f.; BK-Tuor/Picenoni [1957/1964], Art. 594 N 30 ff.; PraxKomm-Weibel [2011], Art. 603 N 6, m.w.H.; PraxKomm-Engler [2011], Art. 594 N 30 ff., m.w.H.

509 Vgl. dazu vorn Rz. 265.

510 Auch der Erbe, dessen Erbenqualität fraglich ist (z.B. der provisorische oder durch letztwillige Verfügung ausgeschlossene Erbe), soll gemäss einer Lehrmeinung aktivlegitimiert sein: BKS ZGB II-Karrer/Vogt/Leu [2011], Art. 593 N 1, m.w.H.

511 Für den verwaltungsgerichtlichen Instanzenzug in den Kantonen Basel-Stadt und Basel-Landschaft vgl. Fn. 574.

512 Vgl. BSK ZGB II-Karrer/Vogt/Leu [2011], Art. 595 N 5; PraxKomm-Engler [2011], Art. 593 N 24.

513 PraxKomm-Engler [2011], Art. 594 N 19, m.w.H.; BSK ZGB II-Karrer/Vogt/Leu [2011], Art. 594 N 9; BK-Tuor/Picenoni [1957/1964], Art. 594 N 21.

den Erben anzusetzende Frist zur Zahlung oder Sicherstellung vor ihrem Ablauf enden[514].

Beim Gesuch eines Erben um amtliche Liquidation gemäss Art. 593 ZGB ergibt sich die zeitliche Beschränkung daraus, dass der Gesuchsteller die Erbschaft weder ausgeschlagen noch unter öffentlichem Inventar angenommen hat, dazu jedoch noch berechtigt sein muss[515]. 271

Rechtsbegehren 272

«Es sei die Erbschaft von ... [Name, Todesdatum] amtlich zu liquidieren.»

Erläuterung

Die Erbschaftsannahme durch einen Erben ist wirkungslos gegenüber dem Gesuch eines Gläubigers um amtliche Liquidation der Erbschaft gemäss Art. 594 Abs. 1 ZGB; sie vermag mit anderen Worten die amtliche Liquidation nicht aufzuhalten[516]. Anders beim Gesuch eines Erben gemäss Art. 593 ZGB: Solange auch nur ein Miterbe die Erbschaftsannahme erklärt, kann dem Gesuch um amtliche Liquidation keine Folge gegeben werden (Art. 593 Abs. 2 ZGB)[517]. Falls die Erbenqualität jenes Miterben, der die Erbschaft angenommen hat, bestritten wird oder Anhaltspunkte für seine Erbunwürdigkeit bestehen, muss die Behörde den Entscheid über die amtliche Liquidation ausstellen und das entsprechende Urteil abwarten[518]. Die Kosten der Anordnung und des Vollzugs der amtlichen Liquidation sind Erbgangsschulden, die zulasten des Nachlasses gehen[519]. 273

514 Gemäss einer Lehrmeinung soll es immerhin zulässig sein, mit dem Begehren an die Erben gleichzeitig vorsorglich die amtliche Liquidation der Erbschaft zu verlangen unter der Suspensivbedingung, dass die Erben der Aufforderung innert Frist nicht nachkommen: PraxKomm Erbrecht-Engler [2011], Art. 594 N 25 und 35; BSK ZGB II-Karrer/Vogt/Leu [2011], Art. 594 N 6, m.w.H.

515 Vgl. vorn Rz. 265.

516 Wird demgegenüber die Erbschaft von sämtlichen Erben ausgeschlagen, so ist das Gläubigerbegehren nach Art. 594 ZGB wirkungslos, da die Erbschaft gemäss Art. 573 ZGB konkursamtlich liquidiert wird: Druey [2002], § 15 Rz. 44; ZK-Escher [1960], Art. 593 N 14 und Art. 594 N 14; BSK ZGB II-Karrer/Vogt/Leu [2011], Art. 594 N 4; Weibel [2002], a.a.O. [Fn. 114], S. 107 ff.

517 Druey [2002], § 15 Rz. 83; ZK-Escher [1960], Art. 593 N 7 ff.; BSK ZGB II-Karrer/Vogt/Leu [2011], Art. 593 N 3; Weibel [2002], a.a.O. [Fn. 114], S. 101.

518 BSK ZGB II-Karrer/Vogt/Leu [2011], Art. 593 N 3; PraxKomm-Engler [2011], Art. 593 N 4.

519 BSK ZGB II-Karrer/Vogt/Leu [2011], Art. 595 N 6.

14. Klage auf Vollziehung erbrechtlicher Auflagen (Art. 482 ZGB)

Vorbemerkung

Erbrechtliche Auflagen, also Verhaltensanweisungen des Erblassers an die Erben oder Vermächtnisnehmer, begründen nach herrschender Meinung kein Forderungsrecht eines Berechtigten, sondern bloss einen klagbaren Vollziehungsanspruch der interessierten Personen[520]. Dieser ist erforderlichenfalls durch zivilprozessuale Realvollstreckung, nicht gemäss SchKG, zu vollstrecken und gegebenenfalls mittels Strafandrohung gemäss Art. 292 StGB und Art. 343 ZPO zu verstärken. Den Belasteten trifft bei schuldhafter Nichterfüllung der Auflage keine vertragliche Haftung[521]. Nach herrschender Meinung kann die Nichterfüllung der Auflage immerhin einen Anspruch aus unerlaubter Handlung gemäss Art. 41 ff. OR[522], ungerechtfertigter Bereicherung gemäss Art. 62 ff. OR[523] oder Vertrauenshaftung gemäss Art. 2 Abs. 1 ZGB[524] begründen und zudem eine widerrechtliche Persönlichkeitsverletzung i.S.v. Art. 28 f. ZGB darstellen[525]. 274

Gerichtsstand

Am letzten Wohnsitz des Erblassers (Art. 28 Abs. 1 ZPO)[526]. 275

Aktivlegitimation

Jeder, der ein rechtliches oder tatsächliches, materielles oder ideelles Interesse an der Vollziehung der Auflage hat[527]. Dazu gehören auch der Willensvollstre- 276

---

520 Art. 482 ZGB; vgl. BGE 105 II 253, 260; Druey [2002], § 11 Rz. 26; ZK-Escher [1959], Art. 482 N 13; Hans Michael Riemer, Bedingungen und Auflagen, namentlich bei Schenkungen und Verfügungen von Todes wegen, in: Jusletter 17.7.2000, Rz. 13; BSK ZGB II-Staehelin [2011], Art. 482 N 14, 25 und 28; BK-Tuor [1952], Art. 482 N 6. **A.M.** Beatrice Uffer-Tobler, Die erbrechtliche Auflage, Diss. Zürich 1982, S. 30 und 143 ff., gemäss der den Interessierten eine Forderung gegen den Beschwerten auf Vollziehung der Auflage und demzufolge bei verschuldeter Nichterfüllung ein Schadenersatzanspruch nach Art. 97 ff. OR analog i.V.m. Art. 7 ZGB zustehe.

521 Vgl. BGE 66 II 61, 65; BGE 105 II 253, 260; ZK-Escher [1959], Art. 482 N 22; Riemer [2000], a.a.O. [Fn. 520], Rz. 13; BSK ZGB II-Staehelin [2011], Art. 482 N 28; BK-Tuor [1952], Art. 482 N 18.

522 Piotet, SPR IV/1 [1978], S. 148; BSK ZGB II-Staehelin [2011], Art. 482 N 28.

523 Uffer-Tobler [1982], a.a.O. [Fn. 520], S. 146 ff.; BSK ZGB II-Staehelin [2011], Art. 482 N 28.

524 Riemer [2000], a.a.O. [Fn. 520], Rz. 13.

525 Riemer [2000], a.a.O. [Fn. 520], Rz. 13. Zum Ganzen auch PraxKomm-Schürmann [2011], Art. 482 N 28.

526 Vgl. PraxKomm-Schürmann [2011], Art. 482 N 30; BSK ZGB II-Staehelin [2011], Art. 482 N 27.

527 PraxKomm-Schürmann [2011], Art. 482 N 31; BSK ZGB II-Staehelin [2011], Art. 482 N 2, 14 und 25, m.w.H.

cker, der Erbenvertreter und der Erbschaftsverwalter[528]. Der Kreis der interessierten Personen wird in der Praxis weit gefasst[529]. Er sollte aber nach der hier vertretenen Auffassung auf Personen beschränkt bleiben, die ein persönliches, direktes und unmittelbares Interesse an der Vollziehung der Auflage und daher überhaupt die Kompetenz haben, über den Streitgegenstand zu verfügen (d.h. einen Vergleich abzuschliessen oder die Klage mit *res iudicata*-Wirkung zurückzuziehen)[530]. Mehrere, klar bestimmbare Personen bilden bei der Durchsetzung einer Auflage eine notwendige Streitgenossenschaft.

276a Lautet eine Auflage nicht zugunsten eines abgeschlossenen Kreises eindeutig bestimmter Personen, so besteht in Ermangelung einer klar identifizierbaren und über die Auflage verfügungsbefugten begünstigten Person kein klagbarer Anspruch. Die Auflage stellt in solchen Fällen lediglich einen Wunsch des Erblassers an die Adresse der Erben dar.

Passivlegitimation

277 Die Beschwerten (Erben oder Vermächtnisnehmer) und der Willensvollstrecker, wenn die Vollziehung der Auflage ihm oblag[531]. Mehrere Beschwerte haften solidarisch[532].

Befristung

278 Sofern nicht bereits die erblasserische Verfügung die Auflage in zeitlicher Hinsicht einschränkt[533], ergibt sich eine erste zeitliche Begrenzung der Auflage aus der maximal zulässigen Dauer der Auflage. Im Allgemeinen ist die Auflage im Hinblick auf Art. 335 Abs. 2 ZGB und in Analogie zu Art. 488 Abs. 2 ZGB auf

528 PraxKomm-Schürmann [2011], Art. 482 N 31; BSK ZGB II-Karrer/Vogt/Leu [2011], Art. 518 N 85. Für ein Beispiel vgl. BGer 5A_185/2008 (Auflage der Stiftungserrichtung) bzw. die Urteilsbesprechung von Harold Grüninger, in: successio 2010, S. 45 ff.

529 Druey [2002], § 11 Rz. 27, unter Verweis auf BGE 108 II 278, 286. Vgl. auch PraxKomm-Schürmann [2011], Art. 482 N 31.

530 Vgl. zur umgekehrten Konstellation der Passivlegitimation bei der Ungültigkeitsklage vorn Rz. 16.

531 PraxKomm-Schürmann [2011], Art. 482 N 32, m.w.H.; BSK ZGB II-Staehelin [2011], Art. 482 N 27, m.w.H.

532 Vgl. PraxKomm-Schürmann [2011], Art. 482 N 32.

533 Eine vom Erblasser zu lange befristete Auflage ist nicht nichtig, sondern auf das zulässige Mass herabzusetzen: BSK ZGB II-Staehelin [2011], Art. 482 N 32.

die Dauer von zwei Generationen, d.h. auf etwa 50–70 Jahre, beschränkt[534], bei reinen Vermögensleistungen auf 30 Jahre[535].

Gemäss einer Meinung unterliegt der Vollziehungsanspruch zusätzlich der Verjährung gemäss Art. 601 ZGB analog[536], gemäss einer anderen verjährt er nicht, da es sich bei dem Anspruch gar nicht um eine Forderung handelt[537]. Das Bundesgericht hat die Frage bisher offen gelassen[538]. 279

Von Auflagen, die zu sehr in die persönliche Sphäre eingreifen, kann sich der Beschwerte – unter Einhaltung der Klagefristen gemäss Art. 521 ZGB – mit der Ungültigkeitsklage befreien (Art. 482 Abs. 2 ZGB). Beklagter ist jener Rechtsträger, der am Vollzug der Auflage ein klagbares, mithin persönliches, direktes und unmittelbares Interesse hat[539]. Der auf Vollziehung der Auflage beklagte Erbe oder Vermächtnisnehmer kann die Ungültigkeit auch einredeweise geltend machen[540]. Da die Auflage nicht unbedingt einen Bezug zu Nachlassobjekten aufweisen muss, erscheint es sachgerecht, dass ihre Rechts- oder Sittenwidrigkeit die ihr zugrunde liegende Verfügung grundsätzlich unberührt lässt[541]. 280

534 BGE 87 II 355, 362; Druey [2002], § 11 Rz. 35; PraxKomm-Schürmann [2011], Art. 482 N 37; BSK ZGB II-Staehelin [2011], Art. 482 N 32, in analoger Anwendung des Gedankens, wonach gemäss Art. 488 ZGB Nacherbeneinsetzungen und Nachvermächtnisse zulässig sind, so dass rechtliche Bindungen für zwei Generationen möglich sind.

535 BSK ZGB II-Staehelin [2011], Art. 482 N 31 f.; Spiro [1975], a.a.O. [Fn. 284], S. 1286. Differenziert Druey [2002], § 11 Rz. 35, gemäss dem in Anlehnung an die bundesgerichtlichen Äusserungen [vgl. vorn Fn. 390] die Vermutung gelten soll, dass die Auflage spätestens mit dem Ableben des Beschwerten ihr Ende findet. Gl.M. PraxKomm-Schürmann [2011], Art. 482 N 36 ff.

536 Appellationshof Bern, ZBJV 1937, S. 88 f.; Piotet, SPR IV/1 [1978], S. 152; Spiro [1975], a.a.O. [Fn. 284], S. 132, Fn. 23; Uffer-Tobler [1982], a.a.O. [Fn. 520], S. 96 ff. Zum Beginn der Verjährungsfrist vgl. PraxKomm-Schürmann [2011], Art. 482 N 35.

537 ZK-Escher [1959], Art. 482 N 22; BSK ZGB II-Staehelin [2011], Art. 482 N 31.

538 BGE 108 II 278, E. 5.a = Pra 1982, Nr. 298, E. 5.a; BGE 76 II 202, 208 f.; das Gericht hat in diesem Entscheid immerhin klargestellt, dass die zehnjährige Verjährungsfrist gemäss Art. 601 ZGB, sofern sie zur Anwendung kommen sollte, jedenfalls nicht vor Entstehung des Klagerechts zu laufen beginnen könnte. In BGE 87 II 355, 362, hat das Gericht festgehalten, dass Auflagen «durch das Gesetz einer zeitlichen Begrenzung nicht unterworfen sind.» – Gegenüber dem (kaum je gutgläubigen) Beschwerten dürfte es angebracht sein, innerhalb der vorn (Rz. 278) dargestellten zeitlichen Schranken von der Unverjährbarkeit des Vollziehungsanspruchs auszugehen, zumal es bei Auflagen an einem Gläubiger fehlt, dem die Geltendmachung seines Rechts innert Frist durch Klage oder Betreibung zuzumuten ist. Vererbt der Beschwerte jedoch sein Vermögen weiter, ohne dass seine Erben etwas von der Auflage an die vorherige Generation wissen, dann dürfte jedenfalls Verjährbarkeit des Anspruchs angemessen sein: Zum Ganzen PraxKomm-Schürmann [2011], Art. 482 N 39, m.w.H.

539 Vorn Rz. 10 ff., namentlich 16, sowie 276. Vgl. PraxKomm-Schürmann [2011], Art. 482 N 50.

540 PraxKomm-Schürmann [2011], Art. 482 N 49, m.w.H.

541 Vgl. PraxKomm-Schürmann [2011], Art. 482 N 41, m.w.H.

280a *Rechtsbegehren*

«Es sei der Beklagte unter Androhung der Bestrafung gemäss Art. 292 StGB und Art. 343 ZPO mit Busse im Widerhandlungsfall zu verurteilen, eine Stiftung mit Sitz in Basel zu errichten und mit CHF 1 000 000 zuzüglich Zins zu 5 % seit … zu dotieren, und zwar mit dem Namen ‹XY-Stiftung zur Förderung des Tennis-Nachwuchses im Kanton Basel-Stadt› und dem Zweck, den Tennis-Nachwuchs im Kanton Basel-Stadt zu fördern.»

280b Nur konkret formulierte Auflagen, die dem Beschwerten ein bestimmtes Tun oder Unterlassen klar vorschreiben und zudem eine oder mehrere Personen als interessierte Begünstigte klar bestimmen, sind rechtlich durchsetzbar. Wo dem auflagenbeschwerten Empfänger von Nachlasswerten ein erhebliches eigenes Ermessen zusteht, wann und wie er vorgehen will, oder wo sich der Kreis der Begünstigten nicht auf einzelne, klar identifizierbare Personen beschränkt, ist die erblasserische Anordnung als blosser Wunsch zu qualifizieren, dem die rechtliche Durchsetzbarkeit abgeht.

280c Lässt sich aus der Auflage ein Forderungsrecht des Klägers ableiten, so kann dieser wie ein Vermächtnisnehmer auf Leistung an ihn selber klagen. Andernfalls muss, wie im dargestellten Rechtsbegehren, auf Realerfüllung geklagt und hinsichtlich der Sanktion mit Art. 292 StGB und Art. 343 ZPO operiert werden. Die Realerfüllung ist im Rechtsbegehren so genau wie möglich zu beschreiben, und zwar in Anlehnung an den Wortlaut der erblasserischen Verfügung.

15. Streit zwischen Miterben über Fragen der Nachlassverwaltung

15.1 Einleitung

In ihrer Eigenschaft als Gesamthänder müssen die Erben grundsätzlich alle Verwaltungshandlungen und Verfügungen über Nachlassgegenstände gemeinsam vornehmen[542]. Auch bezüglich der Prozessführung ist grundsätzlich gemeinsames Handeln erforderlich (vgl. immerhin hinten Rz. 284). Die Mitglieder einer Erbengemeinschaft bilden eine notwendige Streitgenossenschaft[543]. All dies erheischt Einstimmigkeit; das Einstimmigkeitserfordernis kann auch nicht vertraglich wegbedungen werden. Legen sich einzelne Miterben längerfristig quer, oder sind – namentlich bei grossen Erbengemeinschaften – die Erben über die ganze Welt verstreut, so wird die Erbengemeinschaft handlungsunfähig[544]. 281

Jeder einzelne Erbe kann die Handlungsfähigkeit dadurch wieder herstellen lassen, dass er bei der zuständigen Behörde[545] die Einsetzung eines Erbenvertreters gemäss Art. 602 Abs. 3 ZGB verlangt[546]. Der Erbenvertreter wird, gleich dem durch erblasserische Verfügung eingesetzten Willensvollstrecker, gewissermassen zum alleinigen Geschäftsführer der Erbengemeinschaft; den Miterben wird die Geschäftsführungsbefugnis entzogen. – Die in Basel-Stadt übliche, vom Erbschaftsamt den Erben zur Unterzeichnung vorgeschlagene «blaue Vollmacht» bezweckt unter anderem, auf rechtsgeschäftlichem Wege eine gemeinsame Erbenvertretung und damit die optimale Handlungsfähigkeit der Erbengemeinschaft herzustellen. Die Unterzeichner solcher Vollmachten können die Bevollmächtigung aber jederzeit – gemeinsam – widerrufen und damit den Erbenbevollmächtigten absetzen, wogegen die Absetzung des behördlich bestellten Erbenvertreters nur auf dem Beschwerdeweg erreicht werden kann[547]. 282

Zu unterscheiden sind der soeben erwähnte **Erbenvertreter** gemäss Art. 602 Abs. 3 ZGB, der **Erbschaftsverwalter** (in den beiden Funktionen des Sicherungsbeauftragten gemäss Art. 554 ZGB und des amtlichen Liquidators ge- 283

542 PraxKomm-Weibel [2011], Art. 602 N 30 ff., m.w.H.; Druey [2002], § 14 Rz. 22 ff.; BSK ZGB II-Schaufelberger/Lüscher [2011], Art. 602 N 11 ff., m.w.H.

543 Vgl. PraxKomm-Weibel [2011], Art. 602 N 26 ff., m.w.H. In Passivprozessen steht es dem Gläubiger aufgrund der in Art. 603 Abs. 1 ZGB angeordneten Solidarhaftung der Erben allerdings frei, auch nur einen Erben allein zu belangen.

544 PraxKomm-Weibel [2011], Art. 602 N 20 ff. Vgl. im Übrigen bereits vorn Fn. 271.

545 Basel-Stadt: Vorsteher des Erbschaftsamtes (§ 149 EG ZGB BS). Basel-Landschaft: Bezirksschreiberei (§ 105 lit. n EG ZGB BL).

546 Vgl. hinten Rz. 287 ff.

547 Vgl. Druey [2002], § 14 Rz. 36; PraxKomm-Weibel [2011], Art. 602 N 32 ff., m.w.H. Zum Beschwerdeverfahren vgl. Rz. 295 ff.

mäss Art. 595 ZGB) und der **Willensvollstrecker** (Art. 518 ZGB)[548]. Alle diese Funktionsträger unterstehen aber der Aufsicht durch eine nach Art. 54 SchlT ZGB vom Kanton zu bestimmende Behörde. Ihre Pflichtenhefte decken sich hinsichtlich der Verwaltung der Erbschaft zwar weitgehend[549], aber die Voraussetzungen ihrer Bestellung sind verschieden: Der Erbenvertreter wird bestellt wegen Uneinigkeit innerhalb der Erbengemeinschaft, der Erbschaftsverwalter wegen Unklarheit über die erbberechtigten Personen, der Willensvollstrecker als verlängerter Arm des Erblassers zur Durchsetzung von dessen Willen gegenüber den Erben.

284 Liegt *Gefahr im Verzug*, so ist jeder Erbe befugt, mit Wirkung für und gegen sämtliche Erben dringliche Massnahmen selbständig vorzunehmen[550]. Wo die Erbengemeinschaft in Zivilprozessen als Klägerin auftritt und als notwendige Streitgenossenschaft handeln muss, können einzelne Erben vorübergehend auch für (noch) nicht in den Prozess einbezogene Personen handeln[551]. Können die Vollmachten der übrigen Miterben nicht beigebracht werden, so müssen die prozessierenden Erben sich rasch um die amtliche Einsetzung eines Erbenvertreters gemäss Art. 602 Abs. 3 ZGB kümmern. Kann ein Erbenvertreter

548 Anders als der Erbenvertreter gemäss Art. 602 Abs. 3 ZGB wird der Erbschaftsverwalter gemäss Art. 554 ZGB stets von Amtes wegen eingesetzt, wenn einer der im Gesetz abschliessend aufgeführten Gründe für die Anordnung einer Erbschaftsverwaltung gegeben ist; eine Einsetzung auf Antrag eines Erben ist nicht vorgesehen: BSK ZGB II-KARRER/VOGT/LEU [2011], Art. 554 N 6. Hingegen untersteht der Erbschaftsverwalter gleich wie der Erbenvertreter der Behördenaufsicht in Analogie zu Art. 595 Abs. 3 ZGB; daher ist entsprechend gegen seine Handlungen und Unterlassungen die Beschwerde möglich: BSK ZGB II-KARRER/VOGT/LEU [2011], Art. 554 N 61 ff. Diesbezüglich kann auf die Beschwerde gegen Handlungen und Unterlassungen des Erbenvertreters (vgl. hinten Rz. 295 ff.) und des Willensvollstreckers (vgl. hinten Rz. 303 ff.) verwiesen werden. Vgl. auch hinten Fn. 576. – Für die Anordnung der Erbschaftsverwaltung zuständig ist in Basel-Stadt der Vorsteher des Erbschaftsamtes (§ 134 i.V.m. 139 EG ZGB BS; im Fall einer Nacherbenfolge vgl. auch § 126 EG ZGB BS), im Kanton Basel-Landschaft die Bezirksschreiberei (§ 105 lit. e EG ZGB BL).

549 So sind sie u.a. für die Bezahlung der Erblasserschulden, die Ausrichtung der Vermächtnisse, die Vorbereitung der Teilung und die Prozessführung in Zivil- und Verwaltungsprozessen sowie Steuer- und Sozialversicherungsverfahren zuständig. Vor Gericht amten sie als Prozessstandschafter in eigenem Namen und als Partei anstelle (und unter Ausschluss) der Erben. In erbrechtlichen Verfahren sind sie aber grundsätzlich weder aktiv- noch passivlegitimiert. Vgl. PraxKomm-WEIBEL [2011], Art. 602 N 37 f. Ausführlich zur Prozessführungsbefugnis des Willensvollstreckers BK-KÜNZLE [2011], Art. 517–518 N 464 ff.

550 BGE 121 III 118, 122; BGE 58 II 195, 198 ff.; PraxKomm-WEIBEL [2011], Art. 602 N 40 ff., m.w.H.; DRUEY [2002], § 14 Rz. 26; ZK-ESCHER [1960], Art. 602 N 13; BSK ZGB II-SCHAUFELBERGER/LÜSCHER [2011], Art. 602 N 18 ff.; TUOR/SCHNYDER/SCHMID/RUMO-JUNGO [2009], § 81 Rz. 9. – Gegebenenfalls können auch in nicht-dringlichen Fällen die Voraussetzungen der Geschäftsführung ohne Auftrag (Art. 419 ff. OR) erfüllt sein und einen Erben ausnahmsweise zum rechtsverbindlichen Handeln für die Erbengemeinschaft legitimieren.

551 Kassationsgericht ZH, 23.10.1991, ZR 1992/93, Nr. 76, mit Verweis auf BGE 58 II 198 ff. Vgl. auch PraxKomm-WEIBEL [2011], Art. 602 N 28 und 40 ff., m.w.H.

etwa aufgrund nicht verlängerbarer gesetzlicher Handlungsfristen nicht innert nützlicher Frist bestellt werden, so kann unter Umständen ein dringlicher Fall vorliegen, in welchem ein Miterbe jedenfalls bis zur Ernennung des Erbenvertreters allein handeln kann[552].

Bei Rechtsgeschäften der Erbengemeinschaft mit einem einzelnen Erben 285
(Abschluss eines Mietvertrags, Kündigung eines Pachtvertrags etc.) müssen aufgrund des Gesamthandsprinzips, aber auch zur Vermeidung von Interessenkonflikten, auf Seiten der Gemeinschaft sämtliche Erben mitwirken, einschliesslich jenes Erben, mit dem das Rechtsgeschäft abgeschlossen wird[553]. Statt der Erbengemeinschaft kann wiederum ein Erbenvertreter gemäss Art. 602 Abs. 3 ZGB handeln[554].

In öffentlich-rechtlichen Streitigkeiten, die den Gesamtnachlass betreffen, wird 286
das Erfordernis der notwendigen Streitgenossenschaft weniger streng gehandhabt; hier wird in der Regel einzelnen Miterben gestattet, ohne Vollmacht der anderen und ohne Einsetzung eines Erbenvertreters zu handeln[555].

552 Vgl. Roger Weber, Der zivilrechtliche Schutz der Familienwohnung, in: AJP 2004, S. 30 ff., 42. – Hingegen ist dem Schweizer Recht das Konzept des Handelns eines einzelnen Erben für die Erbengemeinschaft auf eigene Gefahr fremd: BGE 121 III 118, E. 3; vgl. PraxKomm-Weibel [2011], Art. 602 N 31, m.w.H.

553 BGE 125 III 219; vgl. PraxKomm-Weibel [2011], Art. 602 N 30, m.w.H.; BSK ZGB II-Schaufelberger/Lüscher [2011], Art. 602 N 19, m.w.H.; Druey [2002], § 14 Rz. 25a. Gemäss BGE 74 II 215, 217, und BGE 109 II 400, 403, gilt dies nicht für gerichtliche Auseinandersetzungen, bei denen der eine Miterbe als Kläger oder Beklagter, alle anderen in der umgekehrten Parteirolle einbezogen sind (vgl. PraxKomm-Weibel [2011], Art. 602 N 44, m.w.H.). Die Notwendigkeit des Handelns aller auf der einen Seite gilt also nur für die nichtstreitige Abschliessung und Abwicklung von Rechtsgeschäften. – Die Zustimmung eines Erben zu einem Vertrag, den er mit dem (durch seine sämtlichen Miterben vertretenen) Nachlass abschliesst, darf im übrigen (auch nachlassseitig) vorausgesetzt werden; hier sollte vom Erfordernis der Mitwirkung des betreffenden Erben auf beiden Seiten des Rechtsgeschäfts dispensiert werden.

554 BGE 125 III 219.

555 Beispiele: Beschwerde in einem Nutzungsplanverfahren, welches Erbschaftsgrundstücke betrifft (Verwaltungsgericht Schwyz, 21.5.1991, EGVSZ 1991, S. 5 f.); Beschwerde gegen eine Perimeterverfügung (Verwaltungsrekurskommission St. Gallen, 26.9.1989, SGGVP 1989, S. 99 f.).

15.2 Gesuch um Bestellung eines Erbenvertreters (Art. 602 Abs. 3 ZGB)

Vorbemerkung

287 Art. 602 Abs. 3 ZGB stellt ein Korrektiv zum (schwerfälligen) Gesamthandsprinzip dar, das in der Erbengemeinschaft gilt[556]. Ist eine Erbengemeinschaft ausserstande, innert nützlicher Frist die nötigen Entscheide zu treffen und (im Aussenverhältnis) zu handeln, so kann, sofern weder ein Willensvollstrecker noch ein Erbschaftsverwalter ernannt wurde[557], ein Erbenvertreter bestellt werden, der anstelle der Erben die notwendigen Entscheidungen trifft und die Erbengemeinschaft damit handlungsfähig erhält. Die Bestellung eines Erbenvertreters setzt die Gefährdung der Substanz oder der ordentlichen Erträge des Nachlasses voraus; blosse Meinungsverschiedenheiten der Erben über die Verwaltung des Nachlasses stellen noch keine hinreichende Notwendigkeit für die Bestellung eines Erbenvertreters dar[558]. Demgemäss kann die Behörde den Antrag abweisen, wenn ihr keine genügenden Gründe für die Einsetzung eines Erbenvertreters vorzuliegen scheinen[559].

Gerichtsstand

288 Örtlich zuständig ist die Behörde am letzten Wohnsitz des Erblassers (Art. 28 Abs. 2 ZPO)[560]. – Wer die sachlich «zuständige Behörde» (Art. 602 Abs. 3 ZGB) ist, ergibt sich aus der kantonalen Einführungsgesetzgebung zum ZGB[561]. Verfahren und Rechtsmittel richten sich danach, ob das kantonale Recht ein Gericht (dann: ZPO) oder eine Verwaltungsbehörde (dann: kantonales Verwal-

556 Vgl. statt vieler BGE 121 III 118, E. 2 f. Vgl. im übrigen vorn Rz. 281 ff.

557 Diese Personen sind für die Erbschaft handlungsbefugt, so dass von vornherein keine Handlungsunfähigkeit drohen kann. Vgl. DRUEY [2002], § 14 Rz. 12 und 39; PraxKomm-WEIBEL [2011], Art. 602 N 59, m.w.H.

558 Kantonsgericht Fribourg, 23.5.2003, RFJ 2003, S. 38; Regierungsrat Bern, 7.1.2002, BVR 2002, S. 305 ff. – Zu den Voraussetzungen für die Ernennung des Erbenvertreters vgl. im einzelnen PraxKomm-WEIBEL [2011], Art. 602 N 57 ff., m.w.H.; BSK ZGB II-SCHAUFELBERGER/LÜSCHER [2011], Art. 602 N 43 ff.

559 DRUEY [2002], § 14 Rz. 60; PraxKomm-WEIBEL [2011], Art. 602 N 67.

560 Vgl. PraxKomm-WEIBEL [2011], Art. 602 N 63; BSK ZGB II-SCHAUFELBERGER/LÜSCHER [2011], Art. 602 N 40. Art. 28 Abs. 2 ZPO ist im Gegensatz zu Abs. 1 eine zwingende Zuständigkeit. Vgl. auch vorn Fn. 307.

561 Basel-Stadt: Vorsteher des Erbschaftsamtes (§ 149 EG ZGB BS). Basel-Landschaft: Bezirksschreiberei (§ 105 lit. n EG ZGB BL).

tungsrecht) für zuständig erklärt[562]. Möglich ist überdies, dass die Einsetzung eines Erbenvertreters im Sinne einer vorsorglichen Massnahme im Teilungsprozess durch das Erbteilungsgericht angeordnet wird[563].

Aktivlegitimation

Jeder gesetzliche und eingesetzte Erbe selbständig (Art. 602 Abs. 3 ZGB)[564]. 289

Passivlegitimation

Jene Miterben, die nicht auf der Seite des Gesuchstellers mitwirken, sind als 290 Gesuchsgegner oder Gesuchsbeklagte zu nennen. Da der einzusetzende Erbenvertreter für die ganze Erbengemeinschaft handelt, müssen sämtliche Erben in das Ernennungsverfahren einbezogen werden[565].

Befristung

Solange die Erbengemeinschaft unter einigen Erben fortbesteht, kann bei 291 Uneinigkeit über die Vertretung und Verwaltung der Erbschaft jederzeit ein Gesuch um Bestellung eines Erbenvertreters gestellt werden[566]. Auch für eine fortgesetzte Erbengemeinschaft kann nach wie vor ein Erbenvertreter beantragt und eingesetzt werden[567].

562 Vgl. PraxKomm-Weibel [2011], Art. 602 N 64. Zum Instanzenzug in den Kantonen Basel-Stadt und Basel-Landschaft vgl. auch hinten Fn. 574.

563 PraxKomm-Weibel [2011], Art. 602 N 63, m.w.H.; Kassationsgericht Zürich, AA070147/U/la vom 21. Dezember 2007, E. 3. Vgl. auch Kantonsgericht Graubünden, ZK1 11 84 vom 17. Januar 2012.

564 PraxKomm-Weibel [2011], Art. 602 N 61, m.w.H.; Druey [2002], § 14 Rz. 60; BSK ZGB II-Schaufelberger/Lüscher [2011], Art. 602 N 21 und 43. Vgl. Regierungsrat Bern, 7.1.2002, BVR 2002, S. 305 ff., 307.

565 Vgl. PraxKomm-Weibel [2011], Art. 602 N 62.

566 BGer 5D.133/2010, E. 4 (bloss partielle Erbteilung hebt Erbengemeinschaft nicht vollständig auf, so dass nach wie vor ein Erbenvertreter bestellt werden kann); Kantonsgerichtspräsidium Graubünden, PKG 1988, S. 186 ff., 188. Vgl. PraxKomm-Weibel [2011], Art. 602 N 65.

567 PraxKomm-Weibel [2011], Art. 602 N 52, m.w.H.

292 *Rechtsbegehren*

Variante 1 (mit einem Vorschlag bezüglich der zu ernennenden Person):
«Im Nachlass des am … verstorbenen X sei A, [Adresse], als Erbenvertreter gemäss Art. 602 Abs. 3 ZGB einzusetzen, unter Kostenfolge zulasten der Gesuchsbeklagten, eventualiter zulasten des Nachlasses.»

293 **Variante 2 (ohne Ernennungsvorschlag):**
«1. Im Nachlass des am … verstorbenen X sei ein Erbenvertreter gemäss Art. 602 Abs. 3 ZGB einzusetzen, unter Kostenfolge zulasten der Gesuchsbeklagten, eventualiter zulasten des Nachlasses.
2. Die Behörde habe die Person des Erbenvertreters nach Anhörung der Erben zu bestimmen.»

Erläuterung

294 Zur Person des Erbenvertreters können die Gesuchsteller Vorschläge machen. Die Behörde ist an diese Vorschläge aber nicht gebunden[568]. Sie kann die Erbenvertretung auch einem Miterben oder einem Dritten übertragen[569]. Sind die Beziehungen zwischen den Miterben durch Spannungen und Misstrauen geprägt, was anlässlich der Bestellung eines Erbenvertreters die Regel sein dürfte, so tun die Antragsteller gut daran, in ihrem Gesuch vorerst keinen Namen zu nennen, sondern die Ernennungsbehörde informell zu gegebener Zeit wissen zu lassen, wen sie sich vorstellen können. Andernfalls opponieren die Gesuchsbeklagten von vornherein, und die Ernennungsbehörde muss sich anderweitig umsehen. Von der Bestellung eines Miterben als Erbenvertreter sollte, wenn andere Miterben opponieren, grundsätzlich abgesehen werden. Der Miterbe ist als Erbenvertreter immer im Interessenkonflikt. Zu beachten ist zudem: Die Stellung eines Begehrens um Einsetzung eines Erbenvertreters stellt eine implizite Annahme der Erbschaft dar und führt daher zur Verwirkung der Ausschlagungsbefugnis[570].

568 PraxKomm-Weibel [2011], Art. 602 N 69.
569 ZK-Escher [1960], Art. 602 N 76; PraxKomm-Weibel [2011], Art. 602 N 69; BSK ZGB II-Schaufelberger/Lüscher [2011], Art. 602 N 41.
570 Vgl. PraxKomm-Weibel [2011], Art. 602 N 61, m.w.H.

15.3 Beschwerdeführung gegen Handlungen des Erbenvertreters

Vorbemerkung

Obwohl der Erbenvertreter keine öffentlich-rechtlichen Befugnisse hat, untersteht er der behördlichen Aufsicht. Seine Handlungen können mit Beschwerde an die Aufsichtsbehörde angefochten werden; auch seine Absetzung erfolgt auf dem Beschwerdeweg[571]. Die Kognition der Aufsichtsbehörde beschränkt sich dabei auf eine Willkürkontrolle, d.h. auf grobe Fehler des Erbenvertreters. In sein – weites – Ermessen wird nicht eingegriffen[572]. Materielle Rechtsfragen sind weder durch den Erbenvertreter noch durch die Aufsichtsbehörde, sondern ausschliesslich durch das Zivilgericht zu entscheiden[573]. 295

Zuständigkeit

Zur örtlichen Zuständigkeit vgl. Rz. 288. Sachlich zuständig ist in erster Instanz die Ernennungsbehörde (sofern in der kantonalen Einführungsgesetzgebung zum ZGB nichts Abweichendes angeordnet ist)[574]. Sie beaufsichtigt den von ihr ernannten Erbenvertreter. Weiterzug der Beschwerde an eine übergeordnete kantonale gerichtliche Instanz und ans Bundesgericht ist zulässig[575]. 296

Aktivlegitimation

Jeder Erbe einzeln. 297

571 ZK-Escher [1960], Art. 602 N 83; PraxKomm-Weibel [2011], Art. 602 N 76 ff., m.w.H.; BSK ZGB II-Schaufelberger/Lüscher [2011], Art. 602 N 49 ff.; Tuor/Schnyder/Schmid/Rumo-Jungo [2009], § 81 Rz. 10.

572 Chambre de recours Waadt, 10.2.1992, i.S. Rivier, JDT 1993 III, S. 14 ff.; Regierungsrat Obwalden, Entscheid vom 9. September 2008 (Nr. 121), OWVVGE XVIII, S. 53 ff., E. 2. Vgl. ausführlich PraxKomm-Weibel [2011], Art. 602 N 78, m.w.H.

573 BGer 5A_806/2009; vgl. die Urteilsbesprechung von Ayesha Curmally, in: ius.focus 2010, Nr. 168.

574 Instanzenzug in Basel-Stadt: Vorsteher des Erbschaftsamtes (§ 139 Abs. 2 EG ZGB BS analog), Ausschuss des Zivilgerichts (§ 2 Abs. 2 EG ZGB BS), Ausschuss des Appellationsgerichts (§ 2 Abs. 4 EG ZGB BS). Instanzenzug in Basel-Landschaft: Bezirksschreiberei (§ 105 lit. n EG ZGB BL analog), Regierungsrat (§ 107 EG ZGB BL), Kantonsgericht, Abteilung Verfassungs- und Verwaltungsrecht (§ 43 ff. VPO BL). Falls die Erbenvertretung durch die Bezirksschreiberei selber wahrgenommen wird, obliegt die Aufsicht gemäss § 106 lit. d EG ZGB BL der Justiz-, Polizei- und Militärdirektion (nunmehr: Sicherheitsdirektion). Deren Entscheid ist sodann direkt mit der verwaltungsgerichtlichen Beschwerde beim Kantonsgericht anzufechten.

575 Vgl. PraxKomm-Weibel [2011], Art. 602 N 76.

Passivlegitimation

298 Der Erbenvertreter.

Befristung

299 Wie die Beschwerde gegen den Willensvollstrecker[576] ist auch diejenige gegen den Erbenvertreter von Gesetzes wegen an keine Frist gebunden. Sie unterliegt daher den besonderen und subsidiär den allgemeinen Regeln des kantonalen Rechts bezüglich Beschwerdeführung in zivil- und verwaltungsrechtlichen Angelegenheiten.

300 *Rechtsbegehren*

Verschiedene Formulierungen sind denkbar; beispielsweise: «*Der Beschwerdebeklagte sei anzuweisen, bis spätestens zum ... [Nennung des verlangten Handelns]*»; oder: «*Dem Beschwerdebeklagten sei zu untersagen ...*».

301 Hat der Erbenvertreter sein beabsichtigtes Vorgehen in einer «Verfügung» gegenüber den Erben eröffnet, so ist die Beschwerde als eine solche gegen die betreffende Verfügung zu formulieren: «*Es sei die Verfügung [oder: es seien Ziffern X und Y der Verfügung] des Beschwerdebeklagten vom ... [Datum] aufzuheben, und es sei der Beschwerdebeklagte anzuweisen ... [es folgt das gewünschte Handeln]*»[577].

Erläuterung

302 Wenn sich Erbenvertreter oder Willensvollstrecker gegen Verantwortlichkeitsansprüche schützen wollen, können sie ihr beabsichtigtes Vorgehen nach bisheriger Basler Praxis den Erben in Gestalt von «Verfügungen» schriftlich mitteilen und Frist zur Anhebung einer Aufsichtsbeschwerde setzen[578]. Solche «Verfügungen» sind rein privatrechtlicher Natur. Sie können nicht in Rechtskraft erwachsen und haben keine rechtsgestaltende Wirkung. Sie haben den Charakter blosser Absichtserklärungen und entlasten den Verfügenden allenfalls von Verantwortlichkeit und Haftung[579], nämlich wenn die Verfügungs-

---

576 Vgl. hinten Rz. 303 ff.

577 PraxKomm-WEIBEL [2011], Art. 602 N 81.

578 BK-TUOR [1952], Art. 518 N 29; ZK-ESCHER [1960], Art. 518 N 25; PraxKomm-WEIBEL [2011], Art. 602 N 81.

579 Die Haftung des Erbenvertreters untersteht dem Auftragsrecht (Art. 398 ff. OR): DRUEY [2002], § 14 Rz. 41.

adressaten nicht innert Frist mit der Aufsichtsbeschwerde reagieren[580]. Gegen die Zulässigkeit solcher «Beschwerdeprovokationen» sprechen sich KARRER/VOGT/LEU aus[581]. In gewissen Kantonen wird auf Beschwerden gegen derartige «Verfügungen» nicht eingetreten aufgrund der Erwägung, der Erbenvertreter und der Willensvollstrecker könnten sich nicht im Voraus für ihre beabsichtigten Handlungen den Segen der Aufsichtsbehörde geben lassen, sondern müssten ihre Handlungen allemal selber verantworten; dafür seien sie schliesslich auch bezahlt. – Anerkennt man diese Auffassung als die richtige, dann können Erbenvertreter und Willensvollstrecker durch Absichtskundgebungen und durch das Setzen von «Einsprache»-Fristen zwar faktisch ihre Verantwortlichkeit mildern, indem sie den Betroffenen und sich selber die Gelegenheit geben, verschiedene Betrachtungsweisen zur Geltung zu bringen und zu würdigen. Rechtlich wird den Betroffenen dadurch aber nicht die Möglichkeit abgeschnitten, noch nachträglich den Erbenvertreter oder Willensvollstrecker mittels Verantwortlichkeitsklage zu belangen[582].

580 Vgl. FLÜCKIGER [2004], a.a.O. [Fn. 37], S. 102 und 104, mit Hinweis auf BGE 108 II 535, 537 f., und BGer 5P.83/2003 vom 8.7.2003, E. 1.

581 BSK ZGB II-KARRER/VOGT/LEU [2011], Art. 518 N 101 i.V.m. Art. 595 N 34.

582 PraxKomm-WEIBEL [2011], Art. 602 N 81. Zur Haftung des Erbenvertreters aus Art. 398 OR vgl. BSK ZGB II-SCHAUFELBERGER/LÜSCHER [2011], Art. 602 N 48; PraxKomm-WEIBEL [2011], Art. 602 N 75, m.w.H.

16. Rechtsbehelfe gegen den Willensvollstrecker

Vorbemerkung

Der Willensvollstrecker steht gemäss Art. 518 Abs. 1 ZGB «in den Rechten und Pflichten des amtlichen Erbschaftsverwalters». Aus dieser Formulierung wird gefolgert, dass der Willensvollstrecker auch unter der gleichen Aufsicht steht wie der Erbschaftsverwalter, und zwar wie der in Art. 595 ZGB als Erbschaftsverwalter bezeichnete Liquidator, nicht wie der in Art. 554 ZGB ebenfalls als Erbschaftsverwalter bezeichnete Sicherungsbeauftragte[583]. Die Behördenaufsicht über den Willensvollstrecker ist zwingend und kann daher durch den Erblasser auch nicht mittels Verfügung von Todes wegen wegbedungen oder eingeschränkt werden[584]. 303

Die Tätigkeit des Willensvollstreckers unterliegt daher der Beschwerde[585]. 304
Gegenstand der Beschwerde sind getroffene, beabsichtigte oder unterlassene Handlungen (Verfügungen, Verpflichtungen, Prozesshandlungen) des Willensvollstreckers[586]. Zu den Beschwerdegründen, die seitens der Erben gegen einen missliebigen Willensvollstrecker geltend gemacht werden können, hat das Obergericht Zürich festgehalten:

«Grundsätzlich ist davon auszugehen, dass es im Rahmen der Testierfreiheit des Erblassers liegt, ob er einen Testamentsvollstrecker bestimmen will. Tut er dies, haben sich die Erben darein zu schicken, seine Person und seine Handlungen hinzunehmen. Eine Grenze findet die Unterordnung der Erben unter die Anordnungen des Willensvollstreckers nur, wo diese gegen den letzten Willen des Erblassers oder zwingende gesetzliche Bestimmungen verstossen. Alsdann hat die Aufsichtsbehörde auf Begehren der gesetzlichen oder eingesetzten Erben hin einzugreifen.»[587]

Der Willensvollstrecker handelt zweckmässigerweise im Einvernehmen mit Erben und Vermächtnisnehmern, soweit dies möglich ist, ist aber deren Weisungen nicht unterworfen. Der Alleinerbe oder die einstimmig handelnden 305

583 Vgl. Bruno Derrer, Die Aufsicht der zuständigen Behörde über den Willensvollstrecker und den Erbschaftsliquidator, Diss. Zürich 1985, S. 3 ff.; Hans Rainer Künzle, Der Willensvollstrecker, Zürich 2000, S. 394 ff.; in gleichem Sinne BGE 48 II 518; BGE 66 II 150, E. 2; ZK-Escher [1960], Art. 518 N 3; BK-Tuor [1952], Art. 518 N 7; (aufgrund des Hinweises auf die Privatautonomie in Art. 518 Abs. 1 ZGB) kritisch demgegenüber PraxKomm-Christ/Eichner [2011], Art. 518 N 88 (vgl. Art. 517 N 2).

584 BSK ZGB II-Karrer/Vogt/Leu [2011], Art. 518 N 97 und Art. 595 N 20; PraxKomm-Christ/Eichner [2011], Art. 518 N 1 und 88 ff.; vgl. auch Kantonsgericht Graubünden, 19.1.2004, PKG 2003, Nr. 34.

585 BGE 74 I 425; Druey [2002], § 14 Rz. 46 ff.; Tuor/Schnyder/Schmid/Rumo-Jungo [2009], § 71 Rz. 34 f.

586 Künzle [2000], a.a.O. [Fn. 583], S. 400 und 402, mit einem Überblick über die Kasuistik.

587 Obergericht Zürich, 23.9.1991, ZR 1992/93, Nr. 46, S. 172 ff., 175.

Erben können also weder den Willensvollstrecker abberufen noch ihm Weisungen erteilen, die von den Anordnungen des zu vollstreckenden Testaments abweichen[588]. Allerdings gibt es keine amtliche Intervention, wenn der Willensvollstrecker im Einvernehmen mit sämtlichen am Nachlass beteiligten Personen vom Testament abweicht[589]. Willensvollstrecker und Erben sind nicht verpflichtet, die Aufsichtsbehörde über Fortgang und Modalitäten der Nachlassabwicklung zu informieren[590].

306 Das Nahestehen des Willensvollstreckers zu den im Testament hauptbegünstigten Personen und seine Mitwirkung bei der nachlassplanerischen lebzeitigen Ausgestaltung dieser Begünstigung gilt im schweizerischen Recht nicht als relevante Interessenkollision und bildet für sich allein genommen keinen Absetzungsgrund[591]. – KARRER/VOGT/LEU erwähnen als Fälle relevanter Interessenkollisionen, die in der Rechtsprechung die Absetzung des Willensvollstreckers zu begründen vermochten, die notarielle Mitwirkung des Willensvollstreckers an der Errichtung der letztwilligen Verfügung, bei der ein notarieller Fehler gemacht wurde, ferner die Position des Willensvollstreckers als Erbschaftsgläubiger[592].

307 Soweit der Erblasser konkrete Teilungsvorschriften aufgestellt, insbesondere die Zuweisung bestimmter Sachen an einzelne Erben angeordnet hat, ist der Willensvollstrecker zu deren Vollzug verpflichtet[593]. Im übrigen hat er – entgegen dem missverständlichen Wortlaut von Art. 518 Abs. 2 ZGB – keine Teilungskompetenzen, sondern kann den Erben nur *Vorschläge* (Teilungs-

588 Vgl. DRUEY [2002], § 14 Rz. 36.

589 Vgl. PETER BREITSCHMID, Stellung des Willensvollstreckers in der Erbteilung, in: JEAN NICOLAS DRUEY/PETER BREITSCHMID (Hrsg.), Praktische Probleme der Erbteilung, Bern 1997, S. 145 f., wobei BREITSCHMID darauf hinweist, dass Auflagen zugunsten Dritter und Bedingungen gemäss Art. 482 ZGB auch gegen den gemeinsamen Willen von Willensvollstrecker und Erben zu respektieren sind. – Vgl. zu diesem Thema auch vorn Rz. 16 und 276 ff.

590 Vgl. BSK ZGB II-KARRER/VOGT/LEU [2011], Art. 595 N 21.

591 Vgl. CHRISTIAN BRÜCKNER, Schweizerisches Beurkundungsrecht, Zürich 1993, Rz. 1638, mit Verweis auf die abweichende Rechtslage in Deutschland, wo sich der beurkundende Notar nicht als Willensvollstrecker einsetzen lassen kann; vgl. auch DRUEY [2002], § 14 Rz. 73.

592 BSK ZGB II-KARRER/VOGT/LEU [2011], Art. 518 N 104 f. Die Position des Willensvollstreckers als Erbschaftsgläubiger dürfte freilich nur in Extremfällen zu einem relevanten Interessenkonflikt führen, wird doch der Willensvollstrecker allein schon aufgrund seiner Honorarforderung stets zum Erbschaftsgläubiger (vgl. dazu auch hinten Rz. 313). Vgl. ferner auch PraxKomm-CHRIST/EICHNER [2011], Art. 518 N 97 f., m.w.H. Auch lässt die Rechtsprechung sogar die Einsetzung eines Erben als Willensvollstrecker zu: BGer 5P.199/2003 vom 12.8.2003.

593 STEIN-WIGGER [2001], a.a.O. [Fn. 364], S. 1143; vgl. allerdings auch S. 1139 f., wonach der Willensvollstrecker bei Einigkeit sämtlicher Erben von den erblasserischen Teilungsvorschriften abweichen müsse; im gleichen Sinne BSK ZGB II-SCHAUFELBERGER/LÜSCHER [2011], Art. 607 N 5 und 9; TUOR/SCHNYDER/SCHMID/RUMO-JUNGO [2009], § 82 Rz. 7.

pläne und Einzelvorschläge) machen[594]. Wenn er daher den Erben eine Frist zur Anerkennung seines Teilungsvorschlags oder zur Klageerhebung ansetzt mit der Androhung, bei Fristversäumnis werde die Teilung gemäss Vorschlag durchgeführt, so kann dies die Rechte der Erben weder in formeller[595] noch in materieller Hinsicht einschränken[596]. Falls einzelne oder alle Erben sich zum Teilungsplan nicht äussern oder diesen ablehnen, entsteht jedoch eine unbefriedigende Situation, die gelöst werden muss, auch wenn kein Erbe die Teilungsklage erhebt. Doktrin und Praxis haben dazu verschiedene Lösungsansätze entwickelt[597]:

- Karrer/Vogt/Leu und Sutter-Somm/Chevalier möchten dem Willensvollstrecker die Aktivlegitimation zur Erbteilungsklage zuerkennen[598].
- Christ/Eichner befürworten unter Hinweis auf das praktische Bedürfnis die sog. Zürcher Praxis, nach der der Willensvollstrecker den Erben – selber oder unter Mitwirkung der Behörde – eine Frist anzusetzen hat, innert welcher sie die Zustimmung zum Teilungsvorschlag erklären oder beim ordentlichen Gericht Anfechtungsklage gegen den Teilungsplan erheben müssen[599].
- Weimar hält dafür, dass der Willensvollstrecker das Recht haben soll, mit den dem Teilungsplan zustimmenden Erben subjektiv-partielle Erbteilungsverträge abzuschliessen[600].
- Künzle schliesslich schlägt vor, Art. 518 *de lege ferenda* mit einem neuen Absatz 2bis, lautend: «Der Willensvollstrecker ist befugt, die Teilungsklage zu erheben, wenn

594 Vgl. PraxKomm-Christ/Eichner [2011], Art. 518 N 72; Breitschmid [1997], a.a.O. [Fn. 589], S. 110 ff.; Druey [2002], § 14 Rz. 68 f. und 78; Jost [1960], S. 18 ff.; BSK ZGB II-Karrer/Vogt/Leu [2011], Art. 518 N 52 f. und 62; Seeberger [1993], S. 25 ff.; vgl. auch Verwaltungsgericht Basel-Stadt, 19.5.2003, BJM 2005, S. 79. – Erbenvertreter und Erbschaftsverwalter haben überhaupt keine Teilungskompetenzen, können aber ebenfalls Vorschläge machen: vgl. Druey [2002], § 14 Rz. 19 und 21.

595 Legitimation zur Teilungsklage; vgl. vorn Rz. 205 ff.

596 BGE 102 II 97, 102; Kantonsgericht Graubünden, 1.4.2003, PKG 2003, Nr. 35; Druey [2002], § 16 Rz. 6 und 33 f.; BSK ZGB II-Karrer/Vogt/Leu [2011], Art. 518 N 63 f.; Stein-Wigger [2001], a.a.O. [Fn. 364], S. 1143 ff., m.w.H.; vgl. auch Art. 18 Abs. 1 lit. b GBV; vgl. demgegenüber BK-Tuor [1952], Art. 518 N 17; BK-Tuor/Picenoni [1959/1964], Art. 604 N 1d; ZK-Escher [1960], Art. 518 N 19.

597 Vgl. BSK ZGB II-Karrer/Vogt/Leu [2011], Art. 518 N 62 ff.; Sutter-Somm/Chevalier [2007], a.a.O. [Fn. 21], S. 31 ff.

598 BSK ZGB II-Karrer/Vogt/Leu [2011], Art. 518 N 66 und 84; Sutter-Somm/Chevalier [2007], a.a.O. [Fn. 21], S. 33 f.

599 Vgl. PraxKomm-Christ/Eichner [2011], Art. 518 N 82 f.

600 So Peter Weimar, Die Erbschaftsteilung als Erfüllungs- und Verfügungsgeschäft, in: François Dessemontet/Paul Piotet (Hrsg.), Mélanges Pierre Engel, Lausanne 1989, S. 443 ff., 455 ff. – Vgl. auch Fritz Sturm, Verkommt der Testamentsvollstrecker in der Schweiz zu einem zahnlosen Mediator?, in: Wolfgang Wiegand/Thomas Koller/Hans Peter Walter (Hrsg.), Festschrift für Eugen Bucher, Bern 2009, S. 743 ff., 752: So z.B. suspensiv bedingte Vorausvermächtnisse an die friedfertigen Erben, Enterbung des grundlos Blockierenden oder einfach Versilberung mit anschliessender Verteilung des Nachlasses.

die Erben sich über die Teilung nicht einigen und keine Teilungsklage erheben.», zu ergänzen. Dadurch solle die Stellung des Willensvollstreckers gestärkt werden[601].

Die in der vorliegenden Darstellung vertretene Ansicht folgt demgegenüber der nach wie vor überwiegenden Lehre, wonach dem Willensvollstrecker jedenfalls *de lege lata* keine Legitimation zur Erhebung der Teilungsklage zukommt, er mithin entweder abzuwarten hat, bis einer der Erben die Teilungsklage erhebt, oder sein Amt als Willensvollstrecker niederlegen kann[602].

308 Der Katalog der – bundesrechtlich zwar nicht ausdrücklich geregelten, jedoch ausschliesslich Bundesrecht unterstehenden[603] – Aufsichtsmassnahmen umfasst primär **administrative Massnahmen,** nämlich

(a) die Erteilung von (rechtlich unverbindlichen) Empfehlungen an den Willensvollstrecker,
(b) die Erteilung von (verbindlichen) Weisungen bzw. von Verboten an den Willensvollstrecker, auch beispielsweise auf Aktenedition und Auskunftserteilung gemäss den vorn (Rz. 28 ff.) formulierten Rechtsbegehren,
(c) seine administrative Absetzung bei unverschuldeter Unfähigkeit (im Gegensatz zur disziplinarischen Absetzung bei verschuldeter Unfähigkeit[604]).

309 Die Beschwerdeführer können bei der Aufsichtsbehörde auch konkrete behördliche Massnahmen beantragen wie z.B. die Sperrung von Bankkonten, eine Grundbuchsperre, eine Fristansetzung gegenüber dem Willensvollstrecker zur Durchführung einer bestimmten Handlung oder die Aufhebung einer bestimmten Verfügung des Willensvollstreckers[605].

Die Beschwerdeführer können ferner **disziplinarische Massnahmen** beantragen. Es ist alsdann Sache der Aufsichtsbehörde, zu entscheiden, ob sie ein Disziplinarverfahren einleitet; die Antragsteller haben dabei keine Parteistellung. Der Katalog von Disziplinarmassnahmen umfasst unter anderem:

(a) den Verweis,
(b) die Ermahnung oder Verwarnung,
(c) die Ordnungsbusse,

601 BK-Künzle [2011], Art. 517–518 N 324.

602 Vgl. PraxKomm-Weibel [2011], Art. 604 N 8, m.w.H.; Breitschmid [1997], a.a.O. [Fn. 589], S. 150; BK-Tuor/Picenoni [1957/1964], Art. 604 N 2; Spycher [2005], a.a.O. [Fn. 351], S. 37; Stein-Wigger [2001], a.a.O. [Fn. 364], S. 1145; Flückiger [2004], a.a.O. [Fn. 37], S. 92.

603 BGE 66 II 148, 150; BGE 90 II 376, 383; Derrer [1985], a.a.O. [Fn. 583], S. 28; BSK ZGB II-Karrer/Vogt/Leu [2011], Art. 595 N 28.

604 Vgl. dazu hinten Rz. 309 lit. f.

605 Zu letzterer vgl. Kantonsgericht Graubünden, 1.4.2003, PKG 2003, Nr. 35. Zum Ganzen vgl. die Zusammenstellung der Aufsichtsmittel mit Verweisen auf Rechtsprechung und Literatur bei BSK ZGB II-Karrer/Vogt/Leu [2011], Art. 595 N 28 ff.; Künzle [2000], a.a.O. [Fn. 583], S. 406 ff.

(d) die Verzeigung gemäss Art. 292 StGB,
(e) die vorübergehende Einstellung im Amt, und
(f) die definitive disziplinarische Absetzung bei schuldhaften Pflichtverletzungen, jedoch nur in Fällen schwerwiegender Umstände, unter denen der Erblasser, wenn er noch leben würde, die Einsetzung des Willensvollstreckers mutmasslich widerrufen hätte[606].

Kann die Aufsichtsbehörde den Willensvollstrecker unter bestimmten Voraussetzungen absetzen, so muss es ihr auch möglich sein, festzustellen, dass die Willensvollstreckung im Sinne der Umsetzung des erblasserischen Willens abgeschlossen sei, und die sich daraus ergebenden Anordnungen (auf Vorlegung eines Schlussberichts, Herausgabe der Nachlassakten, Übertragung des Nachlassvermögens) treffen[607].

In krassen Fällen kann die Aufsichtsbehörde auch von Amtes wegen (bzw. auf 310
Anzeige Dritter hin) einschreiten[608], wobei dafür natürlich faktisch erforderlich ist, dass sie überhaupt vom Sachverhalt Kenntnis erhält.

Zuständigkeit

Die **örtliche Zuständigkeit** liegt gemäss Art. 28 Abs. 2 ZPO am letzten Wohn- 311
sitz des Erblassers, und zwar sowohl für die Beschwerde an die Aufsichtsbehörde als auch für das gerichtliche Vorgehen[609]. Der Ort der Testamentseröffnung, der Wohn- oder Geschäftssitz des Willensvollstreckers sowie der Handlungs- oder Erfolgsort sind für die örtliche Zuständigkeit unerheblich. In internationalen Verhältnissen sind ebenfalls die Behörden am letzten Wohnsitz des Erblassers zuständig. Die Aufsicht über den Willensvollstrecker richtet sich dabei nach dem Eröffnungsstatut[610].

Geht es um Handlungen und Unterlassungen des Willensvollstreckers oder 312
um Interessenkollisionen, die vom Testator nicht vorausgesehen und nicht gewollt gewesen sein konnten, so ist eine **Beschwerde an die Aufsichtsbehörde** zu erheben[611]. Das EG ZGB Basel-Stadt enthält keine Ausführungsbe-

606 BGE 90 II 384 ff.; vgl. BSK ZGB II-KARRER/VOGT/LEU [2011], Art. 518 N 103 f.; KÜNZLE, a.a.O. [Fn. 422], S. 408 f. Umstritten ist, ob die Behörde den Willensvollstrecker vorsorglich suspendieren kann (vgl. PraxKomm-CHRIST/EICHNER [2011], Art. 518 N 95).

607 Kantonsgericht Graubünden, 19.1.2004, PKG 2003, Nr. 34.

608 Vgl. DRUEY [2002], § 14 Rz. 49; ZK-ESCHER [1960], Art. 518 N 24; BSK ZGB II-KARRER/VOGT/LEU [2011], Art. 518 N 98, m.w.H., und Art. 595 N 23; KÜNZLE [2000], a.a.O. [Fn. 583], S. 399, PraxKomm-CHRIST/EICHNER [2011], Art. 518 N 90, m.w.H.

609 BSK ZGB II-KARRER/VOGT/LEU [2011], Art. 518 N 106 und Art. 595 N 32; KÜNZLE, a.a.O. [Fn. 583], S. 396. Der Gerichtsstand von Art. 28 Abs. 2 ZPO ist zwingender Natur.

610 Vgl. PraxKomm-GRAHAM-SIEGENTHALER [2011], Anhang IPR N 131. Vgl. auch Rz. 326 ff.

611 DRUEY [2002], § 14 Rz. 73; BK-KÜNZLE [2011], Art. 517–518 N 524 ff.

stimmungen zu Art. 518 ZGB. Diejenigen zu Art. 595 ZGB bezeichnen das Erbschaftsamt als die «zuständige Behörde», d.h. als die in erster Linie gemäss dieser Norm zur Erbschaftsverwaltung berufene Instanz. Hieraus wird abgeleitet, dass Willensvollstrecker in Nachlässen mit letztem Erblasserwohnsitz im Kanton Basel-Stadt nicht vom Erbschaftsamt, sondern unmittelbar von der Aufsichtsbehörde über das Erbschaftsamt beaufsichtigt werden, nämlich vom *«Zivilgerichtsausschuss als Aufsichtsbehörde über das Erbschaftsamt»;* an diesen sind Beschwerden gegen baselstädtische Willensvollstrecker zu richten[612]. Das Erbschaftsamt Basel-Stadt verneint eine eigene Aufsichtszuständigkeit gegenüber Willensvollstreckern.

Verfahren

312a Verfahren und Rechtsmittel zur Anfechtung einer Entscheidung der Aufsichtsbehörde und die dabei einzuhaltenden Fristen hängen davon ab, ob als Aufsichtsbehörde eine gerichtliche Behörde (diesfalls: Schweizerische Zivilprozessordnung) oder eine Verwaltungsbehörde amtet (diesfalls: kantonales Verwaltungsrecht)[613]. Letztinstanzlich steht allemal die Beschwerde in Zivilsachen gemäss Art. 72 ff. BGG (vgl. insbesondere Art. 72 Abs. 1 lit. b Ziff. 5 BGG) zur Verfügung[614].

313 Wird Absetzung des Willensvollstreckers wegen eines Interessenkonflikts oder wegen Eigenschaften des Willensvollstreckers verlangt, die bereits dem Testator bekannt gewesen sein mussten und von ihm gewollt waren, so ist das Absetzungsbegehren als **Anfechtung einer Testamentsklausel** zu qualifizieren und an das für die Ungültigkeitsklage zuständige *Zivilgericht* zu richten[615].

612 § 2 Abs. 2–4 EG ZGB BS; vgl. Künzle, a.a.O. [Fn. 583], S. 394 f. Im Kanton Basel-Landschaft amtet gemäss § 105 lit. m EG ZGB BL die Bezirksschreiberei als Aufsichtsbehörde. Zum Instanzenzug vgl. bereits vorn Fn. 574. Vgl. schliesslich auch die Zusammenstellung bei BK-Künzle [2011], Art. 517–518 N 516 und 561.

613 Vgl. Kantonsgericht St. Gallen, 11. April 2012, BS.2012.1.

614 BSK ZGB II-Karrer/Vogt/Leu [2011], Art. 518 N 108 und Art. 595 N 5; Künzle, a.a.O. [Fn. 583], S. 412 ff.

615 Vgl. PraxKomm-Christ/Eichner [2011], Art. 518 N 100, m.w.H.; Druey [2002], § 14 Rz. 73; BSK ZGB II-Karrer/Vogt/Leu [2011], Art. 518 N 105; Künzle, a.a.O. [Fn. 583], S. 391 f. und 409; Aufsichtsbehörde über das Erbschaftsamt Basel-Stadt, 20.4.1989, in Sachen W.H., BJM 1990, S. 83 ff., 85, mit Verweis auf BGE 90 II 376, 384; in gleichem Sinne Obergericht Thurgau, 20.9.1988, Rechenschaftsbericht des Obergerichts des Kantons Thurgau 1989 IV, S. 67 f. – Aufgrund der prozessualen Erschwernisse, welche diese Gabelung des Rechtswegs mit sich bringt, sollte die Zuständigkeit des ordentlichen Zivilgerichts allerdings auf extreme Ausnahmefälle beschränkt bleiben, während im Zweifelsfall die Aufsichtsbehörde zuständig sein sollte.

Aktivlegitimation

Jede an der Erbschaft materiell beteiligte Person[616], also die gesetzlichen und eingesetzten Erben und die Vermächtnisnehmer; ferner die Erbschaftsgläubiger[617]. Richtigerweise sind auch die von einer Auflage (Art. 482 Abs. 1 ZGB) begünstigten Personen aktivlegitimiert. Aktivlegitimiert sind auch provisorische oder virtuelle Erben. Die Beschwerdeerhebung gilt in der Regel nicht als Einmischung in Nachlassangelegenheiten i.S.v. Art. 571 Abs. 2 ZGB[618]. Nicht aktivlegitimiert sind hingegen die Erwerber von Erbanteilen oder der geschiedene Ehegatte des Erblassers[619]. 314

Umstritten ist, ob der Willensvollstrecker selber aktivlegitimiert ist, die Aufsichtsbehörde anzurufen, um Weisungen einzuholen oder ein von ihm beabsichtigtes Geschäft genehmigen zu lassen[620]. 315

Passivlegitimation

Der Willensvollstrecker[621]. 316

Befristung

Von Bundesrechts wegen ist die Beschwerde gegen den Willensvollstrecker an keine Frist gebunden[622]. Sie unterliegt daher den besonderen und subsidiär den allgemeinen Regeln des kantonalen Rechts bezüglich Beschwerdeführung in verwaltungsrechtlichen Angelegenheiten[623]. In den Kantonen Basel-Stadt und Basel-Landschaft gilt eine zehntägige Frist[624]. 317

616 BGE 90 II 383.

617 BSK ZGB II-KARRER/VOGT/LEU [2011], Art. 518 N 99; KÜNZLE, a.a.O. [Fn. 583], S. 398 f.; DERRER [1985], a.a.O. [Fn. 583], S. 28 ff., mit Zusammenfassung der herrschenden Lehre, die sich für die Legitimation der Gläubiger ausspricht, gegenüber einer Gruppe abweichender Lehrmeinungen.

618 BSK ZGB-KARRER/VOGT/LEU [2011], Art. 595 N 24. Das Bundesgericht wertete im Übrigen auch das Einholen einer Erbenbescheinigung durch eine Erbin, die ausschliesslich in ihrer Funktion als Willensvollstreckerin gehandelt hatte, nicht als Einmischung i.S.v. Art. 571 Abs. 2 ZGB (vgl. BGE 133 III 1, E. 3.3.2). Dazu auch DANIEL ABT/THOMAS WEIBEL, Ausgewählte Stolperdrähte im schweizerischen Erbrecht, in: Anwaltsrevue 6-7/2007, S. 271 ff., 274.

619 KÜNZLE [2000], a.a.O. [Fn. 583], S. 399.

620 Pro: DRUEY [2002], § 14 Rz. 49; BSK ZGB II-KARRER/VOGT/LEU [2011], Art. 518 N 101 und Art. 595 N 27, m.w.H.; contra: KÜNZLE [2000], a.a.O. [Fn. 583], S. 399, m.w.H.; BK-KÜNZLE [2011], Art. 517–518 N 520.

621 Vgl. BSK ZGB II-KARRER/VOGT/LEU [2011], Art. 518 N 100 und Art. 595 N 26.

622 BSK ZGB II-KARRER/VOGT/LEU [2011], Art. 518 N 108 i.V.m. Art. 595 N 34; vgl. auch Bezirksgericht Zürich, SJZ 1924/1925, S. 11 f.

623 ZK-ESCHER [1959], Art. 518 N 26; BK-TUOR [1952], Art. 518 N 29.

624 § 139 Abs. 2 EG ZGB BS; § 33 VwVG BL.

Streitwert

317a Das Aufsichtsverfahren ist eine vermögensrechtliche Streitigkeit. Der Streitwert ist nicht mit dem Nachlasswert gleichzusetzen, sondern nach behördlichem Ermessen zu bestimmen[625]. Die Kosten des Verfahrens sind von den Beteiligten zu bezahlen. Der Willensvollstrecker muss die Kosten somit, falls er unterliegt, selber tragen und darf sie nicht dem Nachlass belasten[626].

318 *Rechtsbegehren*

Verschiedene Formulierungen sind denkbar; beispielsweise: «*Der Beschwerdebeklagte sei anzuweisen, bis spätestens zum … [verlangtes Handeln]*»; *oder:* «*Dem Beschwerdebeklagten sei zu untersagen …*».

319 Hat der Willensvollstrecker sein beabsichtigtes Vorgehen in einer Verfügung gegenüber den Erben und Legataren eröffnet, so ist die Beschwerde als eine solche gegen die betreffende Verfügung zu formulieren: «*Es seien die Verfügung [oder: es seien Ziffern X und Y der Verfügung] des Beschwerdebeklagten vom … [Datum] aufzuheben, und es sei der Beschwerdebeklagte anzuweisen … [gewünschtes Handeln]*».

Erläuterung

320 Zur Rechtsnatur der «Verfügung» des Willensvollstreckers vgl. vorn (Rz. 303 f.).

321 Da es sich bei der Beschwerde gegen den Willensvollstrecker um eine Aufsichtsbeschwerde handelt, kommt ihr grundsätzlich keine aufschiebende Wirkung zu. Will der Beschwerdeführer unverzüglichen Rechtsschutz, so muss er von der Aufsichtsbehörde einstweiligen Rechtsschutz mittels einer vorsorglichen Verfügung verlangen.

322 Als Beschwerdegründe können grundsätzlich nur administrative Pflichtverletzungen bzw. Fehler im formellen Vorgehen des Willensvollstreckers beim Vollzug des Erblasserwillens vorgebracht werden, nicht dagegen Fragen der Testamentsgültigkeit oder -auslegung[627].

625 BGE 135 III 578, E. 6; BGer 5A_395/2010, E. 1.2. Vgl. auch die Urteilsbesprechung zu BGE 135 III 578 (= BGer 5A_23/2009) von Yvo Hangartner, in: AJP 2009, S. 1197 ff.

626 BGer 5C.69/2006. Vgl. PraxKomm-Christ/Eichner]2011], Art. 517 N 40. Im Gegensatz dazu ist der Anteil an den Gerichtskosten eines Prozesses, der den Willensvollstrecker als Prozessstandschafter geführt hat, vom Nachlass zu tragen (vgl. BGer 5A_261/2008, E. 7).

627 Vgl. BSK ZGB II-Karrer/Vogt/Leu [2011], Art. 518 N 98 i.V.m. Art. 595 N 22. Ausführlich auch BK-Künzle [2011], Art. 517–518 N 524 ff.

Soweit zwischen den Erben und dem Willensvollstrecker die Gültigkeit und der Inhalt des Testaments streitig sind, so ist nicht die Aufsichtsbehörde, sondern das ordentliche Zivilgericht zuständig. Zur Klärung von Testamentsauslegungsfragen kommt je nach den Umständen eine Feststellungsklage *(z.B.: «Es sei festzustellen, dass die Klägerin gemäss Ziff. 4 des Testaments ... als Erbin zu einem Viertel, nicht als Vermächtnisnehmerin, an der Erbschaft des X. beteiligt ist»)* oder eine Leistungsklage in Frage *(z.B.: «Der Beklagte* [= Willensvollstrecker] *sei zu verurteilen, der Klägerin die Liegenschaft L gemäss Ziff. 4 des Testaments ... als Vorausvermächtnis herauszugeben, und der Grundbuchverwalter in X. sei anzuweisen, die Klägerin als Alleineigentümerin der Liegenschaft L einzutragen.»)* 323

Zur Grenzziehung zwischen aufsichtsrechtlich mittels Beschwerde anfechtbarem Testamentsvollzug und zivilprozessual zu klärender Testamentsauslegung ist Folgendes zu sagen: Weicht der Willensvollstrecker vom offensichtlichen und eindeutigen Sinn des Testaments ab, so liegt eine aufsichtsrechtlich zu rügende Pflichtverletzung vor. Kann eine testamentarische Anordnung in guten Treuen verschieden ausgelegt werden, so ist der Streit darüber im ordentlichen Zivilprozess zu führen, denn die Aufsichtsbehörde hat keine Kognitionsbefugnis hinsichtlich materieller Rechtsfragen, die in endgültiger und dauernder Weise ein zwischen den Parteien streitiges zivilrechtliches Verhältnis regeln[628]. In einen solchen Zivilprozess sind neben dem Willensvollstrecker auch jene weiteren Erben und Vermächtnisnehmer als Beklagte einzubeziehen, deren Rechtsstellung durch die Auslegungsstreitigkeit betroffen wird; sie sind die eigentlichen Beklagten, während der Willensvollstrecker kraft seiner Prozessstandschaft[629] auf der Beklagtenseite am Prozess teilnimmt. Die Aufsichtsbehörde wird sich bei der Grenzziehung zwischen Vollzugsfehler und Auslegungsstreitigkeit Zurückhaltung auferlegen und die Sache im Zweifelsfall als Auslegungsfrage dem ordentlichen Zivilgericht zum Entscheid überlassen. 324

Anhang: Haftpflichtrechtliche Belangung des Willensvollstreckers

Schadenersatzansprüche gegen den Willensvollstrecker wegen fehlerhafter Amtsausübung sind mit einer Verantwortlichkeitsklage an dessen *Wohnsitz* geltend zu machen[630], wobei Erben und Vermächtnisnehmer bezüglich der 325

628 Kantonsgericht Schwyz, 21.5.2002, SJZ 2004, S. 141; Kantonsgericht Graubünden, 19.1.2004, PKG 2003, Nr. 34.

629 Vgl. dazu vorn Rz. 255, lit. d.

630 ZK-Escher [1960], Art. 518 N 14.

Verjährung ihrer Schadenersatzforderung wie Vertragsgläubiger, geschädigte Nachlassgläubiger wie Deliktsgläubiger behandelt werden[631].

631 DERRER [1985], a.a.O. [Fn. 583], S. 104 f. Allgemein zur Haftung des Willensvollstreckers aus Art. 398 OR analog vgl. BSK ZGB II-KARRER/VOGT/LEU [2011], Art. 518 N 109 ff.; PraxKomm-CHRIST/EICHNER [2011], Art. 518 N 102 ff., m.w.H.

17. Internationales Privatrecht

Bei internationalen Verhältnissen[632] (z.B. Belegenheit der Erbschaft in mehreren Staaten, ausländische Nationalität oder letztes Domizil des Erblassers oder einzelner Erben im Ausland) gelten – in summarischer Rekapitulation – folgende Grundsätze: 326

Auf die Gebiete des Erbrechts sowie der ehelichen Güterstände findet das LugÜ gemäss seinem Art. 1 Ziff. 2 lit. a keine Anwendung[633]. Massgeblich sind somit grundsätzlich die Bestimmungen des IPRG, namentlich die Art. 86–95 IPRG (für die güterrechtliche Auseinandersetzung gilt Art. 51 lit. a IPRG)[634]. Eine Klage ist erbrechtlicher Natur im Sinne dieser Bestimmungen, wenn sich die Parteien auf einen erbrechtlichen Titel berufen, um einen Teil ihrer Erbschaft zu fordern und/oder die Existenz ihrer Rechte feststellen zu lassen. Erbrechtliche Streitigkeiten betreffen demnach Klagen, mit denen Bestand oder Höhe erbrechtlicher Ansprüche geltend gemacht oder bestritten werden[635]. 327

Es gilt das Prinzip der **Nachlasseinheit,** d.h. bei letztem Wohnsitz des Erblassers in der Schweiz sind die schweizerischen Behörden grundsätzlich für den gesamten Nachlass zuständig (Art. 86 Abs. 1 IPRG). Bei letztem Wohnsitz des Erblassers im Ausland akzeptiert das Schweizer Recht die Zuständigkeit der ausländischen Behörden und offeriert lediglich eine subsidiäre Zuständigkeit am Heimatort (bei mit letztem Wohnsitz im Ausland verstorbenen Schweizer Erblassern; vgl. Art. 87 Abs. 1 IPRG) bzw. am Ort der gelegenenen Sache (bei mit letztem Wohnsitz im Ausland verstorbenen ausländischen Erblassern; vgl. Art. 88 Abs. 1 IPRG) im Fall von im Ausland verstorbenen Erblassern, sofern sich die aus Schweizer Sicht zuständige ausländische Behörde nicht mit dem Nachlass befasst. 328

Ausnahmsweise kann es zur sogenannten **Nachlassspaltung** kommen. Nach Art. 86 Abs. 2 IPRG sind Grundstücke im Ausland nämlich von der schweizerischen Zuständigkeit ausgenommen, sofern der Belegenheitsstaat eine entsprechende ausschliessliche Zuständigkeit beansprucht (Art. 86 Abs. 2 IPRG). Damit entstehen (mindestens) zwei verschiedene Erbmassen, die je einem an- 329

632 Ausführlich dazu PraxKomm-Graham-Siegenthaler [2011], Anhang IPR N 13 ff.; Anton K. Schnyder/Manuel Liatowitsch, Internationales Privat- und Zivilverfahrensrecht, 3. A., Zürich/Basel/Genf 2011, Rz. 655 ff. und 1038 ff.

633 Zum Gebiet des Erbrechts nach LugÜ gehören sämtliche Ansprüche eines Erben auf den und am Nachlass. Die Ansprüche eines Erben gegen Dritte fallen allerdings dann in den sachlichen Anwendungsbereich des LugÜ, wenn sich der geltend gemachte Anspruch bereits im Vermögen des Erblassers befindet und die Frage der Erbberechtigung lediglich als Vorfrage zu beantworten ist. Vgl. dazu BGE 135 III 185, E. 3.4.2.

634 Zu den übrigen, besonderen Rechtsquellen PraxKomm-Graham-Siegenthaler [2011], Anhang IPR N 11 f.

635 Zuletzt BGE 137 III 369, E. 4.3; vgl. aber auch BGE 119 II 77, E. 3.a ff.

deren Erbstatut unterstellt sind. Demgegenüber beansprucht die Schweiz bei letztem Wohnsitz des Erblassers im Ausland auch für hier belegene Grundstücke keine eigene Zuständigkeit. Die schweizerischen Behörden sind gemäss Art. 88 Abs. 1 IPRG allenfalls subsidiär zuständig, sofern sich die ausländischen Behörden nicht mit den in der Schweiz aufgefundenen Nachlasswerten befassen. Der diesfalls entstandene Teilnachlass untersteht gemäss Art. 91 Abs. 1 IPRG demjenigen Recht, auf das das Kollisionsrecht des Wohnsitzstaats verweist. Dabei ist – im Sinne einer Ausnahme vom allgemeinen Grundsatz – auch ein Renvoi auf das Schweizer Recht zu beachten (vgl. Art. 14 Abs. 2 IPRG).

330 Art. 89 IPRG ermöglicht bei Vermögenswerten eines Erblassers mit letztem Wohnsitz im Ausland (unabhängig von der Staatsangehörigkeit des Erblassers) die Anordnung sichernder Massnahmen «zum einstweiligen Schutz der [in der Schweiz gelegenen] Vermögenswerte» durch die schweizerischen Behörden am Ort der gelegenen Sache.

331 Auf den Nachlass einer Person mit letztem Wohnsitz in der Schweiz kommt Schweizer Recht zur Anwendung (Art. 90 Abs. 1 IPRG). Ausländische Staatsangehörige mit letztem Wohnsitz in der Schweiz können ihren Nachlass einem ihrer Heimatrechte unterstellen (Art. 90 Abs. 2 IPRG); massgebender Zeitpunkt für die Zulässigkeit der Rechtswahl ist der Todestag. Keine Rechtswahlmöglichkeit haben Schweizer Bürger, selbst wenn sie noch andere Staatsangehörigkeiten besitzen.

332 Der Nachlass einer Person mit letztem Wohnsitz im Ausland untersteht gemäss Art. 91 Abs. 1 IPRG dem Recht, auf welches das Kollisionsrecht des Wohnsitzstaats verweist. Bei Zuständigkeit der Schweizer Behörden gestützt auf Art. 87 IPRG (also zufolge einer Wahl des Erblassers oder einer Nichtbefassung der ausländischen Behörde) wird der Nachlass – unabhängig vom Kollisionsrecht des Domizilstaats – nach Schweizer Recht abgewickelt, es sei denn, der Erblasser habe eine formgültige Rechtswahl zugunsten des Rechts an seinem letzten Wohnsitz getroffen (Art. 91 Abs. 2 IPRG).

333 Zu beachten ist schliesslich, dass in internationalen Verhältnissen zwischen materiellrechtlichen und formellrechtlichen Fragen unterschieden wird (Art. 92 IPRG). Letztere unterstehen – aus Praktikabilitätsgründen – immer der *lex fori* (sog. «Eröffnungsstatut») und damit keinesfalls dem allenfalls anwendbaren ausländischen Recht (sog. «Erbstatut»). Unter das Eröffnungsstatut fallen u.a. die sichernden Massnahmen, mithin die Ausstellung der Erbbescheinigung und die Erbschaftsverwaltung, oder die amtliche Liquidation. Dem Erbstatut, also dem die materiellen Aspekte regelnden Recht, unterstehen insbesondere

die Erbberechtigung und Erbanteile, die Arten und Wirkungen von erbrechtlichen Verfügungen, die Erbteilung, die Auskunftsrechte der Erben (soweit sich diese auf Erbrecht stützen) sowie die erbrechtlichen Klagen[636]. Nach dem Erbstatut bestimmt sich insbesondere, ob überhaupt und für wen eine erbrechtliche Klage zur Verfügung steht. Schwierige Abgrenzungsfragen stellen sich sodann v.a. bei der Willensvollstreckung: Die formellen, verfahrensrechtlichen Aspekte beurteilen sich nach dem Eröffnungsstatut, die inhaltlichen Aspekte (dazu gehören insbesondere auch die Rechte und Pflichten des Willensvollstreckers) nach dem Erbstatut[637].

636 Vgl. Übersicht bei PraxKomm-GRAHAM-SIEGENTHALER [2011], Anhang IPR N 53 und 58; ANTON K. SCHNYDER/MANUEL LIATOWITSCH, in: HEINRICH HONSELL/NEDIM PETER VOGT/ANTON K. SCHNYDER/STEPHEN V. BERTI (Hrsg.), Internationales Privatrecht, Basler Kommentar, 2. A., Basel 2007, Art. 86 N 10 und Art. 92 N 5 ff.

637 BSK IPRG-SCHNYDER/LIATOWITSCH [2007], a.a.O. [Fn. 637], Art. 92 N 5 und 8.

18. Beispiele von kombinierten Teilungs-, Ausgleichungs- und Herabsetzungskonstellationen

Zum Abschluss seien beispielhaft zwei Konstellationen dargestellt, bei denen mehrere Dinge streitig sind. 334

18.1 Ungleichbehandlung von Nachkommen, Herabsetzung einer Schenkung an eine nicht erbberechtigte Person

Sachverhalt 335

Der Erblasser E hinterlässt vier gleichberechtigte Nachkommen als Erben, nämlich A, B, C und D. Seine Freundin F ist nicht erbberechtigt.

Der Sohn D hat vor 20 Jahren zu seiner Heirat einen Ausstattungsbetrag von CHF 200 000 erhalten. Die Freundin F hat zwei Jahre vor dem Tod des Erblassers dessen Liegenschaft in Ascona geschenkt erhalten; der heutige Wert dieser Liegenschaft wird von den Erben auf CHF 800 000 geschätzt. 336

Am Todestag finden sich im Vermögen des Erblassers folgende Aktiven: 337

- 400 Aktien der N-AG mit einem Börsenkurswert von je CHF 2000, Gesamtwert des Pakets also CHF 800 000;
- ein Gemälde von Robert Zünd mit einem Schätzwert von CHF 40 000;
- eine Eigentumswohnung in Basel mit einem Verkehrswert von CHF 560 000, belastet mit einer Hypothek von CHF 400 000.

A will teilen. Er beansprucht die Herabsetzung der Schenkung an F und die Ausgleichung des Vorempfangs des D. 338

Der jüngste Bruder D bestreitet die Ausgleichungspflicht. Die Freundin des verstorbenen Vaters, F, bestreitet die Herabsetzungspflicht und macht schon vorprozessual geltend, das Haus in Ascona sei höchstens CHF 600 000 wert. Der Bruder B will keinen Streit und verhält sich passiv. Die Schwester C will nicht teilen und macht geltend, die Pietät gegenüber dem verstorbenen Vater verbiete es, den Nachlass aufzuteilen oder einzelne Gegenstände zu veräussern. Das Andenken des Vaters müsse geehrt, seine Eigentumswohnung als Familienmuseum in ungeteilter Erbengemeinschaft weitergeführt werden. 339

Bevor die Klagebegehren des A dargestellt werden, sind die rechnerischen und materiellrechtlichen Gegebenheiten zu erörtern. Das nachgelassene 340

Reinvermögen hat einen Wert von CHF 1 000 000. Die gegebenenfalls der Herabsetzung unterliegende lebzeitige Zuwendung hat einen Wert von CHF 600 000 bis 800 000. Obwohl Frau F als Nichterbin nicht ausgleichungsberechtigt ist[638], ist der Vorempfang des D von 1975 in der Höhe von CHF 200 000 auch im Herabsetzungsprozess von Belang, indem er der Herabsetzungs-Berechnungsmasse hinzuzurechnen ist[639]. Der für die Pflichtteilsberechnung massgebende Gesamtwert beläuft sich somit je nach Wert der Liegenschaft in Ascona auf CHF 1 800 000 bis CHF 2 000 000, die auf dieser Basis berechnete Viertelsquote jedes der vier Nachkommen auf CHF 450 000 bis 500 000. Der Pflichtteil des Klägers A dürfte demnach zwischen CHF 337 500 und CHF 375 000 liegen, je nach der Bewertung, die sich im Prozess für die Liegenschaft in Ascona ergibt.

341 Würde sich der Kläger mit seinem Viertel der nachgelassenen Erbschaft begnügen, so erhielte er wertmässig einen Viertel von CHF 1 000 000, nämlich 100 N-AG-Aktien im Wert von CHF 200 000, dazu einen Viertel des Veräusserungserlöses des Gemäldes von Robert Zünd und der Eigentumswohnung, d.h. CHF 50 000, in bar, insgesamt also einen Erbanfall im Wert von CHF 250 000. Seinen Ausgleichungsanspruch gegenüber dem Bruder D kann A durch Klagenhäufung im Erbteilungsprozess geltend machen, der mit den Geschwistern zu führen ist. Die Differenz zu seinem Pflichtteil, dessen Wert, wie dargestellt, zwischen ca. CHF 337 500 und CHF 375 000 liegt, muss er durch den Herabsetzungsprozess von F hereinholen.

342 Der Kläger A wird gemäss Art. 612 Abs. 2 ZGB die Veräusserung der beiden Einzelobjekte (Gemälde und Eigentumswohnung) beantragen. Die Versteigerung dieser Objekte wird der Teilungsmasse einen Nettoerlös von ungefähr CHF 200 000 zuführen, wobei der genaue Betrag bei Klageeinreichung noch nicht bekannt ist. Diese Ungewissheit führt dazu, dass bei Klageeinreichung auch noch unbekannt ist, in welchem Umfang die Schenkung der Liegenschaft Ascona herabgesetzt werden muss.

343 Unter diesen Umständen muss A *zwei separate Klagen* einreichen, nämlich eine Teilungsklage (kombiniert mit einschlägigen Ausgleichungsbegehren) gegen seine Geschwister B, C und D sowie eine Herabsetzungsklage gegen F, beide Klagen am *forum hereditatis.* Die **Rechtsbegehren** können folgendermassen lauten:

638 Vgl. vorn Rz. 149 f. Auch im Fall einer Erbeinsetzung wäre Frau F als nicht-gesetzliche Erbin nicht ausgleichungsberechtigt.

639 Vgl. vorn Rz. 62.

I. Teilungsklage des A gegen seine Geschwister B, C, D

«A. Feststellung der Teilungsgrundlagen 344

1. Es sei der Nachlass des am … verstorbenen E festzustellen, d.h. es sei festzustellen, dass der Nachlass die im erbschaftsamtlichen Inventar aufgeführten Aktiven und Passiven mit einem Netto-Inventarwert von CHF 1 000 000 umfasst, und es sei der Teilungswert des Nachlasses nach Durchführung der in den Rechtsbegehren … verlangten Teilungshandlungen festzustellen.

2. Es sei festzustellen, dass der Kläger und die drei Beklagten je zu einem Viertel die Erben des E sind.

B. Feststellung der Ausgleichungspflicht des D

3. Es sei festzustellen, dass die 1975 erfolgte Schenkung von CHF 200 000 durch den Erblasser an den Beklagten D eine ausgleichungspflichtige Zuwendung darstellte, die der für die Erbteilung zwischen dem Kläger A und dem Beklagten D massgeblichen Berechnungsmasse hinzuzuzählen und an den Erbteil des Beklagten D anzurechnen ist.

4. Es sei der Erbteil des Klägers A aufgrund der gemäss Klagebegehren 3 vergrösserten Berechnungsmasse zu berechnen, und es sei festzustellen, dass der Kläger berechtigt ist, den dadurch in Erscheinung tretenden Mehrwert seines Erbteils in der Erbteilung zulasten des Erbteils des Beklagten D zu beanspruchen.

C. Antrag auf Teilungshandlungen (Vollzug)

5. Es seien das Gemälde von Robert Zünd und die Liegenschaft Grundbuch Basel, Sektion …, Parzelle …, auf dem Wege der öffentlichen Versteigerung zu veräussern, unter Tilgung der hypothekarischen Belastung im Zuge der Versteigerung.

6. Es seien anschliessend vier Lose zu bilden, wobei jedem Los 100 Aktien N-AG sowie ein Geldbetrag gemäss den hienach beantragten Modalitäten zuzuweisen ist.

7. Den Losen der Beklagten B und C seien je ein Viertel der vorhandenen Barmittel zuzuweisen, dem Kläger A ein Viertel zuzüglich CHF 50 000 und dem Beklagten D ein Viertel abzüglich CHF 50 000.

8. Die so gebildeten Lose seien den Parteien gerichtlich zuzusprechen.»

II. Herabsetzungsklage des A gegen Frau F

345 «A. **Feststellung der Berechnungsgrundlagen**

1. Es sei festzustellen, dass die von E hinterlassene Erbschaft einen Wert von CHF 1 200 000 aufweist, und dass der Pflichtteil des Klägers daran 3/16 beträgt.

2. Es sei die von der Beklagten am … erhaltene Schenkung der Liegenschaft Grundbuch Ascona, Parzelle …, Nr. …, herabzusetzen, soweit dies zur Wahrung des Pflichtteils des Klägers erforderlich ist.

3. Demgemäss sei die Beklagte zu verurteilen, dem Kläger einen vom Gericht festzusetzenden Geldbetrag zuzüglich Zins zu 5 % ab Klageeinleitung zu bezahlen; es sei dieser Geldbetrag dergestalt festzusetzen, dass der Kläger seinen Pflichtteil von 3/16 der um den Wert der erwähnten Liegenschaft vermehrten Erbschaft des Erblassers ungeschmälert erhält.

4. Zu diesem Zweck sei der der Teilungswert der Erbschaft zuzüglich der der Ausgleichung und/oder Herabsetzung unterliegenden lebzeitigen Zuwendungen festzustellen, soweit erforderlich durch gerichtliche Einholung eines Bewertungsgutachtens für die erwähnte Liegenschaft, und es sei auf der Grundlage des so ermittelten Gesamtwerts der Umfang des klägerischen Pflichtteils von 3/16 und der zulässige Maximalwert der beklagtischen Begünstigung festzulegen.»

Erläuterung

346 Die beiden Prozesse sind getrennt zu führen, weil die Parteien auf der Beklagtenseite verschieden sind. Es geht die Herabsetzungsbeklagte F nichts an, ob und wie die gesetzlichen Erben miteinander teilen. Hingegen geht es sie etwas an, wie die am Todestag des Erblassers vorhandene Erbschaft berechnet und bewertet wird, weil sich dies auf den Umfang ihrer Herabsetzungspflicht auswirkt. Aus diesem Grund muss der Umfang der Erbschaft auch im Herabsetzungsprozess festgestellt werden. Dabei kann eine in anderen Prozessen zwischen anderen Beteiligten (hier: im Erbteilungsprozess zwischen den gesetzlichen Erben) erfolgte «Feststellung der Erbschaft» nicht präjudiziell sein. Es ist theoretisch möglich, den massgebenden Umfang und Wert der gleichen Erbschaft in verschiedenen Zivilprozessen gegen verschiedene Beklagte verschieden zu berechnen und festzustellen.

347 In der vorliegenden Konstellation drängt es sich nicht auf, in der Herabsetzungsklage dem Wahlrecht der Herabsetzungsbeklagten Rechnung zu tragen. Will F wider Erwarten *in natura* einwerfen, so kann sie mit ihrer Klagebeantwortung ein entsprechendes Begehren stellen. Die Problematik ist die, dass

die Erben B, C und D von dieser Herabsetzung nichts wissen wollen und aus diesem Grunde nicht dazu verhalten werden können, sich an der Rücknahme des Schenkungsgegenstands zu beteiligen. Der Schenkungsgegenstand ist seinerseits so werthaltig, dass es schwer denkbar ist, dem Kläger die Übernahme der Liegenschaft und die Leistung einer Ausgleichungszahlung an die Beklagte F zuzumuten.

Das hier gegebene Beispiel ist illustrativ für viele andere Erbstreitigkeiten: Oft 348
sind die Streitwerte zu klein, die prozessualen Komplikationen, Kosten und Risiken zu gross, als dass sich das Ausprozessieren der Konflikte rechtfertigt. Kompromisse sind fast immer die bessere Lösung, auch wenn unter Umständen erhebliche Abstriche von berechtigten Ansprüchen in Kauf genommen werden müssen. Aber zuweilen sind es erst die mit der Klage glaubwürdig dokumentierte Bereitschaft, den Fall notfalls durchzuprozessieren, und die Autorität des Instruktionsrichters an der Schlichtungs- oder Instruktionsverhandlung, welche die renitenten Gegenparteien an den Verhandlungstisch bringen und einen vertretbaren Vergleich ermöglichen.

18.2 Ungültige und pflichtteilsverletzende Verfügungen, Informationsansprüche und Ausgleichung

Sachverhalt

Der Erblasser E war in zweiter Ehe mit der aus Georgien stammenden Klä- 349
gerin verheiratet. Neben ihr hinterliess er als einzige gesetzliche Erben seine drei Nachkommen aus erster Ehe.

Der patriarchalisch veranlagte Erblasser hatte seine deutlich jüngere Ehefrau 350
zu Lebzeiten von sämtlichen Informationen über seine vermögensrechtlichen Belange ferngehalten. Bankbesuche und -korrespondenzen hatte er jeweils alleine erledigt. Bei seinem Tod weiss die Klägerin daher lediglich, dass zum Nachlass eine Haushälfte in der Schweiz sowie ein Ferienhaus in Texas gehören muss, in welchem die beiden regelmässig ihre Ferien verbracht hatten. Über irgendwelche lebzeitigen Zuwendungen, sei es an die Nachkommen oder an Dritte, ist ihr gar nichts bekannt.

351 Nach dem Tod des Erblassers taucht eine Vertraute auf, deren persönliches Verhältnis zum Erblasser unklar bleibt. Klar wird immerhin, dass der Erblasser sie in seine finanziellen Belange eingeweiht und ihr auch diverse Verfügungen von Todes wegen anvertraut hatte, die sie in der Folge beim Erbschaftsamt einreicht, welches sie wiederum den Erben eröffnet.

352 Unter diesen Verfügungen befinden sich mehrere handschriftliche Testamente, in denen der Erblasser neben seinen gesetzlichen Erben verschiedene weitere Personen als Erben eingesetzt hat. Die meisten dieser Testamente nehmen nicht ausdrücklich auf vorherige Testamente Bezug; inhaltlich regeln sie teilweise verschiedene Aspekte, so dass jedenfalls nicht ohne weiteres klar ist, inwieweit sie einander ausschliessen. Klar ist immerhin, dass sich die Testamente nicht auf einen geographisch eingegrenzten Teil des erblasserischen Vermögens beziehen. Ebenso klar ist, dass die Klägerin darin nicht explizit auf den Pflichtteil gesetzt wurde.

353 Weiter liegt ein notarielles Testament («Last Will and Testament») aus Texas vor, mit welchem der Erblasser über seinen US-Nachlass verfügt und (ausschliesslich) Bekannte aus den USA als Erben eingesetzt hat.

354 Schliesslich liegt ein computergeschriebener Brief des Erblassers an seinen Bankbetreuer vor. Darin instruierte der Erblasser die Bank, wie sie seine – offenbar substantiellen – Bar- und Wertschriftenvermögen verteilen solle, welche er bei einer Tochtergesellschaft der Bank in einer Offshore-Destination deponiert hatte.

355 Mit Blick auf dieses qualifizierte Durcheinander an Verfügungen von Todes wegen sowie ihr praktisch umfassendes Informationsdefizit sieht sich die Ehefrau veranlasst, das Gericht anzurufen, um sich immerhin nicht vorwerfen lassen zu müssen, sie habe die Verwirkungsfristen für die Ungültigkeits- und die Herabsetzungsklage ungenutzt verstreichen lassen. Dabei fasst sie sämtliche – aus den diversen Verfügungen bekannten – potentiellen Begünstigten ins Recht, soweit diese nicht bereits vorprozessual schriftlich erklärt haben, sie unterstützten den Standpunkt der Klägerin und machten selber keine Ansprüche am Nachlass geltend. Sie verbindet die Klage mit einer Auskunftsklage und hält ihre übrigen Rechtsbegehren einstweilen so allgemein wie möglich, aber so konkret wie nötig (Stufenklage).

Rechtsbegehren

1. *Es sei der Nachlass des am … in … verstorbenen Erblassers E (geboren am …, letzter Wohnsitz …), festzustellen.* 356

2. *Es sei die am … vom Erbschaftsamt … eröffnete letztwillige Verfügung des Erblassers vom … (Klagebeilage …) ungültig zu erklären.*

3. *Es sei festzustellen, dass die Klägerin am gesamten Nachlass (nach Durchführung der güterrechtlichen Auseinandersetzung) zu 3/8 erbberechtigt ist.*

4. *a) Es seien die Beklagten unter Strafandrohung nach Art. 292 StGB und Art. 343 ZPO mit Busse im Widerhandlungsfall zu verhalten, innert gerichtlich anzusetzender kurzer Frist über ihr Verhältnis zum Erblasser, insbesondere über von diesem erhaltene Schenkungen, Vorbezüge und Darlehen sowie über sonstige Vereinbarungen mit dem Erblasser, umfassend Auskunft zu erteilen und die entsprechenden Unterlagen offenzulegen.*

   b) Es seien die Beklagten zu verurteilen, allfällige der Ausgleichung unterliegende Zuwendungen des Erblassers
   i) entweder realiter in die Erbmasse einzuwerfen
   ii) oder sie mit ihrem durch gerichtliches Bewertungsgutachten zu ermittelnden heutigen Wert der Erbschaft hinzuzuzählen und auf ihren eigenen Erbteil anrechnen zu lassen.

   c) Zu diesem Zweck sei den Beklagten eine angemessene Frist zur Ausübung des Wahlrechts gemäss Rechtsbegehren Ziff. 4/b/i oder 4/b/ii anzusetzen, unter Androhung, dass bei unbenutztem Fristablauf das Urteil aufgrund der Wertanrechnung gemäss Rechtsbegehren Ziff. 4/b/ii ergeht.

   d) Es sei der Erbteil der Klägerin aufgrund der gemäss Rechtsbegehren Ziff. 4/b vergrösserten Berechnungsmasse zu berechnen, und es sei festzustellen, dass die Klägerin berechtigt ist, den dadurch in Erscheinung tretenden Mehrwert ihres Erbteils in der Erbteilung zulasten der Beklagten zu beanspruchen.

5. *Eventualiter seien allfällige lebzeitige Zuwendungen des Erblassers an die Beklagten sowie Verfügungen des Erblassers von Todes wegen, insbesondere die am … vom Erbschaftsamt … eröffnete letztwillige Verfügung des Erblassers vom … (Klagebeilage …), der am … vom Erbschaftsamt … eröffnete «Last Will and Testament» (Klagebeilage …) und das Schreiben des Erblassers an die Beklagte 8 vom … (Klagebeilage …) sowie sämtliche Schreiben des Erblassers an die Beklagte 8 und/oder an andere Beklagte oder Dritte, welche Verfü-*

gungen von Todes wegen oder Anordnungen auf den Todesfall hin enthalten oder enthalten könnten, proportional dergestalt herabzusetzen, dass der Klägerin ihr Pflichtteilsanspruch von 1/4 des Gesamtnachlasses ungeschmälert zukommt.

6. *Es sei der Nachlass zu teilen.*

Erläuterung

357 Klar ist bei Klageanhebung nur, dass die Klägerin gesetzliche Erbin des Erblassers ist und von diesem nicht ausdrücklich auf den Pflichtteil gesetzt wurde. Klar ist schliesslich, dass die computergeschriebene und in Briefform gehaltene «Verfügung» des Erblassers über sein Offshore-Vermögen den formellen Anforderungen des schweizerischen Erbrechts an letztwillige Verfügungen nicht genügt. Diese klaren Dinge werden in den Rechtsbegehren 1–3 behandelt.

358 Alle weiteren Dinge, nämlich

- die umfassende gegenseitige Auskunftserteilung der Erben untereinander (Rechtsbegehren 4 a),
- die Ausgleichung allfälliger der Ausgleichung unterliegender Zuwendungen (Rechtsbegehren 4 b–d),
- die (subsidiäre) Herabsetzung lebzeitiger Zuwendungen, soweit sie nicht der Ausgleichung unterliegen, sowie jeglicher Verfügungen von Todes wegen, soweit sie die Pflichtteilsansprüche der Klägerin verletzen (Rechtsbegehren 5)

muss die Klägerin fristwahrend ebenfalls bereits geltend machen. Sinnvollerweise kombiniert sie sie gleich mit dem Antrag auf gerichtliche Erbteilung (Rechtsbegehren 6), um eine Aufteilung des Erbstreits auf mehrere Verfahren – und damit eine Verlängerung um ohne weiteres mehrere Jahre – zu vermeiden. Diese Anträge wird die Klägerin je nach der weiteren Entwicklung (und namentlich nach der Auskunftserteilung durch die Miterben) im Verlauf des Prozesses anpassen und konkretisieren müssen[640]. Ebenso wird sie allenfalls Verfahrensanträge stellen müssen, um bereits während der Dauer des Verfahrens wenigstens in den Genuss von Abschlagszahlungen zu kommen (vgl. vorn Rz. 218a).

359 In einer derartigen Konstellation hat die Klägerin kaum andere Möglichkeiten, als sämtliche potentiellen Streitfragen gegenüber sämtlichen potentiellen Gegenparteien in einem einzigen Verfahren anhängig zu machen, um ihre Ansprüche nicht zu verwirken und nach Möglichkeit mit gerichtlicher Ver-

640 Illustrativ für die Tendenz des Bundesgerichts, sämtliche Streitfragen in dasselbe Verfahren zu integrieren, BGer 5A_883/2010 und 5A_887/2010 vom 18.4.2011.

mittlung – und gegebenenfalls unterstützt durch separat eingeholte Bankauskünfte sowie private Ermittlungen – im Rahmen eines Vergleichs oder Urteils ihre Ansprüche möglichst weitgehend realisieren zu können. Klar ist allemal, dass das Gericht eine derartige Streitkonstellation nicht wie einen normalen Forderungsprozess mit Schriftenwechseln und anschliessendem Beweis- und Hauptverfahren instruieren kann, sondern viel stärker als Vermittlungsinstanz gefordert ist.

Stichwortverzeichnis

D

E

V

W

Z